Harald Salfellner

Mozart und Prag

Vitalis

Bibliographische Information der Deutschen Bibliothek. Die Deutsche Bibliothek verzeichnet diese Publikation in der Deutschen Nationalbibliographie; detaillierte bibliographische Daten sind im Internet über http://dnb.ddb.de abrufbar.

Zum Kartenmaterial:

Vor- und Nachsatz: *„Prags Umgebungen" in neun Abteilungen, herausgegeben vom General-Quartiermeisterstab zu Prag. Neue Auflage 1845.*

Seiten 370/371: *Stadtplan von Prag (Zentrum), 2006.*

Seiten 372/373: *Übersichtskarte Europa im Jahr 1789.*

Seiten 374/375: *Ausschnitt einer geographischen Karte Böhmens, Mährens und Schlesiens aus dem Jahr 1751.*

Zweite, verbesserte und vermehrte Ausgabe
Hergestellt in der Europäischen Union
ISBN 3-89919-076-9
www.vitalis-verlag.com

Inhalt

Vorbemerkungen

Schon im 19. und mehr noch im 20. Jahrhundert haben sich sowohl tschechische als auch deutschsprachige Autoren mit den Reisen befaßt, die Wolfgang Amadeus Mozart als Kind nach Mähren und schließlich während seiner letzten Lebensjahre in die böhmische Hauptstadt unternommen hat. Ihre Forschungsergebnisse füllten nicht nur eine Reihe einschlägiger Publikationen, sondern bilden zugleich auch – neben den neuesten Ergebnissen der gegenwärtigen Mozartforschung – die Grundlagen für jede weitere Untersuchung zu diesem Thema. Mit Dankbarkeit und Bewunderung möchte ich auf die Leistungen dieser Enthusiasten verweisen.

In besonderem Maß gilt dies für den deutschböhmischen Mozartforscher Paul Nettl, dem Hochschullehrer und seinerzeit führenden Musikwissenschaftler an der Prager Deutschen Universität, einem gebildeten und weitherzigen Literaten, der als Jude 1939 vor den Nationalsozialisten fliehen mußte. Auch nach dem Neuanfang in Amerika setzte Nettl seine wissenschaftliche Laufbahn gemäß seiner Überzeugung fort: „Auf dem Gebiet des Geistes und der Kultur gibt es keine Grenzen, die Völker und Staaten trennen“. Nettl starb 1972 in Bloomington/Indiana (USA), seine Verdienste um die böhmische Musikwissenschaft sowie um die Erforschung der deutsch-tschechischen Kulturbeziehungen harren immer noch ihrer verdienten Würdigung. Mit seiner umfangreichen Monographie *Mozart in Böhmen* konnte Paul Nettl auf die Forschungen

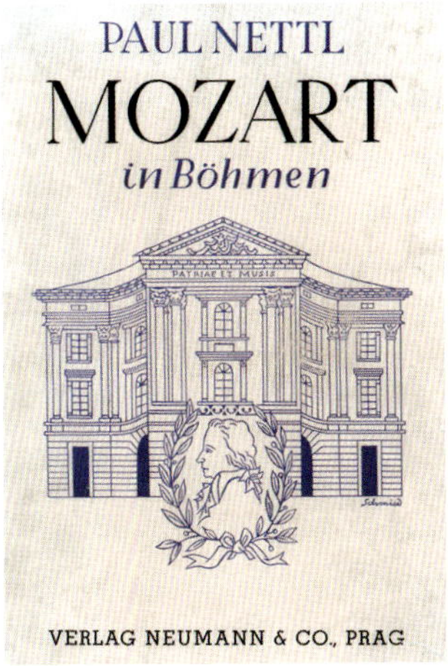

des 1936 gestorbenen Prager Privatgelehrten und „Hüters der Mozarttradition" Rudolph Freiherrn von Procházka aufbauen, dessen *Mozart in Prag* erstmals 1892 in Prag veröffentlicht worden war. Diese grundlegende Zusammenschau erschien zunächst im Verlag von H. Dominicus in Prag und wurde 1899 von der k. u. k. Hofbuchhandlung Gustav Neugebauer erneut

Mozart in Prag.

Zum hundertjährigen Gedächtniß seines Todes

von

Rudolph Freiherrn Procházka.

„Meine Prager verstehen mich!"
Mozart.

Neue billige Ausgabe.

Mit 3 Beilagen und 5 Abbildungen.

Prag.
Verlag von Gustav Neugebauer, k. u. k. Hofbuchhandlung Graben 20.
1899.

herausgegeben. Procházkas und Nettls wegweisenden Werken verdanke ich eine Fülle von Fakten, Zitaten, Anregungen und Hinweisen, die für die vorliegende Monographie von größtem Wert waren, zumal nicht wenige der damals noch verfügbaren Quellen heute nur schwer zugänglich oder gar verloren sind.

An dieser Stelle möchte ich auf ein zunächst unterschätztes Problem eingehen. Zu Mozarts Lebzeiten bediente man sich in Prag mit einer gewissen Selbstverständlichkeit deutscher topographischer Bezeichnungen. Erst im Zuge der politischen Umwälzungen des 20. Jahrhunderts wurden diese von den tschechischen Analoga in den Hintergrund gedrängt und schließlich vollständig ersetzt. Wer heute durch Prag wandert, findet kaum noch Spuren dieser einstigen Zweisprachigkeit des Landes. Im Interesse größtmöglicher Authentizität mußten in diesem Buch dennoch jene Topographica Verwendung finden, die auch Mozart geläufig waren, d. h. im allgemeinen die deutschen. Eine Konkordanz am Ende des Buches soll als Schlüssel zur Orientierung im seit 1945 fast rein tschechischen Sprachraum dienen. Auch jene Ortsnamen, die nach dem Zweiten Weltkrieg durch politisch motivierte Umbenennungen aufkamen, können nicht ohne weiteres in Mozarts Zeit projiziert werden. Analoges gilt für eine Reihe einst überwiegend deutsch besiedelter Städte: Nicht Karlovy Vary, Znojmo oder Olomouc waren Mozart vertraut, sondern viel eher Karlsbad, Znaim und Olmütz.

Noch verworrener ist die Lage bei den Vor- und Familiennamen Mozarts böhmischer Zeitgenossen. Etwa Franz Duschek alias František Dušek: Als Sohn eines tschechischen Bauern in einem tschechischen Dorf geboren, wird er zu Hause wohl František gerufen worden sein; in späteren Jahren unterschrieb er sich als Franz Duschek und unter dieser Schreibweise fand er auch Eingang in die Musiklexika. Oder etwa Benedikt Žák, der tschechische Sänger und Komponist, der seinen Namen in Deutschland zu „Schak“

abänderte. Bei einigen der in unser Sichtfeld tretenden Personen ist die eindeutige Zuordnung zu einer der einst in Böhmen lebenden Volksgruppen nicht mehr möglich, andere Landeskinder waren Grenzgänger zwischen tschechischem und deutschem Selbstverständnis. Für die Untersuchung der Reisen Mozarts nach Prag war die genaue Einordnung freilich von untergeordneter Bedeutung. Ich konnte die Eigennamen also wahlweise in jener Form anführen, die überwiegend in historischen Zeugnissen aufscheint oder die Variante wählen, die der nationalen Zugehörigkeit gerecht wird. Letzteres ist der Fall bei dem tschechischen Komponisten Josef Mysliveček, obwohl im zeitgenössischen Schrifttum die ungelenken Varianten „Myslivetschek" oder „Mysliveczek" etc. überwiegen. Mit Politik und nationaler Identität hat das wenig zu tun, sondern eher mit dem Bestreben, unaussprechbare Wortungetüme auf einer phonetischen Ebene ins Deutsche zu transkribieren. Eine Vereinnahmung kultureller Besitzstände durch die fallweise Willkür in der Schreibweise der Eigennamen war nicht meine Absicht.

Wenn dieses Buch nun anläßlich Mozarts 250. Geburtstags in zweiter Ausgabe erscheinen kann, so ist es in erster Linie ein Verdienst meiner lieben Frau Gabriela. Ihr sei dieses Buch zugeeignet.

Harald Salfellner

Die Welt um 1787

Fünfmal weilte Wolfgang Amadeus Mozart innerhalb der Mauern der böhmischen Hauptstadt Prag. Zu Beginn des Jahres 1787 kam er, um einer Aufführung seiner Oper *Le nozze di Figaro*[1] beizuwohnen, im Herbst desselben Jahres reiste er zur Premiere der Festoper *Don Giovanni* an, 1791 verbrachte er erneut einige Wochen in der Stadt, um anläßlich der Krönung Leopolds II. zum böhmischen König die Krönungsoper *La clemenza di Tito*[2] einzustudieren und aufzuführen. Zwischen diesen jeweils mehrwöchigen Aufenthalten bot sich Mozart 1789 auf einer Reise nach Berlin Gelegenheit, zweimal Zwischenstation an der Moldau zu machen.

Bevor wir uns den vielbesungenen und legendenumrankten Pragreisen Mozarts im einzelnen zuwenden, wollen wir eine Zeitreise in das ausgehende 18. Jahrhundert unternehmen und einen Blick auf die politischen und kulturellen Verhältnisse werfen und damit auch den Hintergrund ausleuchten, vor dem Mozarts Prager Aufenthalte stattfanden. Was waren die Themen, die Mozart beschäftigten, über die er mit den Zechern in den Schenken sprach oder mit den Orchestermusikern nach der Probenarbeit? Disputierte er über die großen Werke der Dichtkunst seiner Zeit, räsonierte er über Schillers *Räuber*, Goethes *Werther* oder Shakespeares Dramen, die sich seit Wielands Prosaübersetzung einer förmlichen Renaissance erfreuten? Und die Damen bei den Soireen in der „Villa Bertramka" – hat er mit ihnen über Pietro Metastasios effektvolle Libretti und über Klopstocks pathetisches Heldengedicht *Messias* parliert, oder eher über die erstaunlichen Neuerungen in allen Lebensbereichen, von denen die Zeitschriften und Flugblätter

[1] (ital.) – Die Hochzeit des Figaro.
[2] (ital.) – Die Güte des Titus.

Johann Heinrich Wilhelm Tischbein: *Goethe in der Campagna*. Öl auf Leinwand, 1786/87.

zu berichten wußten, sowie von den großen Umwälzungen, die bedrohlich am Horizont wetterleuchteten? Eine neue Ära hatte sich die Bahn gebrochen, eine Zeit, in der die anmutigen Schäferszenen des Rokoko, die Harmonien kultivierter Sinnlichkeit und verfeinerten Geschmacks vom Lärm leistungsfähiger Spinnmaschinen und dem Geklapper mechanischer Webstühle abgelöst wurden, von fauchenden Hochöfen und stampfenden Dampfmaschinen. Eine Epoche, die von Revolution widerhallte und wissenschaftlichem Fortschritt, von den radikalen Lehren eines Adam Smith und den kühnen Schriften des unvergleichlichen Voltaire. In dem Königsberger Philosophen Immanuel Kant, dessen *Kritik der reinen Vernunft* zur fundamentalen Schrift der Aufklärung und zum zentralen Vermächtnis einer neuen Philosophie wurde, fand diese Ära des Umbruchs ihren vielleicht bedeutendsten Repräsentanten.

Da grenzte das scheinbar rückständige Rokoko ganz unvermittelt an die zündenden Ideen der Aufklärer, die den Glauben an die menschliche Vernunft und Bildung zum zentralen Katechismus erhoben hatten und sich einem ungetrübten Fortschrittsoptimismus hingaben. Auch Prag stand im Bann der europaweiten Aufklärungsbewegung, auch hier konnte man um 1787 mit anakreontischen[3] Gedichten niemand mehr hinter dem Ofen hervorlocken. Ein zunehmend in seinen gesellschaftlichen Ansprüchen und wirtschaftlichen Positionen gefestigtes Bürgertum bestimmte auch an der Moldau nicht nur den literarischen Geschmack, sondern gab in allen Fragen der Zeit den Ton an, wohingegen der Geist des Rokoko sich nur noch eine gewisse Zeit in den Rückzugsgebieten aristokratischer Herrlichkeit behaupten konnte. Und während Mozart dem nördlich gelegenen Prag zustrebte, zog es Goethe nach Süden: Die Nachwelt sollte in Hinkunft den Eintritt der deutschen Literatur in ihre klassische Epoche mit dieser ersten italienischen Reise verknüpfen.

Mit seiner 1787 in Prag uraufgeführten Oper *Don Giovanni* wurde auch Mozart zu einer Symbolfigur dieses Wandels. War er in seiner Jugend noch ein Untertan am fürsterzbischöflichen Hof zu Salzburg gewesen, kaum mehr als ein Lakai, so reifte er in seinen Mannesjahren zu einem der ersten emanzipierten Meister der europäischen Musikgeschichte, zu einem Künstler, der nichts mehr gemein hatte mit einem Höfling. Anderen Komponisten seiner Zeit – man denke etwa an Joseph Haydn oder Karl Ditters von Dittersdorf – war eine solche Befreiung nicht oder nur in Ansätzen gelungen.

Obwohl mit der Aufklärung auch die Entwicklung der Wissenschaften einen Aufschwung nahm, waren gegen Ende des 18. Jahrhunderts noch viele Grundlagen der modernen Naturforschung so gut wie unbekannt. Für eine leistungsfähige Technik und rationale

[3] Anakreontik: Richtung der europäischen Lyrik des 18. Jahrhunderts; zu ihren Vertretern gehörten zeitweise auch der junge Lessing sowie der junge Goethe. Der Namensgeber dieser Richtung, der altgriechische Dichter Anakreon (* um 580 v. Chr. Teos, Ionien, † nach 495 v. Chr.), besang in idyllischen Liedern die Liebe, die Freundschaft, die Natur, das heitere Leben und den Wein; nur drei seiner Lieder sind vollständig überliefert.

Wissenschaft war die Zeit trotz herausragender Einzelleistungen und epochaler Entdeckungen nicht reif, zu viele grundlegende Naturerscheinungen warteten noch auf ihre Enträtselung, etwa das nach wie vor höchst geheimnisvolle Phänomen der Elektrizität. Aufklärung hin oder her – mangels solider Grundlagen wucherten abenteuerliche, heute längst vergessene Vorstellungen, Theorien und Lehrgebäude, so etwa der „Tierische Magnetismus“ Franz Anton Mesmers, eines mit Mozart befreundeten Arztes. Andere dogmatische Gedankenkonstrukte konnten sich über die Jahrhunderte hinweg gar bis in die Gegenwart halten, man denke etwa an die homöopathische Heilkunde des deutschen Arztes Samuel Hahnemann, eines weiteren Zeitgenossen Mozarts.

Während Mozarts wichtigster Schaffensjahre befand sich Europa in einem stürmischen Prozeß gesellschaftlicher Neuorientierung. Überkommene aristokratische bzw. feudale Strukturen wichen einer bürgerlichen Weltsicht, in der republikanische Heilserwartungen aufkamen und die althergebrachte Ordnung in Frage gestellt wurde. Das Bürgertum war zum Motor aller Entwicklung geworden und suchte seine errungenen Machtpositionen zu festigen, der Adel hatte sich in

Mesmers Tierischer Magnetismus in einer zeitgenössischen Karrikatur (1784): *Der magische Finger oder der tierische Magnetismus.*

seine Schlösser und Funktionen zurückgezogen und harrte der Dinge, die da kommen sollten. Technik und Industrie veränderten sowohl das Bild der Landschaften und Städte als auch die seit Jahrhunderten fest verwurzelte soziale Ordnung.

In dieser Atmosphäre bestieg 1780 der von Erneuerungsdrang beseelte Joseph II. den Thron, nachdem er anderthalb Jahrzehnte lang als Mitregent seiner Mutter Regierungserfahrung hatte sammeln können. Schon Kaiserin Maria Theresia hatte ein umfangreiches Reformwerk in die Wege geleitet, ihr Sohn trieb es nun mit noch größerem Eifer voran.

Bald nach seiner Inthronisation erließ der Kaiser ein „Untertanenpatent“, das die böhmischen (und ungarischen) Bauern zu gleichgestellten Landeskindern machte und ihnen neben Pflichten auch selbe Rechte zubilligte, gleich jenen, die das alpenländische Landvolk schon seit Jahrhunderten genoß. Der Begriff „Leibeigenschaft“ verschwand aus dem Verwaltungsvokabular, was nicht hieß, daß die Untertanen auch zu Eigentümern des von ihnen bewirtschafteten Bodens wurden. Die zu Erbpächtern mutierten Bauern entkamen jetzt aber der Willkür ihrer allmächtigen Grundherren. Nun, da sie selbst über den Ort ihres Aufenthaltes, über Beruf und Familienstand entscheiden durften, konnten sie die Höfe und engen Dörfer ihrer Heimat verlassen, um in den Fabriken der umliegenden Städte Arbeit und Brot zu finden.

Auch auf religiösem Gebiet kamen die erstarrten Zustände in Bewegung. Langsam besserte sich die Situation der Hebräer in den habsburgischen Erblanden. Schon 1781 war durch ein Toleranzedikt den Nichtkatholiken Augsburgischer sowie Helvetischer Konfession und den nichtunierten Griechen weitgehend freie Religionsausübung zugesichert worden. Ab 1782 folgten Toleranzpatente für Juden: Jetzt durften auch sie ihre Kinder in allgemeine Schulen schikken und eigene Bildungsanstalten unterhalten. Sie konnten nun alle Arten von Gewerben erlernen und ausüben und die Enge der jüdischen Bezirke verlassen. Scharenweise kehrten sie den dumpfen und engen Ghettos den Rücken und ließen sich in anderen Stadtvierteln nieder. Weiterhin aufrecht blieben die berüchtigten „Familiantengesetze“, die nur dem jeweils erstgeborenen Sohn einer jüdischen Familie eine eigene Familiengründung ermöglichten.

Im neuen Strafgesetzbuch des Jahres 1787 wurden zwar eine Reihe von Strafen verschärft, die Todesstrafe aber verschwand endgültig aus dem Arsenal der Sanktionen, ausgenommen nur im Falle der Verhängung des Standrechts. Im Februar 1787 legte Joseph II. fest, daß Kinder vor ihrem Eintritt ins neunte Lebensjahr „nicht ohne Not“ zur Fabrikarbeit herangezogen werden dürften – ein ungeheurer Fortschritt in einer Zeit, in der Kinderarbeit die Regel war! Mit seinem in alle Lebensbereiche hineinspielenden Reformwerk strebte Joseph II. jedoch nicht bloß soziale Verbesserungen an, sondern zuallervorderst eine Stärkung der absolutistischen Zentralgewalt in seinem Staat. Ein liberaler Freigeist oder gar Demokrat im modernen Sinne war er natürlich nicht. Er versuchte

Der römisch-deutsche Reformkaiser Joseph II. (1765-1790).

die alten Rechte der Stände und die historischen Privilegien des Adels zu beschneiden – mit Maßnahmen, die von der Masse der Bevölkerung gebilligt, ja gutgeheißen wurden, solange diese nicht selbst von den Neuerungen betroffen war. Aber viele Neuerungen lehnte das Volk auch beharrlich ab, vor allem wenn sie im Widerspruch zu althergebrachten Traditionen standen. Darüberhinaus war insbesondere den slawischen Völkern Josephs II. Sprachenpolitik ein Dorn im Auge, hatte er doch im Interesse einer leistungsfähigen Staatsverwaltung die deutsche Sprache zur Lingua franca bestimmt.

Auch die Maßnahmen zur Säkularisierung des Bildungswesens stießen ob ihrer Radikalität auf erhebliche Widerstände. Nur jene Mönchsgemeinschaften sollten noch Bestand haben, die sich der Erziehung widmeten oder karitative Aufgaben wahrnahmen. Eine Reihe sehr alter und bedeutender geistlicher Orden wurde kurzerhand aufgehoben. Als Mozart in Prag eintraf, dem einstmaligen „Rom des Nordens", waren gerade erst dutzende Klöster und Kirchen geschlossen worden. Obwohl die meisten Reformen von Josephs Nachfolger Leopold II. wieder rückgängig gemacht wurden, hatten sie das soziale Gefüge in den Städten des Habsburger Reiches grundlegend geändert. Wie in ganz Europa wurde auch in Österreich das Machtmonopol der römischen Kirche zunehmend in Frage gestellt. In Frankreich war bis 1780 die *Encyclopédie* erschienen, ein umfassendes Werk der gesamten Wissenschaften und Künste. Die Enzyklopädisten stritten (mit religiösem Eifer) für ein Weltbild, in dem nicht der Glaube im Mittelpunkt stehen sollte, sondern einzig die Vernunft. Mit allen zu Gebote stehenden Mitteln wendete sich die Kirche gegen die Redakteure dieses Monumentalwerks, da sie in dem Ansatz eine Gefährdung ihrer Glaubensdogmen sah. Hinzu kam, daß nun auch die konservative Aristokratie, die einst der Garant für die Aufrechterhaltung des Status quo war, sich diese

Rokoko-Idyll: Galantes Pärchen in den Fürstenbergschen Gärten zu Prag (Ansichtskarte um 1900).

Gedanken zu eigen machte. Blaues Blut traf sich in Freimaurerlogen, spottete leichtgeschürzt über den Katholizismus und zelebrierte die eigene Dekadenz. Nur wenigen war bewußt, daß der Adelsstand damit in einem Atemzug seine eigenen Privilegien, ja seine Existenz in Frage stellte. Der Niedergang der alten Welt vollzog sich in atemberaubendem Tempo, die Gedanken der Aufklärung loderten wie Fackeln, die das ausgetrocknete Gefüge ganz Europas in Brand zu stecken drohten.

Während also Joseph II. die überkommene Ordnung von oben her aufzubrechen suchte, erlebte Frankreich unter Ludwig XVI. seine letzten absolutistischen Jahre, ehe das Ancien Régime 1789 in einer blutigen Revolution seinen Untergang fand. Durch die Vermählung Marie Antoinettes, der hübschen Tochter Maria Theresias, mit dem französischen Dauphin hatte Österreich die Allianz mit Frankreich zu festigen gesucht, doch mit der Revolution verlor es über Nacht den mächtigen Bündnispartner. Für die Aristokratie in Deutschland und ganz Europa wurde die Französische Revolution, die ja nicht nur allgemeine Menschen- und Bürgerrechte, sondern auch die

Abschaffung des Erbadels verkündet hatte, zu einer ernsten Bedrohung, der man mit strengen Polizeimethoden zu begegnen suchte.

Obwohl die Revolution in Paris das wohl bedeutendste politische Ereignis in Mozarts Lebenszeit war, vermissen wir in seinen Briefen und Lebenszeugnissen Hinweise auf das Geschehen an der Seine. Freiheit, Gleichheit und Brüderlichkeit – die Forderungen jener stürmischen Tage haben in Mozarts Schriften keinen Widerhall gefunden, wohl aber in der in Prag mit so großer Begeisterung aufgenommenen Oper *Figaros Hochzeit.* Daß er sich mit diesem Stück in Hofkreisen nicht nur Freunde machen würde, muß Mozart bewußt gewesen sein, und seine Entscheidung für diesen Stoff gab Anlaß zu mancher Spekulation. Das der Oper zugrunde liegende Theaterstück von Pierre Augustin Caron de Beaumarchais, *Le mariage de Figaro,* wurde von den Wiener Behörden mit einem Aufführungsverbot belegt und

Mit dem Sturm auf die Bastille in Paris am 14. Juli 1789 nahm die Französische Revolution ihren Anfang. Unbekannter Maler des 18. Jahrhunderts.

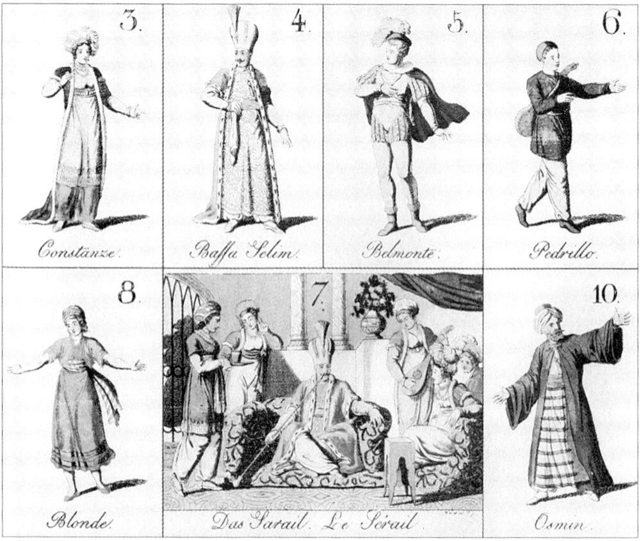

Türkische Sujets: Skizzen zur *Entführung aus dem Serail.*

Mozart konnte noch froh sein, daß die Zensoren nicht auch seine Oper auf den Index setzten. Noch heute geht uns das Aufbegehren des Figaro in seiner berühmten Kavatine unter die Haut: „Will der Herr Graf ein Tänzchen nun wagen, mag er's mir sagen, ich spiel ihm auf."

Als Mozarts *Don Giovanni* in Prag seine Premiere erlebte, führte Österreich wieder einmal Krieg gegen die immer noch mächtige „Hohe Pforte", das osmanische Großreich im Südosten des Kontinents. Das kaiserliche Heer, höchstpersönlich befehligt von seinem obersten Kriegsherrn Joseph II., hatte vor Belgrad Stellung bezogen. Anfangs konnten die österreichischen Truppen den Türken nicht standhalten und wichen vor deren Angriffen zurück. Erst 1791 wandte sich das Schlachtenglück zugunsten der Kaiserlichen. Der bewährte Feldmarschall Gideon Ernst Freiherr von Laudon übernahm das Kommando an der Donaufront und konnte nach kurzer Belagerung die strategisch entscheidende Festung Belgrad einnehmen. Dieser Türkenkrieg ging für Österreich zu guter Letzt glimpflich aus, aber er hatte erhebliche Rückwirkungen auf die Finanzen des Landes. Auch Mozart geriet dadurch in eine mißliche finanzielle Lage, da der mit kriegsbedingten Mehrausgaben belastete Wiener Adel sparen mußte. Altgediente Musiker wurden entlassen, Privatkapellen aufgelöst und kostspielige Akademien und Konzerte aus dem Programm gestrichen. Dazu kam, daß der „Kleine" Türkenkrieg an der Militärgrenze bei weitem nicht die einzige Bedrohung für die leidgeprüfte Dynastie war: In den habsburgischen Niederlanden lehnte sich 1787 das Volk offen gegen die Josephinischen Zentralisierungs- und Verwaltungsreformen auf und erhob sich gegen die österreichische Herrschaft. Von der Situation an der Türkengrenze ermuntert, gärten auch im Königreich Ungarn separatistische Pläne, die eine Abspaltung vom Reichsverband befürchten ließen.

Während Österreich durch schwere politische Krisen erschüttert wurde und Frankreich seiner Revolution entgegenreifte, konnten sich in Nordamerika rebellische Kolonisten im Unabhängigkeitskrieg (1775–1783) gegen die britischen Streitkräfte behaupten. Thomas Jeffersons Unabhängigkeitserklärung, die am 4. Juli 1776 von 56 Vertretern der englischen Kolonien unterzeichnet wurde, sollte zu einem Grunddokument der Vereinigten Staaten von Amerika werden und den Kern einer liberalen Weltsicht beinhalten: „Alle Menschen sind von Geburt an gleich, sie sind von ihrem Schöpfer mit gewissen unveräußerlichen Rechten ausgestattet, zu denen Leben, Freiheit und das Streben nach Glück gehören". Anno 1787 wurde von einer konstituierenden Versammlung die Verfassung der USA verabschiedet, im darauffolgenden Jahr tagte erstmals der amerikanische Kongreß. Der künftige Hegemon war geboren. Freilich hatte er zunächst noch genug mit seiner inneren Entwicklung zu schaffen, als daß er bereits zu Mozarts Zeiten der Welt hätte den Takt schlagen können.

Während sich in Mittel- und Westeuropa sowie in Nordamerika umwälzende politische Veränderungen vollzogen, wuchs im Osten Europas, im Windschatten der damaligen „zivilisierten Welt“, eine weitere Großmacht heran, die dann im 19. und 20. Jahrhundert eine zentrale Stellung einnahm – Rußland. Seit 1762 residierte in St. Petersburg Zarin Katharina II. Ihr war es gelungen, den russischen Herrschaftsbereich zu Lasten des Osmanischen Reiches bis ans Schwarze Meer und durch die Teilungen Polens in den Jahren 1772, 1791 und 1795 bis ins mittlere Europa auszudehnen. Im Frühsommer 1787 besiegelte sie auf der Halbinsel Krim mit Kaiser Joseph II. ein Militärbündnis gegen die Türken, dem bald große Bedeutung zukommen sollte.

In England hingegen, wo nach politischen Umwälzungen schon fast ein Jahrhundert lang stabile Verhältnisse herrschten, vollzog sich ein Wandel ganz anderer Art. In den Straßen von London sah man beides: ein ständig anwachsendes Lumpenproletariat neben einem zunehmenden bürgerlichen Wohlstand, der nicht zuletzt auf die Liberalisierung der Wirtschaft und einen ungezügelten Unternehmergeist zurückging. Nirgendwo sonst auf dem ganzen Erdball hatte die Industrialisierung solche Fortschritte gemacht wie auf der Insel, wo sich Manchester-Liberalismus und blühender Industriekapitalismus ungehindert entfalten konnten – zur Freude der Besitzenden und zum Leid der Mittellosen. Aber von diesen Verhältnissen wußte Mozart, der ja zeitweise von einem Neuanfang in England träumte, wenig. Als diese Entwicklung auch das Festland in ihrem vollen Ausmaß erfaßte, hatte Mozart das Getriebe der lauten Welt bereits hinter sich gelassen.

Prag im ausgehenden 18. Jahrhundert

„Von Iglau nach Prag haben unsere eigene Gelegenheit gehabt, sind mit den Schlitten gefahren, bey Prag war kein Schnee mehr zu sehen; da ich nach Prag komm, hab ich Verdruß mit den Gutscher, er wollte mich nicht in das Würthshaus führen wo ich verlangte. Ich Loschierte zuerst in einen ellenden Würthshaus, ich vermeinte es wären Juden, wurde aber ganz billig behandelt; in etlichen Tagen mußte ich bey H. Duschek wohnen, wo wür alles hatten, uns sehr viel gutes gethan wurde. Wür haben oftmals beym P. Rector in Semenarium gespeiset. Graf Pachte, Graf Schwarz Zchiskowitz, Chlom, Paron Ledeburg, Fürst Daxis, Vratislau, Erzbischof 2mal gespielt, Hadeck, Polsa, Sauer, Künsky, Fr. ö. Schönfeld, Ritschel, Hermann.

Die Altstadt, Neustadt, kleine Seite und der Ratschin, da ist der Pischof, Würthshäuser in der Altstadt das alte Ungold, das neue Würthshäus, das große Theater, Prag ist sehr unrein, kleine Gassen, wird sehr viel Wildbrät gegessen, und ist gut zuleben, kleine Seite ist das Thunische Theater, auch die Post, Prag ist alles weit entlegen, Instrumentenmacher Hune, Claviermeister Marschek, Loscheck, Wenzel war einmal ein Geistlicher, Strobach Directer im Theater, aufgeführt die 2 Opern von Mozart, Don Joan, und Figaro. Dierecters von der Opera Poldini, bey Comedien Wahr. Er ist dick und fett. Die Music nimt sich im großen Theater nicht gut aus, Madame Duschek hat einen schönen Mayerhof, Graf Spury, die Tracht ist wie in Wien bey die Herrschaften, auch gibt es hübsche Kürchen. Die Brücke von quarter Stein über die Moldau ist sehr schön. Auf der Brücke stehen 31 Statie, in der Mitte der heilige Johannis Nepomuck. Der Wasser Thurm wo die ganze Stadt das Wasser bekommt. Es ist sehr übel, daß man keine Wägen nicht haben kann, außer man bestellt sie 2 oder 3 Stund vorhero,

auch keine Schässen, ohne daß man nicht sehr viel bezahlen müßte. Die Sääle sind bey der Eissernen Thür, Convent Saal, Bretscheldischen Saal war der beste; Ring ist in der Altstadt. Poscheluck ein guter Componist, beym Erzbischof haben wür sehr schöne Zimmer gesehen ..."

Johannes Hummel[4],
Tagebuch

Im Jahr 1787 war Prag die zweitgrößte Stadt im Reich der Habsburger, an Fläche und Einwohnerzahl einzig überragt von der kaiserlichen Residenzstadt Wien. An die 80.000 Menschen lebten in den etwa dreitausend Häusern, die wechselnde Anzahl von Soldaten in den Prager Garnisonen nicht mitgerechnet. Zu den Angehörigen des geistlichen Standes, des Herrenstandes und der Ritterschaft gesellte sich die Bürgerschaft mit ihren Honoratioren und Professionisten, am Ende der Rangordnung befand sich die Masse des einfachen Volkes. Zu den Pragern deutscher und tschechischer Zunge müssen

[4] Johannes Hummel war nach einer Karriere bei der Militärmusik Kapellmeister am Theater an der Wieden zu Wien und wurde in dieser Funktion mit Mozart bekannt. Er war der Vater des Komponisten, Klaviervirtuosen und Mozartschülers Johann Nepomuk Hummel. Ähnlich wie Leopold Mozart unternahm auch Johannes Hummel mit seinem Sohn Konzertreisen. Unter den Reisezielen war auch Prag.

Strahof. Vüe de la Ville de PRAGUE prise du Couvent de Strahof.

noch die Fremden gezählt werden, die teils schon seit dem Mittelalter ein Aufenthaltsrecht an der Moldau besaßen – Wälsche und Israeliten, irische Katholiken und Raitzen aus der Levante, Kanzleischreiber aus Wien sowie preußische und sächsische Zuwanderer. Es muß ein bunter Haufen gewesen sein, durchmengt noch von Durchreisenden und Wallfahrern, auswärtigen Scholaren und Gesellen auf der Walz, von Künstlern, Gauklern und fahrendem Volk. Das rege kulturelle Leben, das die wirtschaftlich dominierende Bürgerschaft und der gesellschaftlich immer noch tonangebende Adel entfalteten, hätte mancher europäischen Residenz zur Ehre gereicht. Aber die lokalen Bemühungen um ein blühendes Kulturleben konnten

Blick auf die Südfassade des Veitsdoms. Kolorierter Kupferstich, 1792 graviert von C. Pluth nach einem Entwurf von Philipp und Franz Heger.

nicht darüber hinwegtäuschen, daß die glanzvollen Zeiten des Luxemburger Kaisers Karl IV. bereits mehr als drei Jahrhunderte zurücklagen und der kaiserliche Hof Rudolphs II. von Habsburg, der so viele Künstler und Gelehrte angezogen hatte, seit 1612 wieder an der Donau residierte. Die Regierungsgeschäfte der Böhmischen Länder besorgte eine böhmische Hofkanzlei – in Wien; die Prager hatten die Anweisungen der Wiener Zentralbehörden ohne Widerspruch zu exekutieren. Einmal nur ließ sich der kaiserliche Hof für kurze Zeit dazu herab, in Prag Quartier zu nehmen: Im Seuchenjahr 1680 nämlich, als Leopold I. vor der in Wien grassierenden Pestilenz Zuflucht an der Moldau suchte. Dieser Aufenthalt war aber nicht mehr als ein kurzes Intermezzo, noch dazu in Pestzeiten, in denen man andere Sorgen hatte als den Fortgang der Musen zu betreiben. Immerhin wurden während der Anwesenheit des Hofes mit *La patienza di Socrate con due moglie* und *Vaticinii di Tiresia Tebano* zwei Opern des Wiener Hofkapellmeisters Antonio Draghi gegeben. Nach dem Abklingen der

Seuche kehrte der kaiserliche Troß wieder nach Wien zurück, Prag hatte seine Schuldigkeit als Notquartier getan und durfte wieder in seinen gewohnten Winterschlaf sinken. Wen wundert's da, wenn die Musici Europas ihr Glück lieber an der Donau suchten! Das galt auch für Mozart, den selbst verlockende Angebote nicht in Prag halten konnten. Auch die Musikanten aus den Böhmischen Ländern verließen in Scharen ihre Heimat, um an einer der Residenzen des Kontinents ihr Glück zu suchen, unter ihnen viele Protestanten, die ihr Glaubensbekenntnis im rekatholisierten Böhmen nicht preisgeben wollten.

Die tiefen Gräben zwischen Protestanten und Katholiken, die im 17. Jahrhundert die Katastrophe des Dreißigjährigen Krieges heraufbeschworen hatten, waren zu Mozarts Zeiten immerhin so weit zugeschüttet, daß eine Art dauerhaften Waffenstillstandes herrschte. Mochte das im Bewußtsein der Völker noch gegenwärtige Ringen auch schon mehrere Generationen zurückliegen – an den Lärm der Kartätschen und Kanonen erinnerte man sich noch gut, zumal Prag im Zuge der Schlesischen Kriege wiederholt in Mitleidenschaft gezogen worden war. Kaum ein Jahr nachdem die noch unerfahrene Kaiserin Maria Theresia

Die röm.-dt. Kaiserin Maria Theresia von Habsburg wurde am 12. Mai 1743 in Prag „zum Vergnügen aller treu-gehorsamsten Stände" zur Königin von Böhmen gekrönt.

den Thron ihres Vaters bestiegen hatte, zogen 1741 preußische Truppen gegen Prag. Die böhmischen Stände, die eine im stillen lange erwartete Gelegenheit sahen, mit dem zentralistischen Wien abzurechnen, huldigten dem bayerischen Kurfürsten Karl Albrecht und machten ihn zum neuen König von Böhmen – in den Augen Wiens war das ein neuerlicher böhmischer Sündenfall. Der Triumph war von kurzer Dauer, denn Maria Theresias Truppen nahmen die Stadt ein und beendeten das kurze Zwischenspiel bayerischer Herrschaft. Aber noch war die Sache nicht ausgestanden: Friedrich von Preußen nahm die Stadt 1744 nach zweiwöchiger Belagerung und heftigem Artilleriebeschuß in Besitz, und als die Preußen im Frühsommer anno 1757 dann ein drittes Mal vor den Toren der Stadt Stellung bezogen und die Bürger mit einem dröhnenden Bombardement in Angst und Schrecken versetzten, da lauschte im friedlichen Salzburg der Wiegenknabe Wolfgang Amadé Mozart gerade dem Violinspiel seines Vaters.

Als Mozart dann dreißig Jahre später in Prag seine großen Triumphe feierte, hatte sich die Stadt bereits

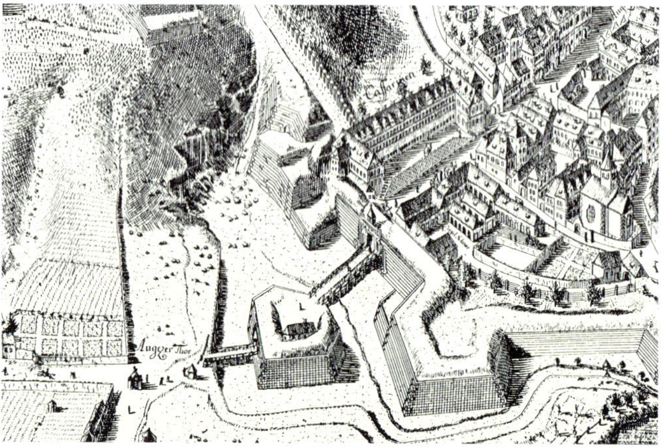

Das Aujezder Tor, westliches Stadttor der Prager Befestigung; im rechten Bildteil Gebäude der Kleinseite. Die Straße links führt in die Vorstadt Smíchov, in der sich die Mozartstätte Bertramka befindet.

von den Kanonaden erholt und die meisten Schäden waren beseitigt. Allerdings standen Dutzende von Kirchen und Klöstern leer: Nach den josephinischen Reformen hatten die geistlichen Herren ihre Heimstätten verlassen müssen, nun war so mancher Sakralbau dem Verfall preisgegeben. Vorbei waren die Zeiten, als die Jesuitenkollegien im Prager Geistes- und Musikleben den Ton angaben, oder die Kreuzherren, bei denen Altmeister Joseph Seger, der Lehrer der Mozartgeneration, als Organist wirkte.

Die vier ehemals mit eigenen Funktionen, Würden und Privilegien belehnten Stadtviertel Prags[5] waren nach einem Erlaß des Monarchen vom 12. Februar 1784 unter einem einheitlichen Magistrat zusammengelegt worden. Ein von zwei Vertretern unterstützter Bürgermeister leitete jetzt mit Hilfe dreier, im einzelnen für Rechts-, Kriminal- und Finanzangelegenheiten zuständigen Konsilien die Verwaltung der großgewordenen Stadt, die zu umwandern man etwa vier Stunden benötigt hätte.

Seit 1786 durften die Prager ihre Verstorbenen nicht mehr auf den Kirchhöfen in der Stadt beerdigen, so daß außerhalb der Stadtmauern neue Friedhöfe angelegt werden mußten, etwa der Wolschan (tsch. Olšany), das bis heute größte Friedhofsareal in Prag. Um dort hinaus zu gelangen, mußte man durch eines der in die Bastionen eingelassenen Stadttore. Durch sie mußten auch Fremde und Reisende, wollten sie in die Stadt gelangen. Mozart etwa kam beim „Neuthor“ unweit des Neustädter Heuwaagsplatzes in die Stadt und hatte sich da dem Vertreter der Behörde auszuweisen, mußte Namen, Stand, Gewerbe, Ursache der Reise sowie den beabsichtigten Einkehrort vermelden. Ankömmlinge aus Berlin oder Dresden

[5] Zu den vier historischen Prager Städten bzw. Stadtvierteln zählte man neben der Altstadt, der Burgstadt und der Kleineren Stadt Prag (Kleinseite) auch die von Karl IV. 1348 gegründete Prager Neustadt mit dem Wenzelsplatz (ehemals Roßmarkt) als gedachter Achse.

gelangten über die Leipziger Straße vor das Strahover Stadttor; Münchner Fuhrleut und Pilsner Bierführer kamen beim Aujezder Tor in die Stadt, nachdem sie entlang der Reichsstraße den Vorort Smíchov passiert hatten, von wo es nur ein Katzensprung zur Bertramka ist, Mozarts Prager Aufenthaltsort.

Seit mehr als vier Jahrhunderten schon spannte sich die steinerne Karlsbrücke als einzige Verbindung zwischen den Stadthälften über die Moldau, und wollte man aufs andere Ufer, mußte man eine Art Brückenmaut entrichten. Immerhin rumpelten die Kaleschen und Karossen bereits über gepflasterte Straßen. Auch hatte man einzelne Gassen der inneren Stadt mit Bürgersteigen versehen – oder „Trottoirs", wie man sich weltmännisch ausdrückte.

Aber immer noch erinnerte das Stadtbild an mittelalterliche Zustände: Die winkeligen Gassen waren dunkel und nur notdürftig von einigen hundert Leinöllampen erhellt. Eine Kanalisation gab es noch nicht, Abwässer und Unrat verschmutzten die Wege und Passagen und verursachten üble Gerüche und Krankheiten, so daß die Bevölkerung und die gestrenge Obrigkeit auf Abhilfe sannen. Ab 1787 mußten auf Anregung der Prager Polizeidirektion in Ketten gelegte Strafgefangene die Straßen säubern. Doch diese

Maßnahme reichte nicht aus, und so wurde der Ruf nach einer Kanalisation immer lauter.

Tagsüber waren die Straßen von Fuhrwerken und Kutschen, Boten und Handwerkern, Händlern und fahrendem Volk belebt, erst zur Nachtzeit kehrte Ruhe ein. Außer den Trinkliedern angeheiterter Zecher waren nur die Glockenschläge der nahen Kirchtürme, der behäbige Schritt der Polizeipatrouillen und von Zeit zu Zeit die Rufe der Wächter auf den Bastionen zu hören: „Wer da? Rund! Rund vorbei ...“ Biedere Bürgersleut blieben zur Nachtzeit lieber in ihren Kammern, lauerte in den dunklen Seitengassen doch so manche Gefahr:

„Das hiesige Frauenzimmer ist schön, artig und gesellig. Man pflegt hier der Liebe mit weniger Zurückhaltung, als zu Wien, weil hier keine Polizeyknechte und keine – Nachtlaternen sind. Man ist des Nachts vor den Strassenräuberinnen nicht sicher, die in allen Winkeln auf ihren Feind lauern, den sie aber sehr freundschaftlich behandeln. – Liebe ist Krieg, sagt Ovid und diese Mädchen sind die stehenden Miethtruppen des kleinen Gottes, die seine Ehre ritterlich vertheidigen. Aber es sollen hier sehr viele Invaliden und Bleßirten unter dieser Armee seyn."

Johann Kaspar Riesbeck,
Briefe eines reisenden Franzosen über Deutschland an seinen Bruder zu Paris

Noch gab es den ehrbaren Beruf des Nachtwächters, der zu später Stunde die Flämmchen in den Straßenlaternen löschte und vor Feuersgefahren warnte. Das Läuten der Sturmglocke versetzte die Prager zwar immer noch in Angst und Schrecken, war ihre Stadt in den zurückliegenden Jahrhunderten doch nur allzuoft ein Raub der Flammen geworden, aber in jüngster Zeit hatte man in der Bekämpfung und Verhütung von Bränden bemerkenswerte Fortschritte gemacht. So war 1776 das Zeughaus auf dem Vyšehrad, in dem große Mengen Schießpulvers lagerten, als erstes Bauwerk in Prag mit einem Blitzableiter gesichert worden. Diese Einrichtung ging zurück auf den universal gebildeten Prämonstratensermönch Prokop Diwisch, der als Pfarrer in Brenditz bei Znaim den ersten Blitzableiter in den Böhmischen Ländern aufgestellt hatte, der Überlieferung nach Jahre vor Benjamin Franklins berühmter Erfindung.

Um eine bessere Orientierung in der heranwachsenden Stadt zu ermöglichen, ordnete die Obrigkeit neuerdings an, die einzelnen Gebäude mit Nummern zu versehen. Die Prager konnten sich an diese Vorschrift lange nicht gewöhnen und behielten noch über Jahrzehnte die alten, poesievollen Hauszeichen bei.

Wenige Tage bevor Mozart in Prag seinen *Don Giovanni* aufführte, wurden an einzelnen Hauswänden die ersten Straßenschilder angebracht – in deutscher und tschechischer Sprache. Ein Verschönerungsausschuß hatte damit begonnen, die Wassergräben der alten Befestigung aufzuschütten sowie in der Ferdinandstraße und entlang der Moldau eine Allee anzulegen. Auf diesen neuen Straßenzügen konnte man sich mit gemieteten Pferdedroschken „na spacír" kutschieren lassen – ein neuartiges Vergnügen für die schöne Prager Welt.

So wie sich das Antlitz der Stadt wandelte, so veränderte sich auch das seit Generationen gleiche Erscheinungsbild der Stadtbewohner:

„In der Tracht herrschte bei beiden Geschlechtern noch immer der lebhafte Farbensinn des Mittelalters. Zwar hatten die Hofmoden des Zeitalters Ludwig des XIV., nach welchen sich die gebildeten Kreise überall richteten, außer etwa da, wo, wie z. B. in Ungarn und Südspanien, der Nationalgeist die Nationaltracht aufrechterhielt, das ritterlich-romantische Kostüm wunderlich verweichlicht und verschnörkelt. Gleichwohl aber war die Buntheit und der Reichtum

Die Theinkirche mit dem Fürst. Kinskischen Palais
auf dem Altstädter Ring gegen Mitternacht.

des Anzugs eher erhöht als verringert worden und behauptete sich so noch die größere Hälfte des 18. Jahrhunderts hindurch. Das männliche Staatskleid, wie es vom wohlhabenden Bürger der freien Reichsstadt an durch alle Gesellschaftsstufen bis aufwärts zum Fürsten getragen wurde, bestand in einem Rocke von dunklem oder hellem Samt – sogar die weiße Farbe wurde nicht ausgeschlossen –, welcher mit reicher Seiden- oder auch Gold- und Silberstickerei geschmückt war und unter dessen weit zurückgeschlagenen Ärmeln die zierlichen Manschetten hervorsahen. Mit ihnen korrespondierten die Jabots von Brüsseler Spitzen unter Westen von Goldglacée. Stiefel trug man nur bei schlechtem Wetter, und in Damengesellschaft durfte man schlechterdings nicht anders als in Schuhen und seidenen Strümpfen erscheinen. Jung und Alt hatte den Degen an der Seite, und ältere Männer führten in der Rechten das lange spanische Rohr mit goldenem Knopfe, dessen stützenden Halt oft auch die Damen bei öffentlichem Erscheinen nicht verschmähten. Manche Berufszweige kündigten sich durch gewisse Schattierungen im Anzug schon von weitem an. So erforderte es die ärztliche Würde, daß

Ein nach der Mode des Rokoko gekleidetes Paar tanzt Menuett.

der Heilkünstler in schneeweiß gepuderter, dreizipfeliger Allongeperücke erschien, im goldgestickten Scharlachrock, mit Jabot und breiten Spitzenmanschetten, weißen oder schwarzen Seidenstrümpfen, mit blitzenden Knie- und Schuhschnallen, den kleinen schwarzseidenen Chapeaubas unter dem Arm und in der Hand den unentbehrlichen mächtigen Rohrstock, welcher als Stütze des Kinns beim Nachdenken in bedenklichen Fällen typisch geworden ist. Stutzer fingen aber allmählich an, ihren Kopf von der Perücke zu emanzipieren und das Haar frisiert und gepudert *‚en aile de pigeon'* zu tragen. Die große Reaktion gegen die Lockenperücke kam aber durch Friedrich Wilhelm I. von Preußen auf, welcher in seinem Streben nach militärischer Einfachheit die Perücke verwarf und dafür jenes Zopfregiment einführte, das von der preußischen Armee allmählich auf die europäische Männerwelt sich ausdehnte. Dabei verschwand der Bart völlig aus dem Gesichte und begann seine Rechte erst dann wieder geltend zu machen, als man in den Trubeln der Revolutionskriege zum Zöpfeln und Frisieren keine Zeit mehr hatte und dem Haare wieder gestattete, im Gesichte zu wachsen, während man es im Nacken sansculottisch-rundköpfig stutzte. Ein revolutionärer Anstoß für die männliche Tracht kam von Amerika herüber. Der schlichte, prunklose Anzug, in welchem die Gesandten des Kongresses am Hofe von Versailles erschienen, gewann den Beifall der stets in Extremen sich gefallenden Franzosen, und sie adoptierten die puritanisch-monotone Färbung und den republikanisch-simpeln Schnitt von Franklins Rock, ungefähr zur selben Zeit, als in Deutschland das Wertherkostüm, der blaue frackartige Rock, die weiße Kanevashose und -weste und die fast bis zum Knie reichenden Stulpstiefeln in der jungen Männerwelt Furore machten. Etwas später schlug auch die Stunde der kurzen Kniehose, obgleich dieselbe die heftigsten Stürme der Revolution überdauert und sogar noch

Robespierre in Haarbeutel, Taubenflügelfrisur und galanten kurzen Beinkleidern die Wiedereinsetzung des ‚être suprême' proklamiert hatte. Wahrscheinlich empfahl sich das lange Beinkleid durch seine entschiedene Bequemlichkeit zuerst den republikanischen Heeren Frankreichs, weshalb die deutsche Philisterwelt ihm lange aufs heftigste opponierte, obgleich Friedrich Wilhelm III. schon 1797 in Pantalons im Bade Pyrmont erschien. Der Pantalon begann nun seinen Kampf mit dem Stiefel, welcher das männliche Bein für sich in Anspruch nahm, bis es endlich jenem gelang, den Nebenbuhler gänzlich unter sich zu bringen."

Johannes Scherr,
Deutsche Kultur- und Sittengeschichte

Wer sich über die jüngsten technischen Entwicklungen und politischen Ereignisse informieren wollte, konnte sich in der „Schönfeldschen Leihbibliothek" für einen Kreuzer Leihgebühr pro Tag mit Büchern oder Zeitschriften eindecken und den Lauf der Welt schwarz

Erste Arbeiterkolonien entstanden im 19. Jahrhundert: im Bild eine Siedlung in Prag-Smíchov, unweit der Mozartstätte Bertramka.

auf weiß verfolgen. Auch die Prager Universitätsbibliothek, die von Zeitgenossen als liberal und freisinnig gelobt wurde, hielt trotz Zensur und polizeilicher Überwachung so manches wohlinformierte Druckerzeugnis für ihre Leserschaft bereit – natürlich zum Mißvergnügen der gestrengen Obrigkeit.

Das Wirtschaftsleben der Stadt blühte in den frühen Jahren der Industrialisierung immer mehr auf, in Werkstätten, Mühlen und Manufakturen, in Kalk- und Ziegelhütten, in Flachsspinnereien, in Hut-, Flanell- und Fischbeinfabriken wurden Waren in einer Menge und Qualität wie nie zuvor erzeugt. Eine führende Stellung nahm die Textilindustrie ein: Nicht weniger als zwölf Baumwollspinnereien waren in Prag 1787 in Betrieb, wo man Barchent erzeugte, Handschuhe herstellte und Kattun bedruckte. Nur wenige Jahre zuvor, 1771, hatte ein junger Entrepreneur namens Franz Ringhoffer in der Altstadt eine Werkstatt für Kupferarbeiten und Braupfannen eröffnet. Sein Unternehmen sollte im 19. und 20. Jahrhundert zu einem der größten Industriebetriebe der Stadt heranwachsen. In Smíchov überdauerten die Ringhofferschen Fabrikhallen aus dem Jahr 1852 bis 1999, als sie schließlich ohne Rücksicht auf ihren industriehistorischen Wert dem allerorten wuchernden Modernisierungswahn zum Opfer fielen.

Geschlossene Industriezonen gab es zu Mozarts Zeiten freilich noch nicht, und von den einzelnen vorhandenen Fabriken konnte man selbst mit lebhafter Phantasie nicht auf das Aussehen künftiger Industrie- und Arbeiterbezirke schließen, wie etwa Karlín oder Žižkov. Auch war der prozentuale Anteil der Industriearbeiter an der Stadtbevölkerung noch gering, und von einer mächtigen Klasse, die einst die politische Macht innehaben würde, konnte keine Rede sein.

Wandel in allen Bereichen: In letzter Zeit gesellte sich ganz neuartiges Geld zu den Metallmünzen, die noch zu Beginn des Jahrhunderts als einziges Zahlungsmittel Geltung hatten. Kaiserin Maria Theresia hatte 1762 österreichische Bancozettel ausgegeben und damit ein erstes Mal in Mitteleuropa Banknoten in Umlauf gebracht. Die Untertanen mißtrauten den Scheinen zunächst, und es sollte noch einige Zeit dauern, bis dieses „Papiergeld" das Vertrauen der Bevölkerung gewann und sich als allgemeines Zahlungsmittel durchsetzte. Noch waren es sächsische Guldenstücke oder Kremnitzer Dukaten, kurbayerische Thaler oder Reichsmünzen aus Silber, kupferne Pfennige, Zweygröschler oder Halbkreuzer, die Mozart aus seinem Beutel zählte, wenn er im Neuen Wirtshaus die Zeche zahlte oder beim Juden die Schulden.

Wer in Leibgurt oder Geldkatze klingende Münze mit sich führte, der konnte an einem ganz neuartigen Pläsier teilhaben: Zu den in Mode gekommenen Wonnen der Mozartzeit gehörte ein zunächst als Medizin gereichtes Heißgetränk – Kaffee. Der Überlieferung nach soll es ein Armenier namens Georgius Deodatus gewesen sein, der 1714 im Haus „Zu den Drei Straußen" nahe des Kleinseitner Brückenturmes ein erstes Kaffeehaus in Prag eingerichtet hatte. Bald folgten weitere Kaffeesieder dem Beispiel des wackeren Muselmanen, und die Prager gewöhnten sich bald an

Georgius Deodatus Damascenus, der erste Kaffeesieder und Betreiber eines Kaffeehauses in Prag. Kupferstich, 1714.

den „Türkentrank". Zu Mozarts Zeiten servierte man in den besseren Prager Kaffeehäusern auch warme Speisen, und neben Kaffee ließ man sich Tee, Punsch, Limonade, Schokolade, Mandelmilch und „Cheau d'eau" schmecken, letzteres ein heißes, aus Eiern und Wein bereitetes Stärkungselixier. Neben Kaffeehäusern und zuweilen übel beleumundeten Branntweinschenken gab es eine Vielzahl von Wirtshäusern, in denen für das leibliche Wohl sowohl der Prager als auch der zugereisten Gäste gesorgt wurde, wobei vornehmlich Wein ausgeschenkt wurde. Freilich trank man auch Bier, aber es galt den Pragern als ein Getränk eher dörflichen Charakters, zumal man es noch nicht in der heute gewohnten Qualität brauen konnte. In den Wirtsstuben muß Mozart nicht nur deutschen, sondern auch „böhmischen" Zechern begegnet sein, und so wüßten wir gerne, wie Mozart die Tschechen und ihre exotische Sprache erlebte. Prag war auch anno 1787 das metropolitane Zentrum des tschechischen Volkes, seine territoriale und geistige Hauptstadt. Zugleich aber gab es neben der bodenständigen slawischen Bevölkerung eine bedeutende deutsche Kommunität, und der urbane Charakter der böhmischen Hauptstadt erinnerte im Wesentlichen an deutsche Städte. Noch in den Schriften des 19. Jahrhunderts wurde Prag ohne Umschweife als eine „Stadt in Deutschland" bezeichnet, und in der 1787 erschienenen *Beschreibung der königlichen Haupt- und Residenzstadt Prag* von Johann Ferdinand Opitz lesen wir ganz selbstverständlich von der Prager Burg als einer der „prächtigsten Residenzen in Deutschland". Reisende des 18. Jahrhunderts klagten zwar regelmäßig darüber, daß sie die Sprache des „böhmischen" Volkes nicht verstünden, in Prag hingegen dürften die Verständigungsprobleme nicht allzu groß gewesen sein. Auch die tschechischen Prager bedienten sich ausgiebig und mit mehr oder weniger guten Kenntnissen der deutschen Sprache – eine Tradition, die erst anderthalb Jahrhunderte später im Gefolge des

Zweiten Weltkriegs ihr Ende fand. Auf den Sprechbühnen der Stadt herrschte die deutsche Sprache vor, hingegen waren die Musiktheater wie in fast ganz Europa von italienischen „Operisten“ dominiert. Besonders in Wien waren die „Italiener“, oder genauer die Vertreter des kanonisierten neapolitanischen Musiktheaters, eine feste und geschlossene Gruppe, die ihr langsam in die Jahre kommendes Monopol sehr erfolgreich zu verteidigen wußte und beachtlichen Einfluß in Hofkreisen besaß. Auch in Prag herrschten bis ins 19. Jahrhundert hinein italienische Operisten, ehe sich dann schließlich ab 1806 die deutsche und später tschechische Nationaloper gegen das welsche Monopol durchsetzte. Mozart lehnte sich gegen dieses Syndikat selbst wie auch gegen die erstarrten Konventionen der „Neapolitaner“ auf. Seine Abneigung galt nicht der italienischen Sprache, sondern dem Klüngel der Welschen, dem er nicht angehören wollte und konnte.

Vor dem Hintergrund dieser Verhältnisse wird Mozarts Interesse an deutschen Libretti, am deutschen Singspiel und an einer deutschen Nationaloper verständlich. In seinem an den Mannheimer Dramaturgen Anton Klein gerichteten Brief vom 21. Mai 1785 führte Mozart beredte Klage: „wäre nur ein einziger Patriot mit am brette – es sollte ein anders gesicht bekommen! – doch da würde vieleicht das so schön aufkeimende Nationaltheater zur blüthe gedeihen, und das wäre Ja ein Ewiger Schandfleck für teutschland, wenn wir teütsche einmal mit Ernst anfiengen teutsch zu denken – teutsch zu handeln – teutsch zu reden, und gar teutsch – zu Singen!!!“

Dieser verzweifelte Ruf nach einer deutschen Nationaloper stieß beim Kaiser paradoxerweise auf taube Ohren: Joseph II. war den Italienern zugetan und zudem Mozart gegenüber voreingenommen. Vielleicht begegnete man dem Komponisten im böhmischen Prag, wo man dem Wiener Hofstaat mit einer latenten Reserve gegenüberstand, auch deshalb mit so warmer

Zustimmung, weil man für seine Opposition zur Wiener Kamarilla Verständnis hatte.

In den Jahrzehnten nach seinem Tod spitzten sich die Verhältnisse im Widerschein des aufflammenden Nationalitätenstreits weiter zu, aber immer noch nahm Mozart eine Ausnahmestellung ein. Selbst als erbitterte Nationalisten die Schaufenster deutscher Geschäfte mit Steinen einwarfen und in Prag der Ausnahmezustand herrschte, hielten besonnene tschechische Musikfreunde dem Salzburger Meister die Treue. Aber die Aufteilung in nationale Sektoren, die im 19. und 20. Jahrhundert das Prager Kulturleben bestimmte, machte auch vor der Musik nicht halt. Rudolph Procházka beklagte in einem Artikel über das musikalische Prag des ausgehenden 19. Jahrhunderts, daß im damaligen „slavischen“ Prag kein Platz mehr gewesen sei für den deutschen Komponisten Mozart und daß man an der Moldau nur Smetana und Dvořák huldige. Er berichtet von einem erfolglosen Vorstoß des Prager Mozartvereins, vor dem Künstlerhaus Rudolfinum einen Brunnen mit

einem Mozartstandbild zu errichten, der tschechische Stadtrat wies dieses Ansinnen jedoch zurück. Heute steht, am Rande erwähnt, an der Stelle des damals vorgeschlagenen Mozartdenkmals ein Standbild Antonín Dvořáks. Es waren die Jahre, in denen man die Kulturleistungen der jeweils anderen Bevölkerungsgruppe aus patriotischen Gründen geflissentlich übersah, und wer die Brücke hinüber ans andere Ufer schlug, wurde des nationalen Verrats bezichtigt. Über den patriotischen Geist dieser Ära, der auch vor der Musikwelt nicht haltmachte, geben die vielzitierten Zeilen Bedřich Smetanas beredte Auskunft: „Als Tscheche arrangiere ich tschechische Konzerte. Es wird uns Tschechen doch erlaubt sein, unsere eigenen Konzerte haben zu dürfen. Oder ist das tschechische Publikum weniger befähigt dazu? Ich glaube, daß der Ruf der tschechischen Nation als einer musikalischen ziemlich alt und bekannt sei und eben diesen zu erhalten, neu zu beleben und ihn mehr und mehr zu heben, ist die Aufgabe eines jeden Künstlers, der zugleich von wahrer Vaterlandsliebe beseelt ist. Ich, ich mache bloß den Anfang."

Das freilich war nicht die Stimmung, die einem Fortblühen des tschechischen Mozartenthusiasmus gedeihlich war. Dazu kam Mozarts freimütiges Bekenntnis zur deutschen Nation, das nun genüßlich zitiert wurde:

Max Švabinský: *Bedřich Smetana.* Kohlezeichnung, 1906.

„will mich Teütschland, mein geliebtes vatterland, worauf ich (wie sie wissen) Stolz bin, nicht aufnehmen, so muß im gottes Nammen frankreich oder England wieder um einen geschickten Teutschen Mehr reich werden; – und das zur schande der teutschen Nation".

Jahrzehnte später ließ sich, wie zu erwarten, die Propaganda des Großdeutschen Reiches die Gelegenheit nicht entgehen, Mozart zum Aushängeschild deutscher Art zu stilisieren, eine Verkürzung, von der sich eingeschworene tschechische Mozartianer natürlich nicht beeindrucken ließen. Nach dem Zweiten Weltkrieg, als leidenschaftlicher Haß gegen alles Deutsche aufflammte, wurde manch Wertvolles zerstört, aber die Mozartstätten in Böhmen und Mähren blieben glücklicherweise unangetastet. Hatte man Mozarts deutsches Wesen in den bitteren Zeiten der Besetzung des Landes überbetont, so wurde er nun zum Europäer relativiert oder zum Weltbürger erklärt.

Hermann Abert führte dazu in seiner heute noch lesenswerten Mozartbiographie aus: „Auffällig sind dagegen seine häufigen Bekenntnisse zum Deutschtum, die uns bereits begegnet sind und noch öfter begegnen werden. Er unterscheidet sich damit merklich von Haydn sowohl wie von Beethoven. Daß es sich nicht um gelegentliche Temperamentswallungen handelt, lehrt ihre große Anzahl. Es war freilich nicht jener egoistische, weil aus dem Haß und Neid gegen die „Welschen" geborene Patriotismus des Vaters, sondern das immer klarere Bewußtsein, daß sich im damaligen Deutschland, dank den Taten des großen Königs, geistige Kräfte zu regen begannen, die er als seinem Weltbild enger verwandt erkannte als den Geist, der vom Auslande kam. Er war darum kein Patriot im modernen, bürgerlichen Sinne, wohl aber mehr als das: er freute sich, auf deutschem Boden neue künstlerische Kraftquellen entdeckt zu haben, und drang auf ihre Ausnutzung zur Mehrung deutscher Macht und deutschen Ansehens. Das wird man ihm auch heute noch zur Ehre anrechnen dürfen."

Mit diesem Selbstverständnis besuchte Mozart das zweisprachige Böhmen, just als das alte Königreich wieder einmal zum sprachpolitischen Laboratorium auserkoren war: Einem Erlaß Kaiser Josephs II. folgend, mußten ab 1784 in den österreichischen Erblanden alle behördlichen Dokumente in deutscher Sprache abgefaßt werden. Der selbst mehrerer Sprachen mächtige Monarch trachtete mit allen Mitteln danach, in seinem Vielvölkerreich eine straffe und effiziente Verwaltung einzuführen – eine einheitliche Verkehrssprache schien ihm die unverzichtbare Voraussetzung dafür. Auch das mächtige Frankreich und das imperiale England verfügten über eine solche alles verbindende Staatssprache, in der Militär, Handel, Verwaltung und Rechtspflege ungehindert kommunizieren konnten, und genau das strebte er auch für sein Reich an.

In Prag stieß dieses Vorhaben zunächst auf keinen nennenswerten Widerstand. Die tschechische Sprache hatte in den mehr als anderthalb Jahrhunderten seit dem böhmischen Ständeaufstand stark an Terrain verloren, und es schien fast, als ob das „Böhmische" nur mehr als Dialekt einfacher Landleute überdauern sollte. Selbst ein völliges Erlöschen der Sprache war nicht mehr auszuschließen, und jene so glorreiche Renaissance, die das Tschechische im 19. Jahrhundert erlebte, konnten selbst kühne Visionäre nicht voraussehen. In Prag gab es kaum ein Viertel, in dem man nicht Deutsch gehört hätte – einzig in der Neustadt und in den Vorstädten überwog traditionell das tschechische Element. Die gebildeten Schichten, Aristokratie und gehobenes Bürgertum gebrauchten im Alltag die deutsche Sprache. Einen hohen Stellenwert hatte auch das Lateinische als Sprache der Gelehrten und des Klerus, sowie in Adelskreisen und auf diplomatischem Parkett das Französische.

Bei den Musikanten, die aus den ländlichen Gebieten in die Stadt strömten, war die Verwendung des Tschechischen hingegen nichts Außergewöhnliches, hatte sich die Sprache auf dem Land doch weit besser halten können als in der Hauptstadt. Dem unermüdlichen Musikreisenden Charles Burney kostete es sogar einige Mühe, von den böhmischen Musikern Nachricht über die musikalischen Verhältnisse auf dem Lande zu erlangen, „denn die deutsche Sprache half mir in diesem Königreiche wenig, weil hier der slavonische Dialekt der herrschende ist".

Doch schon als Mozart in Prag seinen Aufenthalt nahm, zeichnete sich feinsinnigen Beobachtern eine Veränderung ab. Aus den scheinbar dürren Ästen der böhmischen Sprache grünten junge Triebe, vorerst zwar zaghaft, aber mit zunehmender Deutlichkeit. Das Tschechische schickte sich an, aus seinem Dornröschenschlaf zu erwachen. Dazu trug ganz wesentlich der Einfluß des Philosophen Johann Gottfried Herder bei, dessen Sammlung von Volksliedern seit 1778 wesentlich das Erwachen des tschechischen nationalen Selbstbewußtseins gefördert hatte und besonders in der nachgelassenen zweiten Ausgabe von 1807 als „Stimmen der Völker in Liedern" weite Verbreitung fand. Herder hatte als erster hingewiesen auf das in historischer wie nationaler Erde organisch Gewachsene der ursprünglichen Volksdichtung und hat damit den Tschechen auf dem Feld der Literatur wie auch der Musik gewissermaßen die Zunge gelöst.

Die Zahl der Gelehrten, die sich mit der „böhmischen" Sprache auseinandersetzten, war jedoch immer noch gering. Unter den ersten Sprachforschern befand sich der aufgeklärte tschechische Jesuit Abbé Josef Dobrovský, ein einfacher Hauslehrer der Adelsfamilie Nostitz, der mit seinem unermüdlichen Wirken den Grundstein für die wissenschaftliche Slawistik legte – einem Fach, das damals an keiner Universität unterrichtet wurde. Erst 1775 wurde ein erster Lehrstuhl für Tschechisch eingerichtet, bezeichnenderweise im fernen Wien, und es sollten weitere sechzehn Jahre vergehen, ehe 1791 an der Prager Universität ein eigener „Katheder" für die böhmische Sprache etabliert

Geschichte
der
Böhmischen Sprache
und
ältern Literatur,
von
Joseph Dobrowsky,
Mitglied der k. böhm. Gesellschaft der
Wissenschaften.

Ganz umgearbeitete Ausgabe.

Mit einer Kupfertafel.

Prag 1818,
bei Gottlieb Haase.

wurde. Tschechische Gelehrte wie Gelasius Dobner, der eine kritische Sammlung historischen Quellenmaterials herausgab, oder die Geschichtsforscher František Martin Pelcl und Mikuláš Adauctus Voigt ließen aufhorchen, wenn sie nicht nur von der Vergangenheit, sondern auch Zukunft der tschechischen Sprache und Gelehrsamkeit schwärmten. Man spürte uralten Volksbräuchen nach und besann sich auf die slawische Herkunft. Aristokraten wie Franz Joseph Graf Kinsky oder der Burggraf Franz Anton Graf Nostitz unterstützten die Bestrebungen tschechischer Patrioten, halfen mit Geld oder stellten Heimstätten für die wissenschaftliche Tätigkeit zur Verfügung.

Noch waren tschechische Bücher die Ausnahme. Die Prager Gesellschaft bezog 1787 ihre Kenntnisse aus

Der tschechische Sprachforscher und Slawist Abbé Josef Dobrovský: Seine *Geschichte der Böhmischen Sprache und ältern Literatur* wurde zu einem Grundlagenwerk der tschechischen nationalen Wiedergeburt. Kupferstich von Jan Berka, vor 1795.

meist in deutscher Sprache gedruckten Journalen und Wochenschriften, die unter so poetischen Namen erschienen wie *Das Prager Intelligenzblatt, Der Grobian, Der satyrische Biedermann, Der Jüngling zuhause und auf Reisen*, sowie *Prager Journal vermischten Inhalts* oder *Blätter für Denker, Feinde des Vorurtheils, Freunde der Natur und Liebhaber des Guten, Nützlichen und Schönen*. Aber auf dem Kleinen Ring führte der seit 1786 ansässige Buchhändler Johann Calve neben deutschen und lateinischen Werken jetzt vermehrt auch tschechische Publikationen im Sortiment – ein bemerkenswerter Fortschritt in der Hauptstadt des tschechischen Volkes!

Auf dem Sektor des tschechischen Zeitungswesens war ebenfalls ein hoffnungsvoller Neuanfang getan, seit der Prager Großverleger und Buchhändler Johann Ferdinand Schönfeld neuerdings tschechische Zeitungen herausgab. Eine Verlags- und Vertriebsgesellschaft, die sich die Verbreitung tschechischen Schrifttums zur Aufgabe gemacht hatte, die „Česká expedice", erlangte herausragende Bedeutung für die Renaissance der tschechischen Sprache. Johann Ferdinand von Schönfeld gab ab 1786 die *Schönfeldské*

Kraméryusowy
Cýs. k. Pražské Posstowské Nowiny.

Roku 1789. Nro. 1.

W Sobotu dne 4 Čerwence.

Spisowatel k swým laskawým Čtenářům.

Nowiny negsau nic gineho nez gako Kronyky a Letopisowé, genž se pro potomky na wěčnau památku spisugj, a wůbec na swětlo wydáwagj; a gestliželi užitek z čtenj Kronyk mjti se domnjwáme, téhož užitku také y z čtenj Nowin se naděgeme. Nebo w Nowinách spisugj se wssickni přjběhowé, a kde co w kterém kautě swěta paměti hodného přihoditi se může. Nowiny také předstawugj nám tak dobře chwalitebné činy k následowánj gich, gakož y hanebné a potupné skutky k gich se warowánj. Gakby pak zwlásstě pro mé milé Čechy, Morawany a Slowáky Nowiny w českém gazyku psané užitečné byly, o tom mně nenj potřebj obssjrnými slowy mluwiti, dosti gest na tom, když se gich otáži: Zdali mnoho mužů dostatečných mezy sebau magj, kteřjby gim w gegich mateřské řeči Hystorye a Kronyky spisowali, tak aby ani Nowin, kteréž Kronykám we wssem podobné gsau, nepotřebowali: a oni gistotně k swé neywětssj bolesti a k umenssenj swého slawného gména wyznati musegj, že se gim takowých mužů nedostáwá. Když tedy magj Čechowé z té strany nedostatek trpěti, nechť užjwagj mých Nowin, a gá gich ubezpečugi, že se žádný we wssech kautech swěta důležitý přjběh newystyne, aby se ho w mých Nowinách nedočetli; a na

A ten

Kraméryusowy Cýs. k. Pražské Posstowské Nowiny: Die Anfänge des tschechischen Zeitungswesens sind eng verbunden mit dem böhmischen Schriftsteller und Redakteur Václav Matěj Kramerius.

cís. král. Poštovské noviny heraus, eine Zeitung in tschechischer Sprache, redigiert von Václav Matěj Kramerius, der das Blatt im Alleingang verfaßte. Nach einer Entzweiung mit dem Verleger machte sich der legendäre Redakteur Kramerius selbständig und gab eine eigene tschechische Zeitung heraus, deren Auflage er von zunächst 450 Exemplaren auf sagenhafte 1500 Exemplare steigern konnte – ein beredtes Zeugnis für die mühsamen Anfänge des tschechischen Zeitungswesens. Diese Publikationen gesellten sich zu den etablierten Zeitungen in deutscher Sprache. Das Organ offiziellen Anstrichs war die montags, mittwochs und freitags in deutscher Sprache gedruckte k. k. *Prager Oberpostamtszeitung*, die auch als Quelle für Mozarts Besuche in Prag von einiger Bedeutung ist. Selbstverständlich wurde auch dieses Organ von mehreren Zensoren auf politische Zuverlässigkeit überwacht. Die *Oberpostamtszeitung* hatte einen reichhaltigen Annoncenteil, ein Intelligenzblatt sowie ein Amtsblatt, in dem „alle jene Nachrichten, welche ein Privater oder eine Behörde, jedoch nicht in amtlicher Form, gegen Bezahlung zur Kenntnis des Publikums bringen wollte", veröffentlicht wurden. Das ging in einem recht knappen Ton vonstatten, wie die Berichterstattung zum Ableben Friedrich Schillers anno 1805 belegt: „In Weimar ist am 9. Mai einer der besten Schriftsteller Deutschlands Herr Hofrath von Schiller an den Folgen anhaltender Krämpfe mit Tode abgegangen." Für Musikfreunde mag von Interesse sein, daß auch Carl Maria von Weber für dieses Organ „dramatisch-musikalische Notizen" über Prager Opernaufführungen verfaßte. Im Jahr 1814 wurde die *Prager Oberpostamtszeitung* in *Prager Zeitung* umbenannt, und immer noch wurden die einzelnen Ausgaben dieser Postille sowohl von Deutschen als auch Tschechen gelesen. Noch fühlten sich die Landeskinder beider Stämme als Töchter und Söhne eines gemeinsamen böhmischen Königreiches.

Musik und Musikanten im Böhmen der Mozartzeit

Anno 1787 waren die Wunden verheilt, die der Dreißigjährige Krieg der heimischen Tonkunst geschlagen hatte, und im ganzen Land blühte die Musikfreudigkeit wieder in barocker Fülle. Dabei spielte die Kirche eine wichtige Rolle. In allen Prager Gotteshäusern wurde zur höheren Ehre des Herrn musiziert und zur allsonntäglichen Erbauung der Christengemeinde. In Glockenspiel und Orgelklang, Kirchenchor und Lobgesang fanden sich zudem wirkungsvolle Instrumente, der frommen Herde den rechten katholischen Pfad zu weisen, zumal der hiesige luthersche Sündenfall noch gut in Erinnerung war. Dem rührigen Jesuitenorden etwa, 1556 auf Einladung des Prager Domkapitels von Ferdinand I. von Habsburg nach Prag berufen, kam eine zentrale Rolle nicht nur bei der Rekatholisierung des Landes, sondern auch in der Pflege geistlicher Musik zu. Die drei Prager Jesuitenseminare wurden denn zu wahren Pflanzstätten katholischer Kirchenmusik, aber auch andere Ordensgemeinschaften widmeten sich mit Eifer der geistlichen Musik. Selbst der abtrünnige Kreuzherr und spätere Schriftsteller Karl Postl alias Charles Sealsfield konnte nicht umhin, die hiesige Kirchenmusik als „unvergleichlich“ zu preisen.

Die geistlichen Musikdirektoren bezogen ihren musikalischen Nachwuchs aus den vielen ländlichen Dorfschulen Böhmens und Mährens, in denen sich wackere Schulmeister mit Hingabe dem Instrumental- und Gesangsunterricht widmeten. Das schulische Leben war ja bis zur mariatheresianischen Schulreform von 1774 eng mit dem Kirchenjahr verknüpft, und nicht selten wirkten die dörflichen Pandekten zugleich als Kirchenorganisten. So gehörte es zu den Aufgaben dieser Schulmeister, von Zeit zu Zeit Messen zu komponieren und diese bei Gelegenheit auch mit ihren Zöglingen zur Aufführung zu bringen. Aus diesem eng geflochtenen Netz musikalischer Grundausbildung auf dem Lande bediente sich auch der böhmische Adel, der eine weitere Stütze des heimischen Musiklebens bildete: die Häuser Auersperg, Bretfeld und Buquoi, Canal, Clam und Dobřensky, Hennet, Kinsky und Ledebur, Lobkowicz, Pachta und Salm, Spork, Stampach und Thun – im *Jahrbuch der Tonkunst von Wien und Prag aus dem Jahr 1796* sind einige Namen der glänzenden Geschlechter

Josef Navrátil: *Musikunterricht in der Dorfschule* (Ölgemälde, 1857).

festgehalten, die als Mäzenaten und Musikenthusiasten hinter dem Prager Musikleben standen. Weilten bekannte Solisten und Künstler aus anderen Städten in Prag, veranstaltete der Adel ihnen zu Ehren Soireen und Akademien, zu denen sich die gesellschaftlichen Spitzen der Stadt einfanden. Nicht wenige vornehme Familien unterhielten eigene Hauskapellen, in denen livrierte Diener nebenberuflich als Musikanten wirkten. Für den Posten eines Hausdieners gehörte es geradezu zum Anforderungsprofil, gut mit einem Musikinstrument vertraut zu sein. Diese bediensteten Musici hatten für die Tafel- und Unterhaltungsmusik der Herrschaft zu sorgen, und selbstverständlich kamen die Hausmusikanten bei festlichen Anlässen zum Einsatz oder wenn Gäste gekommen waren – so war es auch, als Mozart Anfang 1787 im gräflich Thunschen Palast zu Gast weilte.

In Mozarts Leben begegnen wir einer ganzen Reihe dieser musikinteressierten, feinsinnigen Aristokraten aus Böhmen, etwa dem mit dem Salzburger Fürsterzbischof verschwägerten Hieronymus Colloredo oder dem „alten schernin", Prokop Adalbert Graf Czernin von Chudenitz. Dieser betagte Graf war als Auftraggeber für Mozart von einiger Bedeutung, ferner auch wegen einer Rente, die er ihm 1776 ausgesetzt hatte. Unglücklicherweise verschied Czernin bald darauf, so daß die Zuwendung ausblieb. Ein weiterer böhmischer Aristokrat mit musikalischen Interessen begegnet uns im Grafen Vinzenz von Waldstein, dem Adressaten eines Empfehlungsschreibens, das Mozart im Januar 1787 im Reisegepäck mit sich führte.

Franz Xaver, eine der wichtigsten Persönlichkeiten des Prager Musiklebens im ausgehenden 18. Jahrhundert, verdanken wir die folgende ausführliche Schilderung *Über den Zustand der Musik in Böhmen vor 1800*:

„Nicht mit Unrecht wird Böhmen das Vaterland deutscher Tonkunst genannt. Die Menge großer Tonkünstler, die dieses Land hervorgebracht, und der ehemalige blühende Zustand der Musik daselbst kann diese Benennung rechtfertigen. Böhmische Tonkünstler sind in allen berühmten Orchestern Europens zerstreut, und haben sich theils als Instrumentalisten, theils als Kompositeurs, den größten Ruhm erworben. In Böhmen selbst gab es und giebt es noch zum Theile so viele geschickte und vortreffliche Musiker aller Art, daß man selbst auf dem Lande oft in unbedeutenden Oertern ein beträchtliches Orchester zusammenbringen, und die stärkste Komposition aufführen kann. In Prag aber insbesondere leben so viel gründliche Kenner, und vorzügliche Tonkünstler, daß es wohl schwerlich eine Stadt geben wird, wo sie verhältnismäßig zahlreicher anzutreffen wären! Ich nehme selbst Wien nicht aus, das überdies seine Tonkünstler größtenteils aus Böhmen rekrutiert. Ueberdies sind die größten Schätzer und Mäzenaten der Musik zu Wien *böhmische Kavaliere*, und belohnen die Künstler mit böhmischem Gelde! Diese Vorzüge müssen noch an Glanze gewinnen, wenn man die Bemerkung

Farblithographie von A. Machek nach einer Zeichnung von J. Bergler: Frontispiz zur Anthologie *Böhmische Volkslieder*, Prag 1825.

hinzusetzt, daß sie freywillige natürliche Früchte der Naturanlagen und des Genies sind; zu ihrer Reife trug die Triebkraft der Belohnung oder Auszeichnung das wenigste bey! Es ist natürlich, nach den Ursachen dieser Erscheinung zu fragen!

Die erste und wirksamste ist die glückliche Anlage und der Hang zur Tonkunst, die zum Charakterzug der Nation gerechnet werden können. Man darf nur in Böhmen einige Zeit auf dem Lande leben, um dieses natürliche Talent zu beobachten. In den kleinsten Flecken, ja selbst in Dörfern, lernen Bauernkinder fast ohne Lehrmeister in kurzem Zeitraume singen oder einige Instrumente spielen; und ohne Unterstützung, ohne Bezahlung wird bey dem Gottesdienst, meist von Handwerkern oder Ackersleuten, eine vollstimmige Figuralmusik aufgeführt, die freilich auf Vollkommenheit keinen Anspruch machen darf, aber immer doch einen Beweis der Naturanlage abgiebt. In Oertern, wo entweder der Grundherr, oder der Magistrat der Tonkunst nur wenige Aufmerksamkeit schenket, hört man schon in und außer der Kirche eine gute Musik. In Prag hört man oft in Gasthäusern Bierfiedler, die werth wären, in guten Orchestern angestellt zu sein. Alle diese Musiker haben ihre Kunst nicht sowohl dem nothdürftigen Unterrichte, als ihrem Talente, mit Übung verbunden, zu danken.

Die Erfahrung lehrt, daß Kunstanlagen das Erbe einer Nation nicht ausschließend seyn, und jedes Land große Genies hervorbringen kann; aber nur die größere Zahl und die fortdauernde Nachfolge der Künstler beweiset, daß in der Nation Talent und Kunstsinn liegt.

Die nächste Ursache des blühenden Zustandes der Tonkunst und der Bildung so vieler Künstler in Böhmen war die Pracht des Gottesdienstes, wozu die Tonkunst alle ihre Reize herleihen mußte – und die zu diesem Endzwecke von unseren musikliebenden Vorfahren an allen Kirchen gemachten Chorstiftungen. Schon im fünfzehnten und sechzehnten Jahrhundert entstanden in den meisten Städten Böhmens die bekannten Litteraten-Brüderschaften. Der edle Zweck ihrer Verbrüderungen und das Wesen ihrer Verfassung war: Verherrlichung des Gottesdienstes durch Gesang, Verbreitung der Andacht und christlicher Liebe. Durch diese Gesellschaften wurde Kirchengesang und Musik am ersten und thätigsten unterstützt. Rudolf II., dessen Regierung in der Litteratur und Kunstgeschichte von Böhmen die schönste Epoche macht, hielt eine wohlbesetzte Kapelle aus Italienern und Böhmen.

Aber die bessere Periode für die Musik beginnt erst mit der Vertreibung der Protestanten aus Böhmen, unter Ferdinand II. und III., als die reichen Stifter, Klöster und Jesuitenkollegien in einen noch glänzendern Zustand, als vorher, gesetzt wurden. Die Pracht des Gottesdienstes sollte den Glanz des Triumphes erhöhen, den die katholische Religion über den Protestantismus erhielt, und ihr die Anhänglichkeit des Volkes sichern. Bey jedem Kloster und Stifte, bey jeder grössern Pfarrkirche befanden sich entweder gestiftete Fonds zur Unterhaltung der Chormusik, oder reiche Abteyen unterhielten sie selbst aus Liebe und Wetteifer mit freigebiger Hand (Kaiser Joseph der II. hob sie auf und zog ihr Vermögen zum Schulfonds).

Das Chor bestand aus Sängern und Instrumentalmusikern. Sechs bis acht Singeknaben, welche im Kloster ernährt und gekleidet wurden, standen in der Aufsicht und Unterweisung des Kapellmeisters, den man den regens Chori nannte. Sie kamen schon korrekt d. h. taktfest und im Stande, vom Blatte die Noten zu lesen, in die Stiftung und wurden nun in die Feinheiten der Kunst eingeweiht, und fortgebildet. Sie hatten überdiess bey den vielen Kirchenfesten Gelegenheit zur Übung und Auszeichnung; und da sie auch nach dem Verluste ihrer Stimme, wenn sie sonst Talente zeigten, in dem Kloster als Korrepetitoren oder Instrumentisten Unterhalt und Versorgung fanden, so mußte nothwendig ein großer Wetteifer entstehen, und die Entwicklung der musikalischen

Talente ungemein erleichtert werden. In den Jesuiten- und anderen Seminarien war Musik der Haupttheil der Erholungen, der Unterhaltungen. An Festen und Rekreationstagen wurden von den Zöglingen Symfonien und Konzerte aufgeführt und das Chor ihrer Kirche von ebendenselben versehen. Ein Student und Musiker waren zwey Begriffe, die man immer miteinander verband – und es war gewiß selten, einen Musensohn ohne Kenntniss wenigstens eines Instruments zu finden. Musik war die Empfehlung für die Aufnahme ins Kloster – für den Eintritt in die angesehensten Häuser – selbst für Aufnahme des Livreybedienten in einen guten Dienst; Musik verschaffte dem Studenten gute Versorgung und Muße zu den Studien, sie öffnete ihm Aussichten in eine glückliche Zukunft.

Mußte dieß nicht die größte Aufmunterung für Eltern seyn, ihre Kinder schon zeitig in der Musik, besonders aber Singekunst, unterrichten zu lassen? Dazu war selbst in jedem kleinen Marktflecken und Pfarrorte gute Gelegenheit; denn überall gab es einen Schullehrer (Kantor), der zugleich ein geübter Musiker

Die letzte „Blasharmonie" in Böhmen. Detail einer Gouache von Conte de Corneillan (1. Hälfte des 19. Jhs.).

seyn mußte, und der Chormusik verstand. Der Werth und der Grad der Achtung dieser Leute wurde blos nach ihren musikalischen Talenten bestimmt; daher wurde der Kinderunterricht als Nebensache nachlässig, aber desto fleißiger, und zwar täglich früh und Nachmittags der Unterricht in der Musik betrieben. Eine große Anzahl dieser Kantoren waren wirklich gründliche und talentvolle Tonkünstler; denn sie waren größtentheils ehedem Vokalisten in Prag, und erlernten da die Tonkunst. Ehe sie angestellt wurden, mußten sie zunftmäßig ihre Wanderschaften, theils im Lande, theils auch im Auslande verrichtet haben – und manche von ihnen kamen sehr weit. Dann wurden sie Subkantores, endlich, wenn es ihre Auszeichnung in der Musik verdiente, kamen sie in die erledigte Stelle des Kantors ein. Aus solchen gründlichen Schulen traten die Knaben, zwar roh und ohne Geschmack und Vortrag, aber doch als korrekte Sänger, in eine Fundationsstelle nach Prag, oder sonst in ein ansehnliches Stift auf dem Lande. Hier erhielten sie erst die vollkommene Ausbildung wie oben erwähnt worden.

Auf solche Art wurde eine große Menge Jünglinge, und darunter manches vorzügliche Talent in der Tonkunst ausgebildet. Viele davon machten ihren Beruf daraus, und blieben Tonkünstler; die übrigen setzten ihre Studien fort, wurden Staatsbeamte, Geistliche, Wirthschaftsbeamte u. dgl., und behielten die Liebe und den Geschmack an der Musik durch ihre ganze Lebenszeit. Dies war besonders bey den Klostergeistlichen der Fall, die bey der großen Muße meist Musik trieben; und die Geschichte der böhmischen Tonkunst hat große Männer darunter aufzuweisen. Wovon später mehr. Auf dem Lande geschah das nemliche mit den zurückgebliebenen Singeknaben; sie wurden Handwerker oder Bauern, und sangen oder geigten noch immer auf dem Chor oder in der Schenke mit. Auf solche Art mußte nothwendig bey der Nation, die ohnedieß für Musik so viel Naturanlage hatte, ein musikalischer Geist erweckt und allgemein verbreitet werden.

Da ferner fast alle böhmischen Tonkünstler, die den ersten Unterricht in der Singekunst genossen hatten, gute Sänger waren, so läßt sich leicht die Möglichkeit einer größern Menge vortrefflicher Kompositeurs und Instrumentalisten, als man sie in anderen Ländern findet, begreifen.

Zu diesen allen für die Aufnahme der Tonkunst so günstigen Umständen ist noch der zu rechnen, daß die meisten Grundobrigkeiten und edlen Familien erklärte Freunde und Unterstützer der Tonkunst waren; sie ließen ihre Unterthanen unterrichten, und in vielen Häusern mußten alle Hausbediente und Officianten musikalisch seyn, um desto leichter eine Musik aufführen zu können. Auch war es Sitte, daß bey ihrem Winteraufenthalt in Prag in vielen der vornehmsten Häuser wöchentlich große musikalische Akademien gegeben wurden, wobey die besten Tonkünstler der Stadt und anwesende Fremden ihre Talente zeigten. Am spätesten erhielt sich diese wahrhaft edle Art des Vergnügens im gräfl. Nostitzischen Hause. Sie hörte erst vor einigen Jahren auf. Es wäre überflüssig zu zeigen, wie viel Einfluß diese Gewohnheit auf die Bildung der Talents und des Geschmacks haben mußte. Mehrere Kavaliere unterhielten ordentliche Kapellen von vorzüglichen Künstlern, meist für Blasinstrumente; die einzige übrige ist die des Herrn Grafen Joh. Pachta. (Es werden hier immer diejenigen böhmischen Kavaliere verstanden, die zu Prag ihren Wohnsitz haben. Denn die größten und reichsten Familien leben zu Wien). Einer der

edelmüthigsten Unterstützer der Musik und aller schönen Künste in Böhmen war Franz Anton Graf von Spork, der in den drey ersten Decennien dieses Jahrhunderts[6] lebte. [...] Er brachte die ersten Waldhornisten aus Frankreich in sein Vaterland; von diesen erlernten die Böhmen dies jetzt unter ihnen so beliebte Instrument. Man trifft oft auf dem Lande gemeine Leute an, die keine Note kennen, und doch dieses Instrument mit bewundernswürdiger Fertigkeit blasen.

Eine der Hauptursachen der größten Blüthe der Tonkunst waren die Chorstiftungen in den reichen Klöstern und Stiftern, und die gründlichen Musikschulen auf dem Lande. Beyde haben nun aufgehört. Die Chorstiftungen sind mit den Klöstern zugleich eingezogen worden, und mit ihnen die Versorgung und Unterstützung vieler hundert Tonkünstler, welche da von Kindheit auf ihr Talent gebildet haben. Die wenigen reichen Klöster, die noch übrig geblieben sind, thun jetzt wenig oder gar nichts für die Musik, und können es auch nicht. Ihre Einkünfte sind durch die Abgaben an die Religionsfonds und durch Kriegssteuern so beschränkt, daß sie sich kaum selbst erhalten können. Dadurch hat aller Wetteifer sein Ende erreicht, und die Kirchenmusik wird überall ohne besonderes Interesse – nur so weit die alten, für die gegenwärtigen Zeiten geringen Fundationen reichen, erhalten und betrieben. Unter allen Stiftern haben sich in vorigen Zeiten die Kreuzherrn an der Brücke durch ihre Musikunterstützung am meisten ausgezeichnet. Sie versammelten nicht nur die besten Tonkünstler von Prag in ihrem Chore; sondern ließen selbst große Meister aus Italien zur Bildung ihrer Sänger und Vervollkommnung der Musik nach Prag kommen. Aus ihrer Schule sind auch die meisten nun berühmten Tonkünstler hervorgegangen. Sie

[6] Gemeint ist das 18. Jahrhundert.

Sir Joshua Reynolds: *Charles Burney*. Öl auf Leinwand, 1781. Burneys *Tagebuch seiner musikalischen Reisen* (Hamburg, 1773) verdankt die Nachwelt authentische und detaillierte Auskünfte über die musikalischen Verhältnisse des ausgehenden 18. Jhs. in Böhmen.

unterhielten acht Chorknaben, die vortreffliche Sänger waren, oder später geworden sind; ihre Musiker waren zahlreich und vortrefflich. Sie führten oft die berühmtesten Oratorien am Charfreytage in der Kirche, oder bey andern Gelegenheiten im Konventsaale auf."

Als Mozart zwischen 1787 und 1791 Prag bereiste, galt Böhmen als das „Conservatorium Europas", wie sich der reisende „Musik Doktor" Charles Burney ausdrückte. Zwar gab es in Prag keine Residenz, die die großen Meister hätte binden können, aber die Stadt wurde trotzdem in einem Atemzug genannt mit glanzvollen europäischen Höfen und berühmten Musikstädten wie Wien, London, Venedig, München oder Mannheim. Und auch von den böhmischen Musici sprach man mit einigem Respekt, waren sie nun in der Heimat geblieben oder hatten sie ihr Glück in den umliegenden Ländern gesucht. Aus dem Meer der namenlosen Orchester- und Kirchenmusiker ragten einige weithin gerühmte Solisten, Kapellmeister und Komponisten, von denen auch Mozart mit Anerkennung sprach oder mit denen er persönlich bekannt war.

Zu ihnen gehörte Josef Mysliveček, in Italien besser bekannt unter dem Namen Giuseppe „Venatorini“ (zu deutsch etwa „kleiner Jäger“), was der direkten Übersetzung seines tschechischen Namens entspricht. Mysliveček wurde als Sohn eines Müllermeisters im wildromantischen Tal der Oberen Šárka vor den Toren Prags geboren. Sein Vater hatte es als Altstädter Bürger und ältester vereidigter Müller in Prag zu hohem Ansehen und beträchtlichem Vermögen gebracht. Auch Josef lernte nach beendetem Studium der Philosophie das Müllerhandwerk, kehrte dem Handwerk aber den Rücken, sobald sein Vater verstorben war, und lernte beim „böhmischen Händel“ Franz Johann Habermann d. Ä. und bei Joseph Seger in Prag die Grundlagen der Musik und des Orgelspiels. Im Jahre 1760 lenkte er mit sechs nach den ersten Monaten des Jahres benannten Symphonien die Aufmerksamkeit der musikalischen Welt auf sich. In der Folge ging er 1763 nach Italien, ließ sich in Venedig bei Giovanni Pescetti im Opernstil schulen und gelangte schließlich nach Neapel. Im damaligen Mekka des Opernbetriebes schuf er in rascher Abfolge mehr als

Josef Mysliveček, der „göttliche Böhme“. Kupferstich von A. Niederhofer in F. M. Pelcls *Abbildungen der böhmischen und mährischen Gelehrten und Künstler* (IV), Prag 1782.

Josef Myslivečeks Wohnhaus in der Melantrichgasse (Melantrichova) in der Prager Altstadt.

zwei Dutzend Opern, darunter das heute noch aufgeführte Singspiel *Bellerofonte*, mit dem ihm schließlich auch im Norden der Durchbruch gelang, in Turin,
Mailand, Florenz, Pavia und Venedig. Bald nannte
man den tschechischen Meister nur mehr „Il divino
Boemo“[7], und der Prager Müllerssohn konnte sich
der Aufträge kaum noch erwehren. Vom Erfolg ver-
wöhnt pflegte Mysliveček den aufwendigen und aus-
schweifenden Lebensstil einer Diva. Im Haus „Zum
Blauen Schiff“[8] in der Prager Altstadt, wo Mysliveček 17
seine Jugendjahre verbrachte, erinnern eine Gedenktafel und eine Büste an „den göttlichen Böhmen“.

Mozart lernte diesen böhmischen Meister schon 1770 während seiner ersten Reise durch Italien kennen. Der knapp vierzehnjährige Wolfgang war am 20. Juli selbigen Jahres mit seinem Vater in Bologna eingetroffen, einer Stadt, die neben Venedig und Neapel, Mailand und Turin zu den damals bedeutendsten

[7] (ital.) – Der göttliche Böhme.
[8] Auch Haus „Zu den Zwei Hirschen mit Einem Kopf“: Melantrichova [Melantrichgasse] 13/464.

Autograph einer Partitur von Josef Mysliveček *(Il gran Tamerlano)*, 1771.

Musikstätten Italiens gehörte. Eine der größten musikalischen Autoritäten des 18. Jahrhunderts residierte auch dort – der Franziskanermönch Padre Martini. Er soll Mozart übrigens heimlich geholfen haben, in die Philharmonische Gesellschaft Bolognas aufgenommen zu werden, die damals immerhin eine der wichtigsten Musikakademien in Italien war. In Bologna lebte auch Mysliveček, und der ließ es sich nicht nehmen, den Salzburgern gleich nach ihrer Ankunft einen Besuch abzustatten. Leopold Mozart erwähnte diese Begegnung in einem Brief an seine Frau und berichtete ihr, daß er Mysliveček für einen Ehrenmann halte und daß man „vollkommene Freundschaft" geschlossen habe. In den nachfolgenden Jahren entspann sich eine rege Korrespondenz zwischen dem tschechischen Meister und der Familie Mozart. Unglücklicherweise haben sich viele dieser Lebenszeugnisse nicht erhalten.

Sieben Jahre später, man schrieb das Jahr 1777, bereitete sich der von „Ihro hochfürstliche" Gnaden gerade entlassene Wolfgang Amadeus Mozart erneut auf eine Reise vor. Diesmal fuhr er in Begleitung seiner Mutter nach München, und der glücklich allen Zwängen ledige Komponist schmiedete Zukunftspläne. Er hoffte auf eine feste Anstellung in der Residenzstadt München, wo sich der böhmische Cellist Franz Xaver Vositka für ihn einsetzte, aber wider Erwarten gelang es ihm nicht, an der Isar Fuß zu fassen. Sei's drum! Es gab doch so viele Städte, in denen man seine Kunst zu schätzen wußte! Vielleicht kam Mozart in diesen Tagen ein erstes Mal Prag in den Sinn: Hatte er nicht erst kürzlich die Bekanntschaft der jungen und leidenschaftlichen Prager Sängerin Josepha Duschek gemacht? Und für den Fall, daß alles schiefgehen würde, blieb ja immer noch die Möglichkeit, eine Oper für Italien zu schreiben, dort würde man ihn bestimmt mit offenen Armen aufnehmen!

Der Zufall wollte es, daß sich der von Bologna her bekannte Mysliveček in diesen Tagen in München aufhielt, allerdings unter mehr als unglücklichen Umständen. Der an einer venerischen Krankheit leidende Tscheche lag nach einem Unfall mit seiner Kalesche schwerkrank im Münchner Herzogspital. An eine

Das Herzogspital in München wurde von Herzog Albrecht V. 1555 für sein Hofpersonal eingerichtet. Zu dem Krankenhaus gehörte die 1727 geweihte Kirche St. Elisabeth. Dort steht die Schmerzhafte Madonna, ein Werk des Münchner Bildhauers Tobias Bader. Dem Gnadenbild wurde wundertätige Wirkung nachgesagt, wodurch die Herzogspitalkirche zu einem Wallfahrtsort wurde.
Das Herzogspital wurde im Zweiten Weltkrieg schwer beschädigt und in der Folge abgetragen. Nur der Glockenturm der Elisabethkirche wurde saniert und blieb erhalten.

Reise nach Italien war für Mysliveček in dieser mißlichen Lage nicht zu denken, aber Wolfgang, so hatte er dessen Vater Leopold jüngst versichert, wolle er protegieren. Vielleicht ließ sich beim neapolitanischen Impresario Gaetano Santoro ein Auftrag für eine Karnevalsoper erwirken.

Da die besorgte Mutter ihrem Sohn untersagt hatte, den kranken Meister zu besuchen, verzögerte sich das Wiedersehen. Schließlich widersetzte sich Mozart den mütterlichen Bedenken und suchte den guten Freund, den „göttlichen Böhmen“, im Spital auf, wo er ihn im Garten der Anstalt vorfand. Mozart war gerührt vom schlimmen Zustand Myslivečeks, konnte die Tränen nicht zurückhalten und bedurfte selbst der Tröstungen des Schwerkranken. In einem ausführlichen Brief berichtete er am 11. Oktober 1777 seinem Vater:

„Mon très cher Père! Warum daß ich bis dato nichts vom Misliwececk geschrieben habe? – – weil ich froh war wan ich nicht auf ihn dencken durfte – – dann so oft die rede von ihm war, muste ich hören, wie sehr er mich gelobet, und welch guter und wahrer freund er von mir ist! und zugleich die bedauerung

Büste des tschechischen Komponisten Josef Mysliveček an seinem Wohnhaus in der Melantrichgasse.

und das mitleiden; man beschrieb ihn mir. ich war ausser mir. ich sollte Misliwetceck meinen so guten freünd in einer stadt, ja in einem winckel der welt wo ich auch bin, wissen, und sollte ihn nicht sehen, nicht sprechen? – – das ist ohnmöglich! ich resolvierte mich also zu ihm zu gehen. ich gieng aber des tags vorher zum verwalter vom Herzogsspital, und fragte ihn ob er nicht machen könne daß ich mit Misliwetcek in garten sprechen könnte, dann, obwohlen mir alle leüte und auch Medici gesagt haben, daß da nichts mehr zu erben wäre, ich dennoch in sein Zimmer nicht gehen wollte, weil es sehr klein ist, und ziemlich starck riecht. er gab mir vollkommen recht, und sagte mir, er gienge gewöhnlich so zwischen 11 und 12 uhr im garten spazieren; wen ich ihn aber nicht antreffen sollte, so dürfte ich ihn nur herab kommen lassen. ich gieng also den anderen tag mit H: von hamm, ordens-secretaire, (von welchen ich nachgehends sprechen werde) und auch mit meiner Mama ins herzogspital. meine Mama gieng in die kirche und wir im garten. er war nicht da. wir liessen ihn also ruffen. ich sahe ihn von der querre her kommen, und erkannte ihn gleich im gang. hier ist zu mercken, daß er mir schon durch H. heller Violoncellist ein Compliment hat vermelden lassen, und gebeten, ich möchte ihn doch vor meiner abreise noch besuchen. als er zu mir kamm, nahm ich ihn, und er mich recht freundschaftlich bey der hand. da sehen sie, sprache er, wie unglücklich ich bin! mir giengen diese worte, und seine gestalt, die der Papa der beschreibung nach schon weis, so zu herzen, daß ich nichts als halb weinend sagen konnte, ich bedauere sie von ganzen herzen, Mein lieber freünd! er merckte es, daß ich gerührt war, und fieng sogleich ganz munter an. *aber sagen sie mir, was machen sie denn; man hat mir gesagt sie seyen hier; ich glaubte es kaum. wie ist es denn möglich daß der Mozart hier ist, und mich nicht längst besucht hat.* ich bitte sie recht um verzeyhung, ich habe so vielle gänge gehabt, ich habe so vielle gute freunde hier. *ich bin versichert daß sie recht gute freunde hier haben, aber einen so guten freund, wie ich, haben sie gewis nicht. ...*"

Mozart, *Briefe und Aufzeichnungen*

Trotz des traurigen Gesundheitszustandes Myslivečeks dürfte Mozart bei diesem Krankenbesuch auch über seine eigenen Vorhaben und Pläne gesprochen haben, denn Mysliveček riet Mozart, nach Italien zu gehen, denn in Italien, „wo die grösten Meister sind, spricht man von nichts als Mozart. wen man diesen nennt, so ist alles still."

Im Spital wird ferner die Rede von Prag gewesen sein und von den dortigen Möglichkeiten. Mysliveček versprach Mozart, ihm eine Empfehlung zu schreiben: „Wenn Sie nach Prag fahren, werde ich Ihnen einen Brief für den Grafen Pachta mitgeben."

Nach diesem ersten Besuch bei Mysliveček, dem ein Chirurgus „die Nasen weg gebrennt; man stelle sich iezt den schmerzen vor", konnte Mozart den ganzen Tag nichts zu sich nehmen und nachts keinen Schlaf finden. Aber Mozart besuchte den „völlig verlassenen" Mysliveček am darauffolgenden Tag erneut, diesmal mit seiner Mutter. Der Kranke hatte den Wunsch geäußert, die Mutter zu sehen, „die einen so grossen Virtuosen gebohren hat". Maria Anna Mozart berichtete ihrem Mann: „– Heunt sind wür beyn Misliwetceck gewesen ich und der wolfgang von 11 bis halbe eins, er ist wohl zu bedauren, ich habe mit ihme geredet als wan ich ihme mein lebtag gekant

Mozarts Mutter Anna Maria.

hette er ist dem wolfgang sein wahrer freind und hat ihm hier überall das beste geredet das es uns ieder man gesagt hat.“

Diese so freundschaftliche Beziehung zwischen Mozart und Mysliveček fand jedoch keine Fortsetzung, die Gründe für die Entzweiung sind nicht bekannt. Vielleicht grollte Mozart dem Tschechen, weil dieser sein Versprechen nicht wahr machte, sich um einen Kompositionsauftrag in Neapel zu bemühen.

. . .

Zu den markantesten Persönlichkeiten des Prager Mozartkreises gehörte der aus dem mittelböhmischen Ort Sadská gebürtige Franz Xaver Niemetschek, Mozarts erster Biograph. Wie nicht wenige seiner tschechischen Zeitgenossen pflegte er seinen Namen deutsch zu schreiben.

Nach Beendigung seiner Studien und ersten Berufsjahren in Pilsen, wo er als Gymnasialprofessor der „Latinität“ wirkte, kam er im Herbst 1793, also zwei Jahre nach Mozarts Tod, als Professor ans Prager Kleinseitner Karmeliter-Gymnasium. Franz Niemetschek promovierte 1800 zum Doktor der Philosophie und unterrichtete in der Folge an der Prager Universität als Professor der theoretischen und praktischen Philosophie, er übte ferner das Amt eines Bücherzensors aus und wurde wegen seiner besonderen Verdienste unter anderem als Direktor eines Taubstummeninstitutes zum Ehrenbürger von Prag und Pilsen ernannt. Der Autor mehrerer literarischer und musikhistorischer Werke wohnte nahe der Wohnung
von Josepha Duschek im Palais Liechtenstein[9], einem 6

[9] Das Palais Liechtenstein (Malostranské náměstí [Kleinseitner Ring] 13/258), ein ausgedehnter Gebäudekomplex mit einer komplizierten Baugeschichte, trägt seinen Namen nach Fürst Karl von Liechtenstein (* 1569, † 1627 Prag), der es im 17. Jh. für einige Jahre besaß. Nach 1791 wurde eine klassizistische Fassade vorgeblendet. Von 1811 bis 1826 wohnte hier der tschechische Sprachforscher Josef Dobrovský. Zwischen 1848 und 1918 diente es militärischen Zwecken.

Der erste Mozartbiograph Franz Xaver Niemetschek.

1791 im Auftrag des Fürsten Alois Josef von Liechtenstein erbauten Zinspalast auf dem „Wälschen Platz"[10].

Niemetscheks Verehrung für Mozart verdichtete sich früh schon zu einer tiefen Liebe, die ihren Niederschlag in der 1797 erstmals bei dem Prager Verleger und Buchhändler Kaspar Widtmann herausgegebenen Biographie *Leben des k. k. Kapellmeisters Wolfgang Gottlieb Mozart* fand. Freilich erschien das Buch zunächst anonym, war für einen würdigen Gymnasialprofessor doch einige Zurückhaltung geboten. In der Ausgabe des Prager Verlegers Johann Herrl von 1898 wurde der Verfassername dann genannt. Schließlich wurde das Werk 1808 noch einmal bei Johann Herrl in vermehrter Ausgabe unter dem Titel *Lebensbeschreibung des k. k. Kapellmeisters Wolfgang Amadeus Mozart* herausgegeben. An vielen Stellen in dieser Ausgabe von 1808 wurde der Ausdruck geschliffen, wurden Wertungen, Parteinahmen und Angriffe abgemildert. Das sei am Beispiel der Erklärung Niemetscheks für Mozarts „lange Vernachlässigung" in Wiener Hofkreisen gezeigt: In

[10] Seinerzeit Wälscher Platz [Vlašské náměstí], heute Malostranské náměstí [(Oberer) Kleinseitner Ring].

der Ausgabe von 1798 heißt es noch: „An ihm lag die Schuld gewiß nicht; man müßte denn seinen geraden und offenen zum Bücken und Kriechen untauglichen Charakter als Schuld annehmen. – Aber er war nur ein Deutscher." Diesen letzten Satz hat Niemetschek in der neuen Ausgabe von 1808 der Selbstzensur unterworfen. Das schon Jahrzehnte vergriffene Buch von Niemetschek wurde 1906 von dem Prager Musikkritiker Ernst Rychnovsky anläßlich der 150. Wiederkehr von Mozarts Geburtstag als Faksimile der ersten Ausgabe mit den Zusätzen und Lesarten der zweiten Ausgabe von 1808 erneut herausgegeben.

Als Hauptquellen für diese biographische Arbeit gab Niemetschek, der das „Fortepiano mit vielem Geschmack" gespielt hat, seine „eigene Erfahrung" sowie den „Umgang mit Mozarts Familie" an. Jedoch findet sich an keiner Stelle der Biographie ein konkreter Hinweis auf einen persönlichen „Umgang" mit Wolfgang Amadeus Mozart. Die Bekanntschaft Niemetscheks mit Mozart wurde deshalb früh schon angezweifelt und schließlich von der neueren Forschung gänzlich in Frage gestellt. Niemetschek selbst bemerkte in einer eigenhändig verfaßten autobiographischen

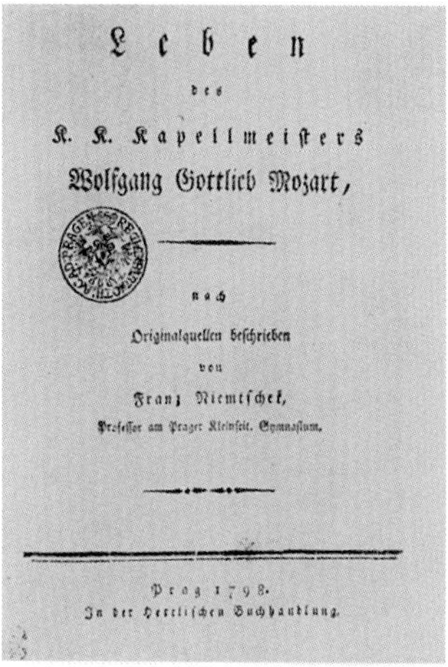
Leben
des
K. K. Kapellmeisters
Wolfgang Gottlieb Mozart,
nach
Originalquellen beschrieben
von
Franz Niemtschek,
Professor am Prager Kleinseit. Gymnasium.
Prag 1798.
In der Herrlischen Buchhandlung.

Titelblatt der ersten Mozartbiographie von Franz Xaver Niemetschek: *Leben des k. k. Kapellmeisters Wolfgang Gottlieb Mozart*, Prag 1798.

Skizze, daß seine spätere Frau Therese in ledigen Jahren als Putzmacherin im Hause Duschek verkehrt habe und dort Mozart begegnet sei. Mozart sei der Jungfer „sehr gut“ gewesen und habe sie abends öfter mal von der Duschek nach Hause begleitet, wo er dann noch bei der alten Mutter ein Viertelstündchen „verplaudert“ hätte.

Gänzlich außer Diskussion steht jedoch, daß beide Söhne Mozarts Aufnahme im Kleinseitner Hause des Professors (bzw. seiner Verlobten) gefunden haben und in Niemetschek selbst einen fürsorglichen Ersatzvater.

Im Jahr 1820 folgte Niemetschek einem Ruf an die Wiener Universität, mußte sich aber schon im Folgejahr aus Gesundheitsgründen in den Ruhestand zurückziehen. Niemetschek erlebte noch die Wirren der achtundvierziger Revolution mit und starb schließlich im gesegneten Alter von neunundachtzig Jahren in Wien. Noch im Tod blieb er Mozart verbunden: Auch Niemetschek fand auf dem St. Marxer Friedhof in Wien seine letzte Ruhestätte.

. . .

Eine weitere prominente Prager Persönlichkeit aus der Umgebung Mozarts ist Wenzel Johann Tomaschek: ein ausgezeichneter Organist, berühmter Lehrer und zu Unrecht vergessener Komponist. Nach seiner musikalischen Ausbildung in Chrudim, wo er beim dortigen Chorregenten Wolf in Gesang und Violinspiel unterrichtet wurde, und einem kürzeren Aufenthalt in einer Iglauer Klosterschule kam Tomaschek nach Prag und widmete sich dem Studium der Jurisprudenz. Als Student erlebte er die Krönungsfeierlichkeiten des Jahres 1791 mit, konnte sich aber mangels Barschaft nicht an den Lustbarkeiten beteiligen. Seine Mozartbegeisterung war zu diesem Zeitpunkt jedoch bereits geweckt, hatte er doch bald nach seiner Übersiedlung aus Iglau einer Aufführung des *Don Giovanni* beiwohnen können, an die er sich zeitlebens erinnerte. In seiner Autobiographie berichtet er davon:

Wenzel Johann Tomaschek (Ölgemälde von A. Machek, vor 1819). In der rechten Hand hält Tomaschek die Partitur seiner ersten Messe aus dem Jahr 1813.

„In Mänteln gehüllt saßen wir[11] neben einander, den Anfang erwartend. Die Ouverture beginnt, ihre großartigen Ideen, und ihr rascher bedingter Fortgang mit der reichen Instrumentirung, überhaupt das edle Leben des organischen Kunstwerkes, ergriff mich dermaßen, daß ich wie ein Träumer und kaum athmend da saß, und in meinem Freudenhimmel eine Sonne aufgehen sah, die, mir dunkel Geahntes erhellend, meine ganze Seele mit Zaubergewalt erwärmte. Mit jedem Moment steigerte sich nun mein Interesse für das Ganze, und bei der Scene, wo der Geist des Gouverneurs eintritt, sträubte sich vor Schauder mein Haar. Am Heimwege dankte ich mit Thränen in den Augen dem Bruder, drückte ihm die Hand, und schied, ohne ein Wort reden zu können, von ihm. Dieser Abend hatte unleugbar den entschiedensten Einfluß auf meine musikalische Laufbahn."

Nach theoretischen Studien wandte Tomaschek sich ganz der Musik zu, wurde Musiklehrer und entfaltete eine fruchtbare Kompositionstätigkeit. Er schrieb eine Reihe kirchlicher und weltlicher Gesangwerke, darunter die seinerzeit sehr erfolgreiche Oper *Seraphine*, ferner Klavierwerke, eine Orchestermesse und ein

[11] Wenzel Tomaschek und sein Bruder.

Visitenkarte von Wenzel Johann Tomaschek.

Requiem. Tomaschek verfaßte auch Kantaten und Lieder u. a. nach Gedichten von Johann Wolfgang von Goethe, mit dem Tomaschek persönlich befreundet war, sowie Volkslieder nach der sogenannten „Königinhofer Handschrift“, die damals in aller Munde war.

Tomaschek wirkte im Hause des Grafen Georg Franz August von Buquoi als Musikpräzeptor. Er bezeichnete sich selbst häufig als „Kompositeur des Grafen Buquoi“ und begleitete seinen Herrn im Sommer auf dessen ländliche Güter. Den Pragern galt er als oberste Autorität in Musikfragen, als ein Musikpapst, dessen Wort Gewicht hatte. Seine Liebe galt in erster Linie Mozart, an dessen Genie seiner Meinung nach keiner der nachfolgenden Komponisten heranreichte, auch Beethoven nicht, den er persönlich kannte und dessen Talent er immerhin gelten ließ.

In seiner Kleinseitner Wohnung erteilte Tomaschek über vier Jahre hinweg dem späteren Musikkritiker Eduard Hanslick Klavierunterricht. Der gebürtige Prager Hanslick hat in seiner Autobiographie *Aus meinem Leben* ein Portrait seines Lehrers Tomaschek hinterlassen: „Sehr groß und beleibt, mit dem Ausdruck magistraler Würde, erinnerte er in der Erscheinung etwas an Spohr, sogar bis auf die schlechtgemachte braune Perrücke. Er war von starkem Selbstbewußtsein erfüllt. Das geflügelte Wort

Eduard Hanslick.

Dingelstedts ‚Sie glauben gar nicht, wie viel Lob ich vertragen kann', es hätte auch ganz ernsthaft von Tomaschek gesprochen sein können. Aber sein Selbstgefühl entbehrte nicht der Berechtigung. Tomaschek war ein bedeutender Komponist, erfindungsreich, fruchtbar, von strenger Schulung. Seine Musik ist immer männlich und charaktervoll; innig ohne Weichlichkeit in den Liedern, geistreich, lebendig, ohne Koketterie in seinen Klavierstücken, würdevoll, auch prächtig in den Kirchenkompositionen. Wenn ihr eine Eigenschaft abging, so war es das Einschmeichelnde, sinnlich Reizende." Von seinen Anhängern als „böhmischer Klassiker" verehrt, traf ihn der Spott seiner Gegner um so schmerzlicher, die ihn als den „Musik-Dalailama von Prag" verhöhnten. In seinem fünfzigsten Lebensjahr führte Tomaschek die erst fünfundzwanzigjährige Wilhelmine Ebert heim, die Schwester des Dichters Karl Egon Ebert. Die eheliche Wohnung in der Thomasgasse, wo Tomaschek seit 1823 wohnte, entwickelte sich zu einem bekannten musikalischen Salon, in dem die Spitzen der Prager Musikwelt und bürgerlichen Gesellschaft verkehrten.

„Wahrheit allein ist das Diadem der Kunst" – Detail vom Grab Wenzel Johann Tomascheks auf dem Kleinseitner Friedhof.

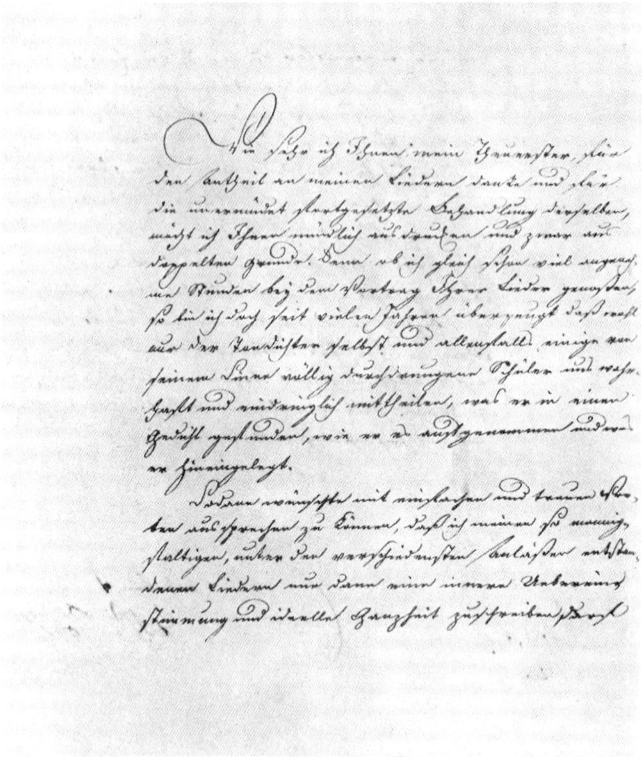

In diesem Brief vom 18. Juli 1820 bedankt sich Goethe bei Tomaschek für die gelungene Vertonung seiner Lieder:

„Wie sehr ich Ihnen, mein Theuerster, für den Antheil an meinen Liedern danke und für die unermüdet fortgesetzte Behandlung derselben, möcht ich Ihnen mündlich ausdrucken, und zwar aus doppeltem Grunde. Denn ob ich gleich schon viel angenehme Stunden bey dem Vortrag Ihrer Lieder genossen, so bin ich doch seit vielen Jahren überzeugt, daß wohl nur der Tondichter selbst und allenfalls einige von seinem Sinne völlig durchdrungene Schüler uns wahrhaft und eindringlich mittheilen, was er in einem Gedicht gefunden, wie er es aufgenommen und was er hineingelegt.

Sodann wünschte mit einfachen, treuen Worten aussprechen zu können, daß ich meinen so mannichfaltigen, unter den verschiedensten Anlässen entstandenen Liedern nur dann eine innere

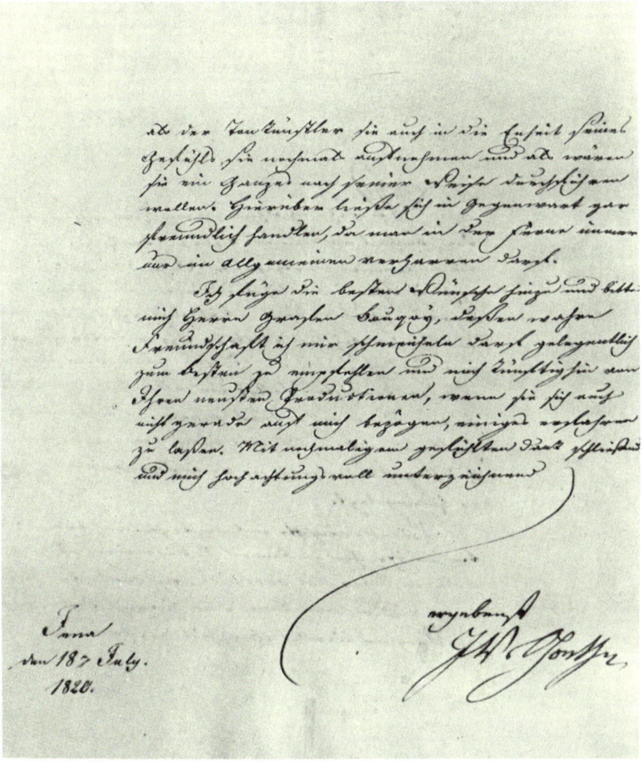

Übereinstimmung und ideelle Ganzheit zuschreiben darf, als der Tonkünstler sie auch in die Einheit seines Gefühls nochmals aufnehmen und, als wären sie ein Ganzes, nach seiner Weise durchführen wollen. Hierüber ließe sich in Gegenwart gar freundlich handeln, da man in der Ferne immer nur im Allgemeinen verharren darf.

Ich füge die besten Wünsche hinzu und bitte mich Herrn Grafen Bouquoy, dessen wahre Freundschaft ich mir schmeicheln darf, gelegentlich zum Besten zu empfehlen und mich künftighin von Ihren neusten Productionen, wenn sie sich auch nicht gerade auf mich bezögen, einiges erfahren zu lassen. Mit nochmaligem gefühlten Dank schließend und mich hochachtungsvoll unterzeichnend

ergebenst
J. W. v. Goethe.
Jena den 18. Juli 1820.“

An der Fassade des heute als Palais Tomaschek[12] bezeichneten Hauses erinnert eine paarige Tafel in deutscher und tschechischer Sprache an die Wohnung des Altmeisters. Die im Jahr 1874 anläßlich seines hundertsten Geburtstages von den Hauseigentümern, der Familie des Wohltäters Johann August Klaar, angebrachte Tafel trägt die Inschrift: „Hier lebte und starb am 3. April 1850 der Tondichter Wenzel Joh. Tomaschek geb. am 17. April 1774 in Skutsch."[13]

. . .

Einen ähnlichen gesellschaftlichen und musikalischen Rang wie Tomaschek genoß der Komponist und Konservatoriumsdirektor Friedrich Dionys Weber, der gleich Tomaschek der unwandelbaren Überzeugung war, daß mit Mozart der höchste Gipfelpunkt der Musik erreicht sei. Webers damals sehr beliebten Tänze für Klavier sind heute vergessen.

Neben Weber steht Jan Nepomuk Vitásek, der als siebzehnjähriger Schüler Franz Xaver Duscheks Mozart auf dem Klavier hatte vorspielen dürfen. „Die wenigen Stunden, die dieser bei Mozart zubrachte, schätzte er nach eigenem Gedächtnisse für einen großen Zuwachs", so Niemetschek über die persönliche Bekanntschaft zwischen Vitásek und Mozart. In

[12] Palais Tomaschek oder auch Klaarsches Haus: Tomášská [Thomasgasse] 15/15. In diesem auf mittelalterlichen Fundamenten ruhenden Haus, das sein heutiges Aussehen nach Renaissanceumbauten und besonders nach barocker Erneuerung im 18. Jahrhundert erhielt, starb 1875 der bedeutende böhmische Zeichner und Maler Vincenz Morstadt. Später, zwischen 1891 und 1895, wohnte hier der nachmalige erste Präsident der ČSR, Tomáš G. Masaryk.

[13] Die tschechische Inschrift lautet: „Zde žil a dne 3. dubna 1850 zemřel Vácslav Jan Tomášek slavný hudební skladatel. Narozen ve Skutči dne 17. dubna 1774. (Otto Sandtner Praha)."

Jan Nepomuk Vitásek. Lithographie von A. J. Gareis d. Ä. nach einem Portrait von A. Machek.

reiferen Jahren brachte Vitásek es zum Domkapellmeister von St. Veit und zum Direktor der Orgelschule zu Prag. Er genoß einen guten Ruf als Lehrer und Klavierist und hinterließ ein umfangreiches Schaffen auf allen Gebieten der Komposition (Festmessen, Symphonien, Tänze, Chöre sowie ein Requiem).

. . .

Eine weitere markante Person im damaligen musikalischen Böhmen war Leopold Anton Koželuch, der Neffe des ebenfalls als Komponist mehrerer Opern, Messen und Oratorien bekannten Kapellmeisters zu St. Veit Johann Anton Koželuch.

Leopold Koželuch. Lithographie von A. Hatzfeld, Spiegelkopie einer Gravierung von Ridley aus dem Jahr 1797.

Leopold Koželuch studierte zunächst an der Prager Universität Jura, sattelte dann aber um und verschrieb sich ganz der Musik. Er verfaßte Kompositionen fürs Ballett und das Theater und schrieb eine Reihe von Liedern. Auch als Symphoniker und Klavierkomponist hat der von Beethoven als „miserabilis“ Geschmähte Beachtliches geleistet. Im Wiener Musikleben seiner Zeit war Koželuch kein Unbekannter, und als Musiklehrer der Erzherzogin Elisabeth verkehrte er in höchsten Kreisen.

Vermutlich während Mozarts zweiten Prager Aufenthaltes soll Koželuch bei der Aufführung eines neuen Streichkonzertes von Haydn zu Mozart die Worte getan haben: „Das hätte ich nicht so gemacht“. Mozart wußte schlagfertig zu entgegnen: „Ich auch nicht. Aber wissen Sie, warum? Weil weder Sie noch ich darauf gekommen wären.“ Der so in die Schranken gewiesene Koželuch soll Mozart dieser Antwort wegen Zeit seines Lebens feindlich gesonnen gewesen sein. So kritisierte er etwa die Ouvertüre zur *Zauberflöte* als „gelehrt tuend“, und Mozarts *Don-Giovanni*-Ouvertüre bezeichnete er gar als „fehlerhaft“ – da liegt es natürlich nahe, Mißgunst oder eine persönliche Abneigung zu vermuten. Mozarts erster Biograph Niemetschek ging so weit, Koželuch in seiner Biographie wegen dessen „kleinlicher Eifersucht, mit der er Mozart in Prag immer verfolgte“ namentlich unerwähnt zu lassen: „Er hat ihn hier in der Krönungszeit Kaiser Leopolds auf das Bübischste verleumdet, ja sogar seinen moralischen Charakter angegriffen.“

Der Zufall fügte es, daß gerade er, der erklärte Konkurrent und Gegner Mozarts, in dessen Fußstapfen trat und zum kaiserlichen Hofkomponisten ernannt wurde. In dieser Funktion schuf er eine Vielzahl von Werken, die meist auch gedruckt wurden, darunter die Opern *Didone abbandonata, Judith* und *Deborah,* das Oratorium *Moses in Ägypten,* an die dreißig Symphonien, viele Klavierkonzerte und Klaviertrios, ferner Sonaten, Arien, Kantaten und Chöre.

Der österreichische Komponist Karl Ditters von Dittersdorf, Mozarts erfolgreicher Zeitgenosse, verbrachte ab 1796 seine letzten Lebensjahre in Neuhof/Schloß Rotlhota (Červená Lhota) in Südböhmen. Stich von Hieronymus Löschenkohl, um 1795.

Mit den Böhmischen Landen ist ferner das Leben des Tondichters Karl Ditters von Dittersdorf verknüpft, eines Wieners, der in seinen besten Zeiten bei seinen Landsleuten mehr Erfolg hatte als Mozart. In die Galerie böhmischer Meister fand er Aufnahme, da er seinen Lebensabend auf Schloß Rotlhota in Südböhmen verbrachte.

Karl Ditters hatte schon früh Violinunterricht erhalten, wurde Page beim Generalfeldzeugmeister Prinz Joseph von Sachsen-Hildburghausen und konnte schließlich eine Stelle im Wiener Hofopernorchester antreten. Im Jahr 1764 kam Karl Ditters nach Prag, um daselbst Musiker für die neue Kapelle des Bischofs von Großwardein zu engagieren, die unter der Leitung Michael Haydns stand, ehe Ditters 1765 als Kapellmeister nachfolgte. In dieser Stellung schrieb er eine große Zahl von Orchester- und Kammermusikwerken sowie mehrere Oratorien. Der Bischof löste seine Kapelle jedoch 1769 auf, und Karl Ditters trat in die Dienste des Fürstbischofs von Breslau. Anno 1770 wurde ihm der päpstliche Orden „Vom Goldenen Sporn“ verliehen, eine Auszeichnung, mit der auch Mozart geehrt worden war. Die geschmeidige Musik des Karl Ditters von Dittersdorf kam dem Geschmack des Publikums und der Hofgesellschaft sehr entgegen. Auch der Kaiser schätzte Ditters Werke sehr und war ihm freundlich gesonnen. Im Jahr 1773 wurde Ditters sogar in den Adelsstand erhoben und konnte nun als Herr „von Dittersdorf" firmieren – eine Gnade, die nicht allzuvielen Musikern zuteil wurde. Während man in Prag eins ums andere Mal Mozarts *Figaro* gab, bejubelten die Wiener Dittersdorfs neue komische Oper *Doktor und Apotheker* (1786). Das Stück steht in einer Reihe ehemals vielgespielter Buffo-Opern (etwa *Hieronimus Knicker, Die Liebe im Narrenhause, Betrug durch Aberglauben* oder *Das rote Käppchen*), die jedoch von Ditters Kammermusik, seinen Streichquartetten und -quintetten im Geiste Haydns sowie seinen Symphonien *(Metamorphosen-Symphonien)* bei weitem überragt werden.

In seiner Lebensbeschreibung, die Ditters von Dittersdorf seinem Sohn in die Feder diktierte, kommentierte er mit diplomatischem Geschick die Musik des unvergleichlich größeren Mozart. Auf die Frage des Kaisers, was er zu Mozarts Komposition sage, wußte er zu antworten: „Er ist unstreitig eins der größten Originalgenies, und ich habe bisher noch keinen Komponisten gekannt, der so einen erstaunlichen Reichthum von Gedanken besitzt. Ich wünschte, er wäre nicht so verschwenderisch damit. Er läßt den Zuhörer nicht zu Athem kommen; denn, kaum will man einem schönen Gedanken nachsinnen, so steht schon wieder ein anderer herrlicher da, der den vorigen verdrängt, und das geht immer in einem so fort, so daß man am Ende keine dieser Schönheiten im Gedächtniß aufbewahren kann."

. . .

Aus einer Musikantenfamilie stammte der von Mozart hochgeschätzte Georg Benda. Er führte ein bewegtes Wanderleben und hinterließ eine große Zahl von Bühnenwerken, darunter auch die bekannten Duodramen für zwei Schauspieler mit Musikbegleitung

Bild oben: Georg Benda. Kupferstich von Ch. G. Geyser nach Johann Franz Mechau.

Bild unten: Titelblatt des Klavierauszugs des Melodrams *Ariadne auf Naxos* mit Kupferstich von J. Mansfeld. Druck Artaria, Wien 1779.

Ariadne auf Naxos und *Medea*, ferner Kirchenkantaten, Messen, Symphonien und Konzerte. Sein bürgerliches Schauspiel in Musik *Walder* war in der Zeit vor Mozarts *Entführung aus dem Serail* ein Glanzlicht der deutschen Singspielliteratur. Mozart nannte Benda seinen Liebling unter den lutherischen Kapellmeistern, seinem Vater berichtete er am 12. November 1778 aus Mannheim: „was ich gesehen, war Medea von Benda; er hat noch eine gemacht, Ariadne auf

Naxos, beyde wahrhaft – fürtrefflich; sie wissen, daß Benda unter den lutherischen kapellmeistern immer mein liebling war; ich liebe diese zwey wercke so, daß ich sie bey mir führe."

. . .

Ein weiterer bedeutender böhmischer Komponist des ausgehenden 18. Jahrhunderts ist Franz Anton Rosetti, ein aus Leitmeritz stammender, zu Olmütz am Jesuitenkolleg ausgebildeter Kontrabaßspieler und nachmaliger Kapellmeister, dessen Symphonien zu den hervorragendsten Werken der Klassik gezählt werden dürfen. Aus seiner Hand stammt jenes *Requiem*, das der Prager Mozartgemeinde wenige Tage nach Mozarts Tod in der Kleinseitner St. Niklas-Kirche zu Gehör gebracht wurde.

. . .

Böhmische Waldhornbläser, die sich ihr hartes Brot als Wandermusiker verdingten, waren in Deutschland und in den angrenzenden Ländern keine Seltenheit. Eine Berühmtheit unter diesen Bläsern war Johann Wenzel Stich alias Giovanni Punto, der Günstling des Grafen Johann Joseph Thun. Stich begeisterte die bedeutendsten Musikkenner seiner Zeit. Beethoven etwa komponierte für ihn eine Sonate, und auch Mozart, der ihm in Paris die Hornstimme zu einer *Sinfonia concertante* geschrieben hatte, urteilte günstig über ihn: „Punto bläst magnifique."

Johann Wenzel Stich alias Giovanni Punto. Kupferstich von S. Ch. Miger nach einer Zeichnung von C. N. Cochin d. J.; 1782.

Auch Josef Fiala hat sich unter den böhmischen Musikmeistern seiner Zeit einen guten Namen gemacht. Er galt als einer der größten Virtuosen auf der Oboe. Fiala war von 1778 an Mitglied der Salzburger Hofkapelle, und seit dieser Zeit pflegten die Familien Mozart und Fiala engen freundschaftlichen Umgang. Auch in der Mozartschen Korrespondenz taucht der Name immer wieder auf. Dem Salzburger Erzbischof hat Josef Fiala einmal geschrieben, daß „die beste Musik, die die Mannheimer hätten, von Mozart wäre." Mozart war voll des Lobes für die Werke des böhmischen Komponisten, anerkannte dessen Stücke als hübsch und schrieb seinem Vater im Oktober 1777, daß Fiala „sehr gute Gedanken" habe.

. . .

Im Mai 1765 weilten die Geschwister Nannerl und Wolfgang unter der Obhut ihres Vaters in London. In der fremden Großstadt begegnete ihnen ein böhmischer Musikant, mit dem sie eine „besondere Freundschaft" schlossen: der Geigenspieler und Kammerkomponist Anton Kammel, ein ehemaliger Untertan des Musikförderers Vinzenz Graf von Waldstein, um dessen Protektion sich Mozart anläßlich seiner Pragreise im Januar 1787 bemühen sollte.[14] Kammel hatte in Italien bei Giuseppe Tartini Unterricht genossen und weilte seit 1765 in London, wo er es zu einigem Ansehen brachte. Dem kunstsinnigen Grafen Waldstein berichtete Kammel von dem Wunderkind, das ihm da jüngst begegnet sei, das da „Spielet auf dem Instrument sehr Virtuos, Componirt wie ein Engel, Spielet auch die Schwehreste Sachen Prima vista, darbey besitzet Er die Vernunfft, welche nur immer ein Mann von 40-50 Jahren besitzen kann."

[14] Ein entsprechendes Empfehlungsschreiben hat sich im Waldsteinschen Familienarchiv erhalten und wurde dort von tschechischen Mozartforschern entdeckt. Es ist in französischer Sprache abgefaßt und stammt möglicherweise von einem mit dem Grafen Vinzenz von Waldstein weitläufig verwandten Mitglied der Familie Auersperg.

Zu den ersten böhmischen Organisten und Kirchenkomponisten seiner Zeit gehörte Jan Křtitel Kuchař (dt. Johann Baptist Kucharcz), ein Sohn tschechischer Bauern. Der Schüler des großen Joseph Seger wirkte als Organist an der Heinrichskirche in Prag und ab 1790 an der Stiftskirche des Prämonstratenserklosters Strahov. Kuchař hatte die Aufmerksamkeit Kaiser Josephs II. auf sich lenken können und wurde von diesem als „vortrefflicher Meister“ gelobt. Von 1791 bis 1800 war er der Kapellmeister der italienischen Oper zu Prag, gleichzeitig schuf er als Komponist beliebte Orgelkonzerte, Opern und Ballettmusiken. Im Zusammenhang mit der Musik Mozarts sind seine Rezitative für die *Zauberflöte* von Bedeutung sowie seine Klavierübertragungen zu den Opern *Die Hochzeit des Figaro, Don Giovanni, Così fan tutte* und *La clemenza di Tito*, die neben den Transkriptionen von Vinzenz Maschek bestehen. Laut Niemetschek hätte Mozart Kuchař einmal über dessen Meinung zu *Don Giovanni* gefragt. Kuchař‘ Antwort darauf: „Die Musik ist schön, originell, tief gedacht. Was von Mozart kommt, wird den Böhmen gewiß gefallen.“

. . .

Zum Kreis der aus Böhmen stammenden Musiker zählten ferner der in Wien ansässige Komponist

Der tschechische Organist und Komponist Jan Křtitel Vaňhal (dt. Johann Baptist Vanhal). Stich von Karl Traugott Riedel nach Johann Adamek, 1815.

Bild oben: Jan Jakub Ryba, der Schöpfer der bekannten *Böhmischen Weihnachtsmesse* (*Hej, mistře*).

Bild unten: Tenorstimme der *Böhmischen Weihnachtsmesse*, 1796.

vorzüglicher Streichquartette Johann Baptist Vanhal, dessen *Concerto in B-Dur* Mozart mit großem Erfolg gespielt hatte, und der Prager Cellist und laut Leopold Mozart „ganze Kerl" Josef Rejcha. Nicht unerwähnt bleiben sollen der von Mozart beeinflußte Komponist von Messen, Motetten, Opern und Melodramen Jan Jakub Ryba, dessen *Böhmische Weihnachtsmesse* bis heute beliebt ist, sowie der seit 1795 als Musikdirektor bei St. Niklas auf der Kleinseite wirkende Duschekschüler Vinzenz Maschek und der namhafte Kirchenkomponist, Organist und Geiger Wenzel Praupner, seines Zeichens Kapellmeister an der Kreuzherrenkirche des hl. Franz und Chordirigent der Kirche Maria am Thein. Eine Vorahnung der Romantik vermittelt das Werk des weitgereisten Böhmen Johann Ladislaus Dussek, eines Iglauer Jesuitenzöglings und Schülers von Carl Philipp Emanuel Bach. Am Rande erwähnt sei auch der böhmische Geiger und Komponist

Antonín Vranický, der Unterricht bei Wolfang Amadeus Mozart genossen hatte.

Als einer der großen Orgelmeister seiner Zeit galt der böhmische Organist und Komponist Johann Baptist Ignaz Wolf. Charles Burney widmete ihm einen Eintrag, und wir dürfen annehmen, daß auch W. A. Mozart von dem Meister Kunde hatte:

„Diese Stadt ist seit der preußischen Belagerung, worin die meisten Häuser ruiniert wurden, größtenteils neu wieder aufgebauet worden, und man war noch damit beschäftigt, sonderlich bei der Domkirche und dem kaiserlichen Palaste, welche beide beinahe ganz waren zerstöret worden. Die Orgel in der Domkirche, welche gleichfalls seit dem letzten Kriege neu gebauet worden, ist sehr groß und hat einen schönen Ton. Sie ward während des Vormittagsgottesdienstes sehr gut gespielet, obgleich der Organist, Herr Wolf, bettlägerig war. Ich ging nach seinem Hause, um mit ihm, wenn er Kräfte genug gehabt hätte, über den Zustand der Musik in Prag zu sprechen, allein der Bediente, welcher mich anzumelden vorausgegangen war, kam vor Furcht ganz erblaßt zurück und sagte mir, daß es sehr gefährlich für mich sein würde, dies Haus zu besuchen, da Herr Wolf an dem bösartigen ansteckenden Fieber niederläge, welches zeither so heftig in dieser Stadt gewütet hätte. Herr Wolf, welchen man für einen der besten Organisten in Deutschland hält, hat den Titel Schloßorganist, weil die Domkirche innerhalb der Mauern des Schlosses liegt."

Charles Burney,
Tagebuch seiner musikalischen Reisen

. . .

In Wien lebte der zu Mirowitz in Böhmen geborene Benedikt Schack, der als Premierensänger in der *Zauberflöte* mitwirkte. Schack war Chorsänger im Dom zu St. Veit sowie am Prager Jesuitengymnasium, darüberhinaus ein ausgezeichneter Flötenspieler. Er

Johann Wenzel Stamitz. Detail des Kupferstichs aus dem Titelblatt des Werkes J. B. Cartiers *L'Art du violin,* Paris 1798.

kam 1775 in die Kaiserstadt und stieß als Tenor zur wandernden Schauspielertruppe des Theaterdirektors Schikaneder. Schon in Salzburg hatte er freundschaftliche Beziehungen zu Leopold Mozart und Michael Haydn unterhalten, in Wien verkehrte er mit Joseph Haydn und Wolfgang Amadeus Mozart. Die Freunde statteten einander Besuche ab und unternahmen gemeinsame Spaziergänge. Daß Mozart Schack die Rolle des Tamino in seiner *Zauberflöte* auf den Leib geschrieben hat, dürfen wir als Zeichen dieser Freundschaft werten.

. . .

Der wohl bedeutendste böhmische Exilant der Mozartzeit war der aus Deutsch Brod[15] stammende Johann Stamitz. In Mannheim, am Hof des Kurfürsten Karl Theodor von der Pfalz, stellte Stamitz ein Orchester von Weltruf zusammen und verhalf einem völlig neuartigen Instrumentalstil zum Durchbruch. Seit 1747

[15] Bis zum Ende des Zweiten Weltkriegs hieß die Stadt Deutsch Brod, 1945 wurde sie zu Ehren des Schriftstellers und Politikers Karel Havlíček Borovský in „Havlíčkův Brod" umbenannt. Zur Zeit der Hussitenkriege war die Stadt überwiegend deutsch, im Laufe der Jahrhunderte nahm sie einen tschechischen Charakter an. Nach dem Ersten Weltkrieg lebten in der Stadt neben den etwa zehntausend tschechischen Einwohnern nur mehr ca. fünfzig Deutsche.

stand an seiner Seite der mährische Kammerkomponist Franz Xaver Richter als weiterer Hauptrepräsentant der Mannheimer Schule. Auch Mozart kam nach Mannheim, freilich nicht wegen des allseits gepriesenen Mannheimer Vortragsstils, sondern wegen der Neuerungen und Weiterentwicklungen auf dem Gebiet der deutschen Oper. Der Hamburger Dichter Friedrich Gottlieb Klopstock, selbst Bekenner einer neuen Musikalität der Sprache, schwärmte von den „Wollüsten der Musik", in denen man in Mannheim schwelgen könne, und auch Charles Burney ließ im *Tagebuch seiner musikalischen Reisen* keinen Zweifel an der überragenden Bedeutung des Deutschböhmen: „Von Zeit zu Zeit steht in diesen Landschulen ein groß Genie auf, wie z. B. in Teutsch Brod, dem Geburtsorte des großen Stamitz. Sein Vater war Kantor an der Stadtkirche, und der nachmals wegen seiner Komposition und als Geiger so berühmte Stamitz ward in der gemeinen Stadtschule unter Knaben von gewöhnlichen Talenten erzogen, die unbekannt lebten und starben. Er aber brach, wie ein zweiter Shakespeare, durch alle Schwierigkeiten und Hindernisse hindurch, und so wie das Auge des einen die ganze Natur durchschaute, so trieb der andere, ohne von der Natur abzuweichen, die Kunst weiter, als irgend jemand vor ihm getan hatte. Sein Genie war sehr original, kühn und kraftvoll; Erfindung, Feuer und Kontrast in den geschwinden Sätzen – eine zärtliche, reizende und schmeichelnde Melodie in den langsamen, verbunden mit Scharfsinn und Reichtum in der Begleitung charakterisieren seine Werke; alle sind voll starken Ausdrucks, welchen der Enthusiasmus des Genies hervorgebracht und die Kultur verfeinert hat, ohne ihn zu unterdrükken."

Die Prager Theaterverhältnisse im 18. Jahrhundert

Im ausgehenden 18. Jahrhundert, unserem Beobachtungszeitraum, war Prag über die Landesgrenzen hinaus bekannt für den Theaterenthusiasmus seiner Bürger. Oper und Musiktheater waren eine Art Volksvergnügen, eine Lustbarkeit nicht nur des Adels, sondern auch der einfachen Stände. Nicht ein geschlossener Kreis privilegierter Höflinge, sondern alle Prager lauschten den Darbietungen der italienischen „Operisten", zumindest wenn sie den Obulus für ein Billett aufbringen konnten.

Die Begeisterung fürs Musiktheater reicht bis in die Zeit des Dreißigjährigen Krieges zurück, obgleich es damals noch keine geeigneten Bühnen für ein reguläres Theater- und Opernleben gab. Aber seit anno 1627 eine italienische Stagione anläßlich der Krönung Ferdinands III. zum böhmischen König „eine schöne Pastoral-Comoedia mit sehr lieblich hell klingenden Stimmen und alles singend neben eingeschlagenen Instrumenten und anmutigen Saitenspielen" aufgeführt hatte, stand Prag im Bann der Barockoper. Dieses Interesse blieb findigen Unternehmern nicht verborgen, und eilends herbeigerufene Ensembles, meist aus Italien, karrten an die Moldau, was zu einem mit Pracht, Prunk und szenischen Effekten aufzuführenden Spektakel vonnöten war. Die Schauspieler und Sänger standen unter der künstlerischen, wirtschaftlichen und administrativen Leitung sogenannter Impresarii, wie die Opernunternehmer jener Tage bezeichnet wurden. Das waren meist charismatische Persönlichkeiten, die nicht selten unter Mithilfe ihrer Familien das Künstlerensemble verstärkten. In der Tat waren es fast ausschließlich italienische Operisten, die auf den bedeutenden Bühnen das Sagen hatten: in Wien, wo höfische Prachtentfaltung einen fruchtbaren Boden für die Impresarii bot, in Dresden, wo am kurfürstlichen Hof eine Art europäisches

Musikzentrum florierte, und in Prag, wo Adel und Bürgerschaft dem Glanz der europäischen Residenzen nacheiferten.

Fast hundert Jahre nach der erwähnten Vorstellung anläßlich der Krönung Ferdinands III. bot sich den Pragern erneut die Möglichkeit zu einer mit Prunk inszenierten Festoper: Anno 1723 wurde Karl VI. zum König von Böhmen gekrönt, und für diesen Anlaß hatte der Wiener Hofkomponist Johann Joseph Fux die Krönungsoper *La Costanza e fortezza* geschaffen. Der Theaterarchitekt Giuseppe Galli-Bibiena hatte auf dem Hradschin ein Amphitheater für mehr als viertausend Zuschauer errichtet, der Wiener Vizekapellmeister Antonio Caldara dirigierte ein Orchester von zweihundert Musikern, dazu gesellten sich noch an die einhundert Chorsänger. Das Spektakel übertraf alle Erwartungen. Mit der an Aufwendigkeit kaum zu überbietenden Inszenierung wollten die böhmischen Stände auf ihre bedeutende Stellung innerhalb des österreichischen Kaiserstaates verweisen und dazu ihre Loyalität zur Dynastie unterstreichen. Seit dem

Titelblatt der Partitur von *Costanza e fortezza,* 1723.

Der aus der Steiermark stammende Hofcompositeur und ab 1711 Hofmusikdirektor in Wien Johann Joseph Fux. Seine bekannteste Oper, *Costanza e fortezza,* wurde 1723 in Prag uraufgeführt. Gemälde von Nikolaus Buck, 1717.

böhmischen Ständeaufstand zu Beginn des Dreißigjährigen Krieges begegnete Wien den böhmischen Kronländern mit Argwohn, obwohl der Sündenfall mittlerweile schon fast ein Jahrhundert zurücklag – kurz: An der Moldau sehnte man sich nach einer Normalisierung der Verhältnisse, immerhin gehörten Böhmen und Mähren zu den reichsten und fortschrittlichsten Gebieten im Kranz der habsburgischen Erblande. Die Einlösung des Krönungsversprechens war ein Akt von beträchtlicher symbolischer Bedeutung und darüber hinaus eine Gegengabe Karls VI. für die Bereitschaft der böhmischen Stände, seiner „Pragmatischen Sanktion" zuzustimmen, der Nachfolgeregelung zugunsten seiner Tochter Maria Theresia. Der böhmische Adel ließ sich die Gelegenheit nicht entgehen, am Geld sollte es nicht scheitern: Mit verschwenderischem Prunk wurde der wirtschaftliche Stellenwert der reichen Kronländer herausgestrichen.

Diese Rechnung hatten die Stände jedoch ohne den Wirt gemacht, denn Wien verharrte auch nach der prunkvoll inszenierten Zeremonie in kühler Reserve. Aber ganz ohne Wirkung blieb der beispiellose Aufwand nicht: Bei den Pragern, denen, abgesehen von einigen kläglichen Provisorien, noch immer eine ständige Opernbühne fehlte, fachte *La Costanza e fortezza* erneut die alte Theaterleidenschaft an. Dazu kam die frohe Kunde, daß der Kunstmäzen Franz Anton Graf Sporck, ein ausgewiesener Musikliebhaber und -kenner, dem Mangel an einer geeigneten Bühne abzuhelfen gedachte. In seinem Garten in der Prager Neustadt ließ Sporck zunächst eine bescheidene Theaterbude aufstellen, die bis 1725 bestand und dann von einem Theatersaal in einem seiner Paläste, der sogenannten „Sporck-Oper", abgelöst wurde. Dieser Saal hatte bereits mehrere Ausgänge und verfügte mit acht Fässern Löschwasser sowie vier Feuerspritzen sogar über eine Art Feuerwehrbereitschaftsdienst.

Das Krönungstheater auf der Prager Burg mit einer Szene aus der Oper *La Costanza e fortezza* von Johann Joseph Fux, aufgeführt anläßlich der Krönung Karls VI. zum König von Böhmen. Kupferstich von A. Birckhardt, Prag 1723.

Der Prager Theaterenthusiast Franz Anton Graf Sporck.

Bis zu seiner Schließung im Jahre 1738 blieb dieses Theater die einzige Opernbühne der Stadt.

Die Adelsfamilie Sporck hatte im Zuge der Konfiskationen nach dem Ständeaufstand erhebliche Besitztümer erworben, ihre gesellschaftliche Stellung innerhalb des böhmischen Adels hinkte dem beträchtlichen Vermögen jedoch nach. Da konnte Sporcks Engagement für die Kunst und besonders fürs Theater nicht von Nachteil sein. Und tatsächlich: Nur ein Jahr nach den denkwürdigen Krönungsfeierlichkeiten hatte Sporck mit einer italienischen Operngesellschaft für die Hauptattraktion der Prager Saison gesorgt. Der ambitionierte Graf sah sich unvermittelt in den Brennpunkt des Prager gesellschaftlichen Lebens gerückt. Alles sprach von den italienischen Operisten und – alles sprach von Sporck.

Die Leitung des Ensembles hatte ein venezianischer Tenor namens Antonio Denzio inne, der gute Verbindungen zu der in Opernfragen maßgeblichen Lagunenstadt unterhielt, insbesondere zu Antonio Vivaldi. So wurden unter seiner Direktion auch einige Opern Vivaldis erstmals an der Moldau zu Gehör gebracht. Denzio war in Angelegenheiten des Repertoires völlig unabhängig, sein Auftraggeber Sporck war klug

LA
PRAVITA
CASTIGATA.
RAPPRESENTAZIONE
MORALE
PER MUSICA.
DA RAPPRESENTARSI
NEL TEATRO
DI SUA ECCELLENZA
IL SIGNOR
FRANCESCO ANTONIO
DEL S. R. I.
CONTE DI SPORCK.
L'ANNO 1730.

CON LICENZA DE SUPERIORI.

Stampato in Praga, da Mattia Adamo Hoeger, Stampatore dell'Arcivescovo.

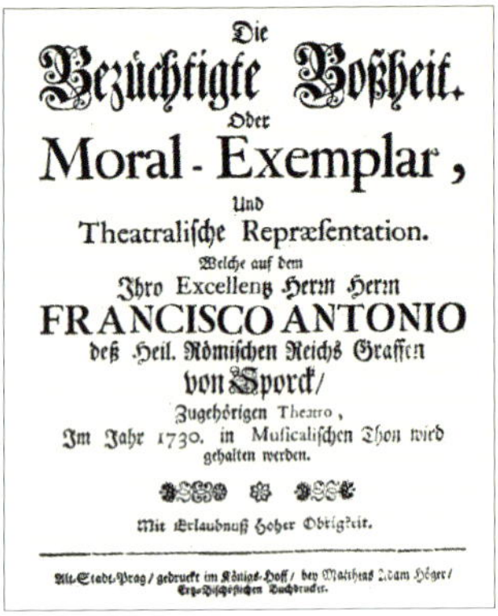
Die
Bezüchtigte Boßheit.
Oder
Moral-Exemplar,
Und
Theatralische Repræsentation.
Welche auf dem
Ihro Excellenz Herrn Herrn
FRANCISCO ANTONIO
deß Heil. Römischen Reichs Graffen
von Sporck/
Zugehörigen Theatro,
Im Jahr 1730. in Musicalischen Thon wird
gehalten werden.

Mit Erlaubnuß Hoher Obrigkeit.

Alt-Stadt-Prag / gedruckt im Königs-Hoff / bey Matthias Adam Höger / Ertz-Bischöflichen Buchdrucker.

genug, dem Fachmann freie Hand zu lassen. Er berücksichtigte die Wünsche des Publikums und er verstand es, ein wesentliches Charakteristikum der Prager Opernwelt zu nützen: Nicht ein auf seine Repräsentationsinteressen pochender Hof hatte unter dem Hradschin das Sagen, wie etwa in Wien, wo man auf höfische und dynastische Interessen Rücksicht nehmen mußte, sondern ein kritisches und unabhängiges Publikum. Italienische Opernunternehmer wie Denzio waren natürlich auch in der Fremde an den Vorgängen in ihrer Heimat interessiert und so übernahmen sie nicht selten jene Programme, die sich bereits in Neapel, Mailand oder Venedig bewährt hatten. Mit *La pravitá castigata* nahm dieser Antonio Denzio 1730 erstmals eine Oper ins Programm, deren Libretto die Prager mit dem *Don Giovanni*-Stoff bekannt machte.

Um die Mitte des 18. Jahrhunderts hatte der Magistrat der Prager Altstadt im oberen Stockwerk der ehemaligen Markt- und Tuchhallen in der Rittergasse, den
24 sogenannten „Kotzen“[16], ein Komödienhaus[17] errichtet

[16] Von „Kothen“, d. s. kleine Hütten, Buden oder Stände von Händlern und Handwerkern; regional werden mit Kotzen auch grobe Decken und Stoffe bezeichnet.
[17] Heute befindet sich auf dem Areal des alten Kotzentheaters ein Neubau (Rytířská ulice [Rittergasse] 29/536) der ehemaligen Prager städtischen Sparkasse (Městská spořitelna pražská) von 1891.

und heimische Tischler, Maler und Vergolder mit der Herstellung von Dekorationen beauftragt. Der rechteckige Saal war eng und reichte durch zwei Geschosse bis unter den Dachstuhl. In diesem städtischen Theater fand die Operntradition des Franz Anton Sporck ihre Fortsetzung, zumindest wenn nicht gerade Tierhetzen, Zauberkünstler oder Seiltänzer auf dem Programmzettel standen. Unter der Direktion des Giovanni Locatelli konnte das Niveau der Bühne merkbar angehoben werden: Die Prager hörten nun die Opern von Johann Adolf Hasse und Christoph Willibald Gluck, von letzterem wurden mit *Ezio* (1750) und *Issipile* (1752) gar zwei Opern im Kotzentheater uraufgeführt. Im Frühjahr 1764 pachtete dann Giuseppe Bustelli das Kotzentheater, ein aus Brünn zugereister Impresario. Er nahm Sänger, Komödianten und Kapellmeister aus Italien unter Vertrag und vervollständigte seine Truppe durch heimische Orchestermusiker. Bustelli bespielte das Kotzentheater während dreier Spielzeiten, der Frühjahrs-, der Herbst- sowie der Karnevalssaison. Im Sommer blieb das Haus geschlossen, da die Künstler in der warmen Jahreszeit außerhalb der Stadt gastierten, etwa in Sachsen oder Karlsbad.

Das Kotzentheater in der Prager Altstadt.

Während sich also anderswo längst Widerstand gegen die tonangebenden italienischen „Operisten“ regte, hatte die „wälsche“ Oper mit glänzenden Erfolgen das Prager Publikum erobert. Neben Bustelli, der gleichzeitig auch Dresden mit italienischen Opern versorgte, hatte sich in Prag jedoch auch eine deutsche Schauspieltruppe dem deutschen Singspiel verschrieben. Ihr Direktor Johann Joseph Brunian ist mit einer kühnen Tat in die Prager Theaterannalen eingegangen: Der wackere deutsche Theaterpionier nahm 1771 mit dem Bühnenstück *Kníže Honzík* aus der Feder des tschechischen Dramatikers Prokop František Šedivý zum ersten Mal ein Theaterstück in tschechischer Sprache auf den Spielplan. Die deutschen Schauspieler der Brunianischen Schaubühne, genötigt in einer ihnen unverständlichen Sprache aufzutreten, fühlten sich begreiflicherweise unbehaglich, und auch das tschechische Publikum war von der mangelhaften Vorstellung nicht begeistert, so wurde das löbliche Unterfangen zu einem Mißerfolg. Die Glanzzeiten des Kotzentheaters neigten sich damals bereits ihrem Ende zu, und auch *Kníže Honzík* konnte an dem Niedergang der Bühne nichts ändern. Brunian verließ Prag 1779, gründete noch eine Wandertruppe in Deutschland und starb bald darauf in Armut.

Carl Wahr, der letzte Direktor des Kotzentheaters. Kupferstich von Q. Marck.

Nach Brunian versuchte der angesehene Theaterfachmann Carl Wahr sein Glück, doch auch er scheiterte in dem Bemühen, die Finanzen des Theaters zu ordnen. So war es nur mehr eine Frage der Zeit, bis das alte städtische Theaterhaus seine Pforten für immer schließen würde.

Franz Anton Graf von Nostitz.

Schließlich starb der Pächter Bustelli, und der böhmische Oberstburggraf[18] Franz Anton Nostitz folgte ihm 1781 ins Amt, jedoch nur für eine kurze Übergangsperiode, denn der Graf hatte sich beim Kaiser um die Bewilligung für den Bau eines neuen Theaters bemüht. Als dieses neue Haus, das spätere „Ständetheater“, dann auf dem Carolinplatz eröffnet wurde, hatte das nahe gelegene Kotzentheater endgültig ausgedient: Es wurde zu einem Malersaal und Kulissendepot umfunktioniert und zu einer Lagerstätte degradiert.

Seit 1779 das „Gräfl. Thunsche Theater“[19] auf dem 2
Pfarrplatz[20] seine Pforten geöffnet hatte, fanden die theaterbegeisterten Prager auch auf der stillen Kleinseite unter der Burg einen Ort, ihrer Leidenschaft zu frönen. Dort nämlich hatte sich ein Dresdner Ensemble etabliert, und der Impresario Pasquale Bondini, der gleichzeitig das deutsche Schauspiel in Dresden leitete, bespielte diese Bühne mit den Opern seiner Zeit. Wir werden diesem legendären Opernunternehmer später noch im Nostitzschen Theater und im Zusammenhang mit Mozart wiederbegegnen. Mit der

[18] Der Oberstburggraf war der Statthalter des Königs in Böhmen und der Vorsitzende des böhmischen Landesguberniums, in dem politische Fälle entschieden und Verordnungen erlassen wurden. Wichtige Vorfälle wurden vom Oberstburggrafen an die übergeordnete Instanz, die Böhmische Hofkanzlei in Wien, gemeldet.

[19] Theater im Thunschen Palast: Landtagsgasse [Sněmovní] 4 u. 6/176. In diesem aus dem 16. Jahrhundert stammenden und gegen Ende des 17. Jahrhunderts frühbarock umgestalteten Palast befand sich seit 1779 das erwähnte Theater.

[20] Früher auch Fünfkirchengasse [Pětikostelní ulice], entspricht der heutigen Sněmovní [Landtagsgasse].

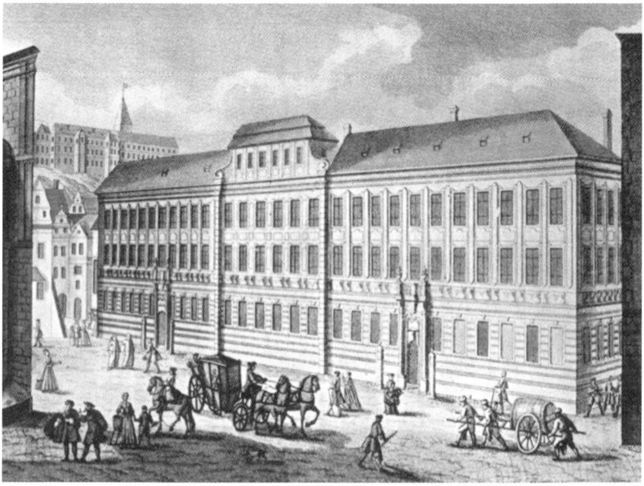

Das Thunsche Theater auf dem Kleinseitner Fünfkirchenplatz.

Oper *Il finto Pazzo per amore* von Antonio Sacchini feierte Bondini im September 1781 seinen Einstand im Thunschen Hause. Unter seiner Direktion entwickelte sich das gutbesuchte Theater zu einem ernsthaften Konkurrenten für das damals noch bespielte städtische Kotzentheater im Gallusviertel. Die Theaterherrlichkeit fand in den frühen Morgenstunden des 27. August 1794 ein Ende, als das Thunsche Theater auf dem Fünfkirchenplatz nach einer Feuersbrunst geschlossen werden mußte. In den Jahren 1801/02 wurde das Gebäude in klassizistischer Manier umgebaut, den Musen diente es nie mehr. Nach weiteren Umbauten im 19. Jahrhundert erhielt der Palast sein heutiges Aussehen. Im 20. Jahrhundert bemächtigte sich die Politik des Palastes, seit 1918 tagte der Senat der soeben aus der Taufe gehobenen ČSR in diesem Haus, gegenwärtig hat dort das Parlament der Tschechischen Republik seinen Sitz.

Auf dem Roßmarkt (Wenzelsplatz) wurde im Juli 1786 das sogenannte Vaterländische Nationaltheater eröffnet, die „Bouda", wie das aus Holz gezimmerte

Theatergebäude im Tschechischen genannt wurde. Unter Direktor Mihule gaben sowohl eine tschechische als auch eine deutsche Schauspielergesellschaft Vorstellungen in beiden Landessprachen. Unter den prominenten Gästen befand sich am 19. September 1786 auch Kaiser Joseph II. Die letzte Vorstellung in der „Bouda“ fand am 21. Juni 1789 statt, dann wurde das provisorische Gebäude abgebrochen und das Vaterländische Nationaltheater zog bis 1802 in die Hallen des ehemaligen Hibernerklosters, von wo es schließlich in ein Palais auf der Kleinseite hinüberwechselte. Im August 1805 übernahmen die Stände das Theaterprivilegium der Bühne und unterstellten es schließlich dem Ständetheater. Alle diese Bühnen sind sang- und klanglos verschwunden – nur eine Spielstätte des ausgehenden 18. Jahrhunderts hat bis heute überdauert: Das Theater, in dem 1787 Mozarts *Don Giovanni* uraufgeführt wurde.

Dieses klassizistische Theatergebäude, erbaut von 22
Franz Anton Reichsgraf von Nostitz-Rieneck, dem Oberstburggrafen des Königreiches Böhmen, trug ursprünglich den Namen „Gräflich Nostitzsches Nationaltheater“[21]. Ab 1799 hieß das Haus dann „Ständetheater“[22], im 19. Jahrhundert nannte man es auch „Königliches Landestheater“ oder „Königliches Nationaltheater“, zeitweise auch „Deutsches Landestheater“.

[21] Schon das Theater in den Kotzen wurde als „Nationaltheater“ bezeichnet, nach dessen Schließung ging die Bezeichnung auf das Ständetheater über. Heute versteht man unter „Nationaltheater“ das tschechische Nationaltheater (Národní divadlo) am Ufer der Moldau. Vor dem Hintergrund nationaler Fehden war es bei den Prager Deutschen bis ins 20. Jahrhundert hinein üblich, das Ständetheater als „Deutsches Nationaltheater“ vom „Nationaltheater“ der Tschechen abzugrenzen. Ersteres darf nicht mit dem „Neuen Deutschen“ Theater‘ verwechselt werden, das seit 1888 zu einer überregional bedeutenden Bühne der Prager Deutschen wurde. Dieses unweit des Nationalmuseums erbaute Theater wurde nach dem Zweiten Weltkrieg in „Smetanatheater“ [Smetanovo divadlo] umbenannt und wird heute als Staatsoper [Statní opera] geführt.

[22] Tsch.: Stavovské divadlo, Ecke Ovocný trh [Obstmarkt] 1 – Železná [Eisengasse] 11/540.

Am 7. Juni 1781 begannen die Bauarbeiten an dem Musentempel, mit der Bauleitung wurde der Prager Hofarchitekt Anton Haffenecker betraut. Dieser hatte schon die Front des Nostitzschen Palastes auf dem Malteserplatz[23] gestaltet. Nun war er also auserkoren, auf dem bis dato noch unverbauten Carolinplatz in der Altstadt, dem heutigen Obstmarkt, seine Kunst unter Beweis zu stellen. Nostitz hatte mit Haffenecker eine gute Wahl getroffen: Nach einer erstaunlich kurzen Bauzeit von nur zwei Jahren konnte das stolze Theatergebäude seiner Bestimmung übergeben werden.

Der in unmittelbarer Nachbarschaft zur alten Universität errichtete Musentempel ist seitdem zu einer wichtigen Dominante der Prager Altstadt geworden, und bis auf den heutigen Tag wirkt das Gebäude mit seinen vier korinthischen Säulen und der programmatischen Aufschrift „Patriae et Musis“ wie die zu Stein gewordene Theaterleidenschaft der Prager. Kein Wunder, daß manche Einwände gegen das Unternehmen des Grafen Nostitz vorgebracht wurden. Die Professoren der nahe gelegenen Universität fürchteten, daß die studierende Jugend durch lose Unterhaltungen abgelenkt werden könnte. Die Mauern des Theaters vor den Fenstern der Hochschule würden außerdem den Hörsälen das Licht nehmen, argumentierten die akademischen Würdenträger – vergeblich. Joseph II. ließ den Gelehrten ausrichten, daß sich das vom Theater ausgehende Licht mit dem Glanz der Hochschule vereinigen und den deutschen Nationalgeist noch mehr aufleuchten lassen würde. Dem war natürlich wenig entgegenzusetzen, und der

[23] Nostitzpalast: Maltézské náměstí [Malteserplatz] 1/471. Der Palast ist ein frühbarocker Neubau des 17. Jahrhunderts, sein heutiges Aussehen ist allerdings ein Resultat der wahrscheinlich von Anton Haffenecker durchgeführten spätbarocken Umbauten aus den Jahren vor 1762 sowie späterer klassizistischer Adaptationen. Der Palast befand sich bis 1945 im Eigentum der Adelsfamilie Nostitz.

Das Gräflich Nostitzsche Theater. Kolorierte Radierung nach einer Zeichnung von Leopold Peuckert, vor 1790.

Reichsgraf erhielt das kaiserliche Billigungsschreiben für den Bau seines Theaters. Wir dürfen annehmen, daß es gewichtige Gründe für diese Entscheidung gab, zumal der Neubau keineswegs im Einklang mit den Wiener Zentralisierungstendenzen stand. Aber Graf Nostitz argumentierte geschickt und appellierte an das Nationalgefühl der Böhmen: „Wie hoch ist das Wiener Nationaltheater unter dem Schutz seiner k. k. apostolischen Majestät emporgestiegen? Diesem erhabenen Beispiel haben alle deutschen Erbländer nachgeeifert; sollten wir Böhmen allein eine Ausnahme machen und weniger deutsches Blut in unseren Adern fühlen? Dies zu vermeiden, wird das Nationalspektakel in unserer Muttersprache mein Hauptaugenmerk sein". Wenn auch die Tschechen dieser Argumentation folgen konnten, so nur unter den ganz spezifischen politischen Verhältnissen im damaligen Prag. Auch Persönlichkeiten des deutschen Kulturlebens beteiligten sich mit großer Begeisterung an der slawischen Renaissance, ohne damit ihrer eigenen nationalen Identität untreu zu werden. Der böhmische Territorialismus einte immer noch die böhmischen Völker, und gemeinsam standen die um ihre Nationalsprache ringenden Tschechen und Deutschböhmen gegen den Einfluß der italienischen Oper – darin müssen wir die Stoßrichtung der damaligen Prager Kulturpolitik sehen.

Am 21. April 1783 wurden die Pforten des Hauses mit einer glanzvollen Aufführung von Lessings *Emilia Galotti* geöffnet. Nur kurze Zeit später setzte man mit der *Entführung aus dem Serail* zum ersten Mal in Prag eine Mozartoper aufs Programm, ein deutsches Singspiel. Die Wiener hatten mit Beifall auf dieses Werk reagiert, nicht wenige aber hatten die Uraufführung 1782 auch „verzischt". In Prag dagegen bejubelte man *Die Entführung* mit ungeteilter Zustimmung. Die deutsche Schau- und Singspielgemeinschaft des Schauspieldirektors Carl Wahr, die zu den besten Truppen in den österreichischen Erblanden gezählt wurde, hatte die Oper zunächst im alten „Nationaltheater in den Kotzen" einstudiert. Wegen finanzieller Schwierigkeiten mußte Wahr sich dann

Das Gräflich Nostitzsche Theater, links das Karolinum.

der Protektion des Grafen Nostitz anvertrauen und inszenierte die Mozartoper nicht nur für das Kotzentheater, sondern auch für das gerade im Bau befindliche Theater auf dem Carolinplatz. Die erstklassigen Kräfte in Carl Wahrs Ensemble, unter ihnen der Tenor Ignaz Walter aus Radowitz, bildeten einen Kontrapunkt zum immer noch vorherrschenden wälschen Repertoire auf der Kleinseite. Nicht Salieri, Gazzaniga und Cimarosa spielten sie, sondern Mozarts „Deutsche Operette", die etwa zwölf Mal aufgeführt wurde. Und stolz konnte Mozart seinem Vater am 6. Dezember 1783 nach Salzburg schreiben: „Meine teutsche opera *Entführung aus dem Serail* ist in Prag und Leipzig sehr gut und mit allem beyfall gegeben worden. beydes weis ich von leuten die sie aldort gesehen haben."

Die Prager Aufführung der *Entführung* muß ein durchschlagender Erfolg gewesen sein, Niemetschek berichtet davon:

„Ich kann den Beyfall und die Sensation, die sie in Wien erregte, nicht aus eigener Erfahrung beschreiben – aber ich bin Zeuge des Enthusiasmus gewesen, den sie bey ihrer Aufführung in Prag bey Kennern und Nichtkennern verursachte! Es war, als wenn das, was man hier bisher gehört und gekannt hatte, keine Musik gewesen wäre! Alles war hingerissen – alles staunte über die neuen Harmonien, über die originellen, bisher ungehörten Sätze der Blasinstrumente. Nun fingen die Böhmen an, seine Kompositionen zu suchen; und in eben dem Jahre hörte man schon in allen bessern Musikalischen Akademien, Mozarts Klavierstücke und Sinfonien. Von nun an war die Vorliebe der Böhmen für seine Werke entschieden! – Die größten Kenner und Künstler unserer Vaterstadt waren auch Mozarts größte Bewunderer, die feurigsten Verkünder seines Ruhms. – Vorzüglich der verehrte Herr Duschek, Kucharž, Praupner, Johann Koželuch, (nicht Leopold, der in Wien lebt) Loschek, Maschek und Kunz."

Franz Xaver Niemetschek, *W. A. Mozart's Leben*

Nicht lange nach der Eröffnung seines Theaters im Jahr 1784 engagierte Nostitz den erfahrenen italienischen Opernunternehmer Pasquale Bondini als „Impresario theatralischer Spektakel", und mit ihm band er den schon in Venedig, Warschau und Wien gerühmten Sänger und Regisseur Domenico Guardasoni an seine Bühne. Eine großartige Besetzung, mit der freilich wieder der „Wälschen Partei" die Vorherrschaft gesichert war. Guardasoni konnte unmißverständlich seine Sympathien verlautbaren: „Ein Gulden von meinen Italienern verdient, ist mir lieber als hundert Gulden Einnahme von einer deutschen Vorstellung". Den Wünschen seines Publikums fühlte er sich weniger verpflichtet: „Dem Publicum gefällt die Oper nicht, aber mir gefällt sie und deshalb wird sie wieder gegeben".

Elf Jahre besorgte Graf Nostitz mit diesem streitbaren Impresario die Geschicke des Hauses, bis es nach dessen Tod in den Besitz der böhmischen Stände gelangte. Anno 1806 schloß auch Guardasoni die Augen für immer, mit ihm endete die Geschichte der italienischen Operisten in Prag. Sein Nachfolger Karl Liebich läutete eine neue Ära ein, als „Papa Liebich" wurde er zu einer der populärsten Gestalten in der gesamten deutschsprachigen Bühnenwelt. Das Ständetheater war immer noch die führende Szene der Stadt und ein Anziehungspunkt nicht nur für die Prager, sondern auch für Fremde, die sich in der Stadt aufhielten. Zu diesen zählte etwa Johann Friedrich Reichardt, dessen *Briefe eines aufmerksam Reisenden, die Musik*

Domenico Guardasoni. Gravur von Medard Thoenert (1787).

betreffend uns einen Eindruck von der Atmosphäre dieser Spielhalle vermitteln: „Das Theater ist aber nicht viel größer als das zu Kassel, doch hat es einen vierten Rang Logen mehr. Sonderbar sieht es aber aus, daß die abonnierten, herrschaftlichen Logen nach dem Geschmack der Abonnenten verziert sind, bald mit grünen, blauen, bald mit gestreiften, buntfarbigen seidenen Draperien, bald glatt, bald gepufft, wie's jedem gefällt. Einer hat sogar sein in vergoldeter Stukkaturarbeit groß ausgeführtes Wappen über seiner Loge. Die Dekorationen und Vorhänge des Theaters waren desto weniger glänzend, meist alt und gewaschen; wahrscheinlich wohl nur für dieses alte Stück[24] so. Das Orchester ging gut zusammen; freilich war es nur eine kleine Musik, aber es spielte doch mit Ruhe und Diskretion, was andere Orchester gerade bei solchen Stücken am wenigsten zu tun pflegen."

Nach den Uraufführungen der Mozart-Opern in den Jahren 1787 und 1791 wurde im Ständetheater freilich noch mehrmals Theatergeschichte geschrieben, etwa zwischen 1813 und 1816, als hier Carl Maria von Weber als Operndirektor wirkte. Mit zeitgenössischen Opern brachte er neuen Schwung in das Theater. Als Höhepunkte seines Wirkens galten die Prager Inszenierung der Mozartoper *Così fan tutte*, die Uraufführung von Louis Spohrs Dreiakter *Faust* sowie die Erstaufführung der Beethovenoper *Fidelio*, auf die das Prager Publikum übrigens zurückhaltend reagierte. Zu Carl Maria von Webers Zeiten war Mozarts Nachruhm bereits in lichte Höhen gestiegen, Weber selbst blieb jedoch nach anfänglichen Erfolgen die Liebe und Verehrung vorenthalten, mit der man den Salzburger hier schon zu Lebzeiten überhäuft hatte. Weber ließ kein gutes Haar an der Stadt, lästerte sie als „großen Steinhaufen" und prangerte sie „als geistiges

[24] Die Rede ist von dem mit „viel Vergnügen" gehörten Singspiel *Das neue Sonntagskind* von Wenzel Müller.

Carl Maria von Weber ging nach seiner Zeit am Prager Ständetheater nach Dresden, wo er Kapellmeister der neu gegründeten deutschen Oper wurde.

Spital" an. Damit konnte er die Herzen der Prager natürlich nicht gewinnen, und so fühlte er sich hier gegen Ende seiner Prager Jahre zunehmend wie „vergraben", konnte mit dem Publikum nichts mehr anfangen und wähnte sich darüber hinaus unterbezahlt sowie durch lästige Dienstgeschäfte vom Komponieren abgehalten. Dabei hatte alles so gut angefangen:

„Prag begrüßte Weber im Jahr 1811 mit dem Bewußtsein des Rufes, die musikalischste Stadt Mitteleuropas zu sein. Weber sah in Prag die Stadt, die seit

Die legendäre deutsche Sängerin am Ständetheater Henriette Sontag feierte später besonders in London und Paris rauschende Erfolge. Stich aus den dreißiger Jahren des 19. Jahrhunderts.

Der tschechische Lieder- und Opernkomponist František Jan Škroup wirkte ab 1. September 1827 als zweiter Kapellmeister am Ständetheater und war von 1837 bis 1857 als erster Kapellmeister am Ständetheater vor allem für tschechische Aufführungen zuständig.

Mozarts Zeiten als die fortschrittlichste in der Musik galt. Weber wurde keineswegs enttäuscht. Prag war von Weber entzückt, Weber von Prag."

Karl Burrian, *Carl Maria von Weber*

Mochte Weber auch mit gemischten Gefühlen von Prag Abschied genommen haben, das Ständetheater erlebte in diesen Jahren eine goldene Ära und war Heimstätte einer Reihe großartiger Künstler. Da wirkte etwa die legendäre Schauspielerin und große Tragödin Sophie Schröder, die aus Hamburg an die Moldau geflüchtet war, weil sie im Theater eine Demonstration gegen die Franzosen entfacht hatte, den damaligen Erbfeind. Auch die unvergleichliche Sängerin Henriette Sontag, ein von Carl Maria von Weber entdeckter Zögling des Prager Konservatoriums, war am Ständetheater engagiert, ehe sie als begehrte Sängerin auf den großen Bühnen Europas Furore machte.

Trotz Liebichs Sympathien für das tschechische Theater dauerte es noch geraume Zeit, ehe erstmals eine tschechische Oper über die Bretter ging: Am 2. Februar 1826 gelangte František Jan Škroups Oper

[25] (tsch.) – Siebmacher, Kesselflicker.

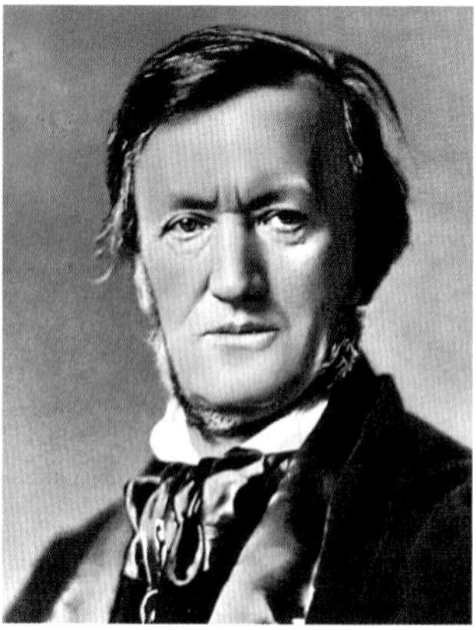

Richard Wagner hielt sich erstmals 1832 in Prag und danach noch oftmals in Böhmen auf: So etwa in Teplitz, wo er 1842 seinen *Tannhäuser* konzipierte, oder in Marienbad, wo er die Oper *Lohengrin* entwarf.

Drátenik[25] im Ständetheater zur Uraufführung, ein neues Kapitel Prager Operngeschichte war aufgetan. Einige Jahre später, 1834, erlebten die böhmischen Musikfreunde die legendäre Uraufführung der tschechischen Oper *Fidlovačka*[26] aus der Feder des Dichters und Dramatikers Josef Kajetán Tyl. Die Musik dazu stammte wieder von František Jan Škroup. In der *Fidlovačka* erklang erstmals die spätere Nationalhymne *Kde domov můj*[27]. Nach Josef Kajetán Tyl firmierte das Ständetheater im 20. Jahrhundert als „Tyl-Theater“ (1920 Divadlo J. K. Tyla, seit 1949 Tylovo divadlo), nach 1989 erinnerte man sich jedoch seines traditionellen Namens.

Viele namhafte Künstler gastierten über die Jahrzehnte hinweg in diesem Haus, unter ihnen im Dezember 1828 Niccolò Paganini und 1847 Clara Schumann. Auch Richard Wagner weilte mehrmals an der Moldau. Im Jahr 1854 dirigierte er im Ständetheater seine romantische Oper *Tannhäuser und der Sängerkrieg auf der Wartburg*, 1856 war er zur Aufführung seines Musikdramas *Lohengrin* in Prag, und

[26] Die „Fidlovačka“ war das beliebte Frühlingsfest der Schuster.
[27] (tsch.) – Wo meine Heimat ist.

1863 folgte der Komponist einer Einladung zur Festaufführung des *Fliegenden Holländers.*

In den siebziger Jahren des 19. Jahrhunderts wurde das Theater dann um eine Etage aufgestockt und der gesamte Innenraum wurde in der Manier der damals populären Neorenaissance umgestaltet. In den Jahren 1881 und 1882 kamen die gußeisernen Pawlatschen an den Gebäudeaußenseiten hinzu.

Ab 1885 wirkte Gustav Mahler als Kapellmeister am Ständetheater, ehe er Operndirektor in Budapest wurde und schließlich Direktor der Wiener Hofoper. In einem Brief an seine Eltern bezog sich Mahler auf eine Aufführung des *Don Giovanni*, die er am 6. September 1885 dirigierte: „Heute abend dirigire ich *Don Juan*, und das ist ein Zeichen besonderen Vertrauens Neumann[s], da er mir gerade diese Oper übergiebt, weil dieselbe für Prag von großer Bedeutung ist, denn sie ist von Mozart für Prag selbst componirt, und von ihm selbst hier einstudirt und dirigirt worden. Die Prager mache[n] gerade da die *größten* Ansprüche. Die Zeitungen hauptsächlich das *Tagblatt* werden voraussichtlich über mich herfallen, denn das sage ich schon voraus, daß sie alle schreien werden[:] Wehe! Wehe! die ‚Tradition' ist beim Teufel!"

Fünfundzwanzig Jahre war Gustav Mahler alt, als er als Opernkapellmeister an das Prager Ständetheater kam.

Die wechselvolle Geschichte des Ständetheaters spiegelt die glanzvollen Perioden, aber auch die Katastrophen der politischen Landesgeschichte wider. Die über lange Zeit hinweg in beiden Landessprachen bespielte Bühne wurde während der Besatzungsjahre ab 1939 deutsch bespielt, seit 1945 ist das Ständetheater tschechisch: Dem deutschen Prag hatten Krieg und Vertreibung ein unwiderrufliches Ende bereitet.

Kurz bevor das Haus 1983 wegen Renovierungsarbeiten für mehrere Jahre geschlossen wurde, drehte hier der tschechisch-amerikanische Regisseur Miloš Forman einige Szenen seines Mozartfilms *Amadeus*. Der Streifen wurde zu einem der größten Kassenschlager in der Geschichte des Genres.

Das nächtliche Ständetheater in der Altstadt.

Auf der Flucht vor den Pocken nach Brünn und Olmütz

Wie eine Ouvertüre zu Mozarts späteren Reisen nach Prag mutet uns jene Fahrt an, die den Elfjährigen im Kreise seiner Familie nach Mähren führte. Er war im Land an der March kein Unbekannter mehr: Durch halb Europa war er bereits getingelt, und Fürsten und Majestäten hatten ihn mit ihrer Gunst beschenkt. Auch in Wien, wo er der mütterlichen Kaiserin Maria Theresia ein „Busserl" auf die erlauchte Wange hatte drücken dürfen, war das Wunderkind vor nicht allzu langer Zeit gefeiert worden. Der vorausblickende Vater aber wußte nur zu gut von der Vergänglichkeit dieses Ruhms und der Unerbittlichkeit der Zeit, und so versuchte er, den Namen Mozart in Erinnerung zu rufen, wann auch immer es sich ergab.

Eine solche Gelegenheit bot sich, als man 1767 am Wiener Hof zu einer Hochzeit rüstete. Eine Tochter der Kaiserin sollte mit König Ferdinand IV. von Neapel vermählt werden. Auch die Familie Mozart hatte sich auf den Weg in die Kaiserstadt gemacht, um sich vor der königlichen und fürstlichen Hochzeitsgemeinde zu produzieren. Nach einer viertägigen Kutschfahrt trafen sie am 15. September, einem Dienstag, in Wien ein und bezogen Quartier bei dem Goldschmied

Der elfjährige Mozart etwa zum Zeitpunkt seiner Reise nach Brünn und Olmütz. Ölgemälde von J. van der Smissen.

Schmalecker im Gariboldischen Haus in der damaligen Weihburggasse Nr. 3. Die Reise stand von Anfang an unter keinem guten Stern. Leopold Mozart beklagte sich über das schlechte Wetter, in Wien regnete es „ganz abscheulich" und ohne Ende.

Mit viel größerem Mißvergnügen vermeldete Leopold Mozart am 7. Oktober, daß in Wien die „Kindsblattern" umgingen. Die Blattern oder Pocken (Variola) waren eine bis ins 20. Jahrhundert hinein epidemisch auftretende Kinder- und Jugendkrankheit, die in leichteren Fällen unter Hinterlassung charakteristischer Narben ausheilte und dann eine lebenslange Immunität verlieh. Gefürchtet waren vor allem die „Schwarzen Blattern", die mit einer lebensbedrohlichen Blutungsneigung einhergingen und viele Todesopfer forderten.

Die Seuche überschattete die emsigen Vorbereitungen zum Hochzeitsfest, und obwohl die Krankheit angeblich von guter Art war, fürchtete sich jedermann ungemein. Da traf die Nachricht ein, daß auch die erst

Johann Nepomuk della Croce: *Die Familie Mozart 1780* (von links: die Schwester Maria Anna „Nannerl", Wolfgang, im gerahmten Bild die Mutter Anna Maria und rechts Vater Leopold).

siebzehnjährige Braut, Erzherzogin Maria Josepha Gabriela, Maria Theresias neuntes Kind, krank darnieder lag. Noch am 14. Oktober schrieb Leopold Mozart nach Salzburg, daß es mit der Herzogin „passabl" gehen sollte, räumte aber ein, daß kein Mensch die rechte Wahrheit wissen könne. Am 15. Oktober 1767 machte die Nachricht von der Vermählung der schönen Prinzessin mit dem himmlischen Bräutigam alle Hoffnungen zunichte, mit denen die Mozarts nach Wien gekommen waren. Zum Andenken schrieb Wolfgang der verstorbenen Braut das als Fragment erhaltene Duett für zwei Soprane *Ach, was müssen wir erfahren.*

Den Wienern war die Lust zum Feiern gründlich vergangen, man sprach in der Kaiserstadt von nichts anderem als von den Blattern. Die Sorgen raubten auch Vater Mozart den Schlaf, hatte doch die Krankheit mittlerweile beim Goldschmied Schmalecker Einzug gehalten, wo man logierte. Leopold Mozart handelte ohne Zeit zu verlieren. Zuerst brachte er Wolfgang in Sicherheit zu einem guten Freund, vielleicht Alexandre-Louis Laugier, dem Leibarzt Maria Theresias, oder Franz Xaver Peisser von Werthenau, dessen Wohnung etwa einen Kilometer vom Gariboldischen Haus entfernt lag, wo der Rest der Familie verblieben war. Nach einigen Tagen, am 23. Oktober, war alles vorbereitet, um die ganze Familie aus dem verseuchten Wien weg zu bringen. Leopold Mozart fuhr nicht etwa zurück nach Salzburg, sondern weiter ins sonnige Mähren, wo man wohlwollende Bekannte wußte.

Erste Anlaufstelle war das nahe Brünn, wo man dem mährischen Landeshauptmann Franz Anton Xaver Graf von Schrattenbach, dem Bruder des Salzburger Erzbischofs[28], sowie seiner Tochter Maria Augusta

[28] Gemeint ist der Salzburger Fürsterzbischof Siegmund Christoph von Schrattenbach.

Der Palast des Landeshauptmannes Schrattenbach in Brünn.

von Herberstein einen Besuch im gräflichen Palais[29] abstattete. Von einem Konzert für den Brünner Adel war da die Rede, doch da Leopold Mozart weiter nach Olmütz wollte, verschob man die Darbietung auf einen späteren Zeitpunkt. Man versprach, sich auf der Rückreise wieder in Brünn einzufinden, was noch dazu mit dem Vorteil verbunden war, daß der Adel dann vollzählig von seinen Landgütern zurück sein würde. Nach einem neuerlichen Besuch beim Landeshauptmann Schrattenbach brach die Familie am Montag, dem 26. Oktober, nach der etwa eine Tagesreise entfernten Bischofsstadt Olmütz auf.

[29] In diesem von dem niederbayerischen Architekten Moritz Grimm erbauten Brünner Palast ist heute eine Bibliothek untergebracht [Mahenova knihovna]: Krapfengasse [Kobližná] 4. Eine Gedenktafel von J. T. Fischer mit der tschechischen Inschrift „Zde bydlel W. A. Mozart v prosinci 1767 v lednu 1768" („Hier wohnte W. A. Mozart im Dezember 1767 [und] im Januar 1768") erinnert an Mozarts Aufenthalt.

Der Gasthof „Zum Schwarzen Adler“ in Olmütz.

In dem wenige Stunden östlich von Brünn gelegenen Wischau[30] nutzten die Reisenden die Mittagsrast, um die von der Fahrt ramponierte Kutsche reparieren zu lassen. Gegen Abend erreichte die Familie Olmütz, wo sie in einem schlechten, feuchten Zimmer im Olmützer Gasthof „Zum Schwarzen Adler“[31] Quartier nahm. Am selben Abend zeigten sich bei Wolfgang die ersten Symptome der Krankheit. Leopold Mozart versuchte zunächst, seinem Sohn mit den „Schwarz- und Markgrafenpulvern“[32] aus der Reiseapotheke Linderung zu verschaffen, entschied sich jedoch am 28. Oktober, beim Domdechanten Leopold Anton Franz de Paula Graf von Podstatsky, dem Generalvikar des Olmützer

[30] Tsch.: Vyškov. Wischau war eine kleine deutsche Sprachinsel in Mähren zwischen Brünn und Olmütz.
[31] Hauenschild-Palast, Niederring [Dolní náměstí] 38.
[32] Schwarzpulver (Pulvis epilepticus niger) und Mar[k]grafenpulver (Pulvis magnesiae cum rheo) wurden als schweißtreibende Mittel verwendet.

Bischof Johann Leopold Hay von Fulnek (nach A. Leicher).

Erzbischofs, um Hilfe zu bitten. Der freundliche Geistliche reagierte unverzüglich und ließ alsgleich die verängstigte Familie „zu sich nehmen, indem er die Blattern gar nicht scheu[t]e". Er ließ den Hausmeister rufen, befahl ihm, zwei Zimmer in Ordnung zu bringen, und schickte nach einem Medico, „der ... [sie] im ‚Schwarzen Adler' besuchen" sollte.

Nach dem Besuch des Arztes und Leibmedicus Joseph Wolff[33] wurde der fiebernde Wolfgang am Nachmittag in „Tücher und Pelze eingepackt und in den Wagen getragen", sodann in die Kapiteldechantei auf dem Olmützer St. Wenzel-Platz[34] geführt. Vielleicht half auch Nepomucena Wolff beim Krankentransport, die Tochter des behandelnden Arztes. Mozart hat ihr später zum Dank eine Arie geschrieben.[35]

Neun Tage lang, so erinnerte sich die Schwester Maria Anna Jahrzehnte später, soll Wolfgang nicht gesehen haben und noch „etwelche" Wochen nach der Genesung mußte er die Augen schonen. Das war für den Buben freilich eine Qual, und es fügte sich glücklich, daß ihn der Kaplan und spätere Bischof von Königgrätz, Johann Leopold Hay von Fulnek,

[33] Er wohnte auf dem Olmützer Niederring [Dolní náměstí] 16.
[34] Für den Vorgängerbau des nunmehrigen St. Wenzel-Doms schrieb Ludwig van Beethoven seine *Missa solemnis*.
[35] Leopold Mozart am 28. Mai 1778 an Frau und Sohn: „von Ollmütz war der Leibmedicus Wolf mit da, für dessen Töchterl damals der Wolfg: eine Arie in Ollmütz Componiert hat."

Die Kapiteldechantei auf dem St. Wenzels-Platz in Olmütz (Farbansichtskarte um 1900).

fast täglich besuchte und ihm mit allerlei Kartenkunststücken die Zeit verkürzte. Auch der dortige Fechtmeister besuchte den kranken Knaben und wies ihn bei dieser Gelegenheit in die Grundlagen der Fechtkunst ein, zumindest soweit es die Kräfte des Rekonvaleszenten erlaubten.

Die Krankheit war durchaus lebensbedrohlich, und die Eltern hofften, daß auch diesmal wieder ein gnädiges Schicksal das Ärgste abwenden möchte, wie seinerzeit in London, als der Vater seiner letzten Stunde nahe zu sein meinte.

Am 10. November 1767 konnte Leopold Mozart endlich seinem Salzburger Freund Lorenz Hagenauer berichten:

„Ollmütz den 10.ten Novb: 1767.

Te Deum Laudamus!
Der Wolfgangerl hat die Blattern glücklich überstanden!
Und wo? – – – in Ollmitz!
Und wo? – – – In der Residenz
S:r Excellenz Herrn Grafen Podstatsky.

Sie werden aus meinen vorgehenden Schreiben schon bemercket haben, daß in Wienn alles verwirrt unter einander gegangen. Nun muß ich ihnen einige besondere Sachen erzehlen, die uns alleine angehen, und daraus sie sehen werden, wie die göttliche Vorsehung alles so zusammen verbindet, daß wir, wenn wir uns derselben mit gänzlichem Vertrauen überlassen, unser Schicksaal nicht verfehlen können. Wie betrübt es am Wienerischen Hofe zu gegangen eben zu der Zeit, wo es für uns am besten hätte ausfallen können, wissen sie ohnedem. [...]

Das ehemalige Landhaus in Brünn.

Ich war entschlossen gleich nach dem Todt der Prinzessin Braut nach Mähren zu gehen, bis die erste Traurigkeit in Wienn in etwas vorbey wäre; Allein man ließ uns nicht weg, indem S:e Majestätt der Kayser so oft von uns sprach, daß man nie sicher war, wenn es ihm einfiel, uns kommen zu lassen: so bald aber die Erzherzogin Elisabeth sich übel befand, ließ ich mich von nichts mehr aufhalten, dann ich konnte den Augenblick kaum erwarten, meinen Wolfgang: aus dem mit den Blattern gänzlich angesteckten Wienn in eine andere Luft zu führen.
Wir dachten den 23. octob: in der Fruhe abzureisen: allein da es der schöne Gebrauch in Wienn ist, daß man die Postpferde gemeiniglich um einen halben Tag später bekommt; so kammen wir erst Nachmittags weg. am Samstage waren wir in Brünn. Ich machte mit dem Wolfgang: bey S:r Excellenz Grafen von Schrattenbach und Gräfin von Herberstein meine Aufwartung. Es wurde von einem Concert gesprochen, um die Kinder zu hören; und wircklich alles abgeredt. Allein ich hatte einen gewissen innerlichen Trieb, den ich mir nicht aus dem Kopfe bringen konnte, und der mir auf einmal kam gleich nach Olmütz fortzureisen, und das Concert in Brünn bey der Zuruckkunft zu machen, so daß ich den nämlichen Sontag Abends S:r Excellenz, noch darüber meine Vorstellungen machte, welche es auch um so mehr für gut fanden, weil bis dahin die noch auf dem Lande sich befindende Noblesse alle in der Statt seyn würde. Wir packten demnach wieder geschwind zusammen und Montags den 26. fuhren wir nach Ollmitz, wo wir etwas später anlangten, weil in Wischau über dem Mittagsessen an unserm Wagen etwas zu machen ware, wo uns der Schmitt 3. Stunde mit seiner Arbeit aufhielt. Wir hatten den verdruß, daß wir bey dem Schwarzen Adler, wo wir hinfuhren, ein schlechtes feuchtes Zimmer beziechen mussten, weil die wenig anderen bessern besetzt waren. Wir waren also gezwungen ein wenig einfeuern zu lassen; und siehe

ein anderer verdruß der Ofen rauchte, daß wir fast blind wurden. Um zehen Uhr klagte der Wolfgang: seine Augen; allein, ich bemerckte, daß er einen warmen Kopf, heisse und sehr rothe wangen, hingegen Hände, wie Eiß, so kalt hatte. die Puls war auch nicht richtig; wir gaben ihm also etwas Schwarz Pulver und legten ihn schlafen. die Nacht hindurch war er zimmlich unruhig, und die trockenen Hitzen hielten am Morgen immer noch an. Man gab uns 2. bessere Zimmer; wir wickelten den Wolfgang: in Beltze ein und wanderten also mit ihm in die anderen Zimmer. Die Hitze nahm zu; wir gaben ihm etwas Margrafen Pulver und Schwarz Pulver. gegen dem Abend fieng er an zu phantasiren; und so war die ganze Nacht und der Morgen den 28.ten Nach der Kirche gieng ich zu S:r Excellenz Grafen von Podstatsky der mich mit grosser Gnade empfieng; und als ich ihn sagte, daß mein kleiner kranck geworden, und ich vorsehe, daß er etwa Blattern bekommen möchte, so sagte er mir, daß er uns zu sich nehmen wollte, indem er die Blattern gar nicht scheuete. Er ließ gleich den Hausmeister ruffen, befahl ihm 2. Zimmer in Ordnung zu bringen, schickte gleich zu seinem Medico, daß selber uns im Schwarzen Adler besuchen sollte.

Nun kam es nur darauf an, ob es noch thunlich ware, das Kind weiter zu bringen. Der Medicus sagte ia! Weil noch kein Ausschlag zugegen wäre, und man noch nicht einmal gewiß wäre, daß es die Blattern würden.

Nachmittags um 4. Uhr wurde der Wolfgang: in Lederne Lainlachen und Beltze eingepackt, und in den Wagen getragen, und so fuhr ich mit ihm in die Domdechantey. Den 29.ten sache man einige kleine rothe Flecken, allein wir zweifeln alle noch an den Blattern, weil er nicht mehr viel Kranck ware; und er nahm nichts als alle 6. Stund ein Pulver. [...]

Den 30. und 31. *an seinem Nahmenstage* kamen die Blattern völlig heraus, und diese Täge und folgende nahm er folgendes [...].

So bald die Blattern heraus kammen, war alle alteration weg, und, Gott Lob! er befand sich immer gut. Er war sehr voll, und da er erstaunlich geschwollen, und eine dicke Nase hatte, und sich in Spiegel besache, so sagte er: *nun sehe ich den Mayrl gleich*, er

Empfang der Kaiserin Maria Theresia und ihres Gemahls Kaiser Franz I. anläßlich ihres Besuches in Olmütz (Juni 1748).

verstunde den Herrn Musicum Mayr. Seit gestern fallen die Blattern da und dort ab; und alle Geschwulst ist schon seit 2. Tagen weg. [...]

Ich lass ihnen auch und ganz Salzburg zu betrachten über, wie wunderbahrlich wir durch unser Schicksaal nach Ollmütz gezogen worden; und wie ausserordentlich es ist, daß seine Excellenz graf von Podstatsky, aus aigenem Triebe, uns mit einem Kinde aufgenommen, welches die Blattern bekommen solte. Ich will nichts melden mit was für Gütte, gnade und Überfluß wir in allem bedienet sind; ich will nur fragen, wie viele es etwa noch dergleichen geben möchte, die eine ganze familie mit einem Kinde, daß in solchen Umständen ist, und noch dazu aus aigenem Trieb der Menschenliebe, in einer Wohnung aufnehmen würde? [...]

Eine Sorge liegt mir noch am Herzen, nämlich, daß mein Mädl auch möchte die Blattern bekommen, denn wer weis, ob die etlichen Blattern, die sie hatte, die rechten waren?

Etwas an sie Alleine.

Die 6 Synfonien, so h: Estlinger geschrieben müssen wohl zusammengerollet und mit der Aufschrift: *A son Altesse S: S.me Le Prince de Fürstemberg etc: à Donaueschingen*, dem Postwagen übergeben werden. Einen Brief an den Fürsten werde von hieraus schreiben: Das Concert à 2 Clav: vom Wagenseil muß dem H: Gesner zu den anderen gedruckten Sonaten nach Zürich beygelegt werden. übrigens sehen sie wohl wie krumm alles gegangen, und da wir glaubten daß alles

Mozarts Vater Leopold. Stich von Jakob Andreas Friedrich nach Matthias Gottfried Eichler.

übel gegangen, so hat Gott uns mit der Grossen Gnade erfüllet und unsern lieben Wolfg: die Blattern glückl: überstehen lassen. Nun achte ich gar nichts, so nur dieses gut vorbey ist. ich habe vor meiner Abreise aus Wienn wieder 30 duccaten von H: Peisser empf: und werde ehe, von Olmitz abgehe, wohl wieder so viel bey seinen freund, an den er mich angewiesen nehmen müssen. basta! wer weis, wem der vatter den schimmel schenkt! – – Was sagen sie von der Aufführung des Grafen v. Podsdatzky gegen uns? – verdiente eine solche that nicht, daß S^e: Hochf: Gnaden *wo nicht selbst*, doch wenigstens durch seinen H: Bruder in Brünn oder durch den Grafen von Herberstein, oder aller mindestens durch ein Schreiben vom H: Beichtvatter oder H: Hofkanzler sich auf eine gewisse Art, wo nicht bedanken, doch wenigst sein Wohlgefallen bezeigen sollte. bringen sie etwas auf die bahn! ich bitte sie."

Mozart, *Briefe und Aufzeichnungen*

Seit 1937 erinnert eine schöne Gedenktafel mit einer Inschrift in lateinischer Sprache[36] an den Aufenthalt des kranken Mozart in der Olmützer Domdechantei.

Nachdem Wolfgang sich wieder besser fühlte, erkrankte Mitte November auch noch seine Schwester Nannerl. Nach zwei Wochen bangen Zuwartens konnte Leopold Mozart wieder vermelden, daß die Blattern glücklich überstanden seien und seiner Tochter gar nichts, wohingegen dem „Wolfgangerl" ein wenig anzusehen sein werde. War Nannerl auch nicht so schwer erkrankt wie ihr Bruder, in dessen Gesicht sich die Narben der überstandenen Pocken

[36] Die Inschrift an der Olmützer Domdechantei lautet: „In hac domo invitante decano capitulari Podstatzky-Liechtenstein Wolfgang Amadeus Mozart undecim annos natus a die 28. X. ad diem 23. XII. 1767 commoratus est". (In diesem Hause verweilte der elfjährige Wolfgang Amadeus Mozart auf Einladung von Kapitel-Dekan Podstatzky-Liechtenstein vom 28. 10. bis 23. 12. 1767.)

zeigten, so mußte der Aufenthalt doch bis in den späten Dezember hinein ausgedehnt werden. Da war nun Zeit genug, einige bedeutende und einflußreiche Olmützer und Brünner Domherren aufzusuchen und sich wieder der Musik zu widmen. So brachte Mozart in Olmütz etwa Teile der *F-Dur-Symphonie* zu Papier, der fünften vollständig erhaltenen Symphonie des jungen Tondichters. Und es war auch Gelegenheit, die schöne und alte Stadt in Augenschein zu nehmen, in der schon seit 1063 Bischöfe residierten. Dem Salzburger Leopold Mozart war das erzbischöfliche Olmütz nicht ganz fremd, bestanden doch manche verwandtschaftliche und auch geistige Bande zwischen den beiden malerischen Städten. Manches dürfte Leopold Mozart auch von Wenzel Hebelt, seinem zeitweisen Stellvertreter, dem Violinisten an der Salzburger Hofkapelle vernommen haben, der ja „vom heiligen Berg in Mähren" herstammte, also dem Wallfahrtsort Svatý Kopeček bei Olmütz, wo ehemals die Erzbischöfe ihren Sitz hatten. Die Familie unternahm Spaziergänge um die Festungswerke herum oder auf dem „Rhadischen Weg", wie Leopold in einem Brief an Lorenz Hagenauer schrieb. Freilich waren weniger Menschen in den Gassen als in Wien, doch immerhin begegneten ihnen viele Geistliche und Soldaten, dazu manche Studenten und noble Herren, etwa jene aus dem Gefolge des Fürsten von Kremsier, der am 29. November 1767 in Olmütz erwartet wurde. Natürlich interessierten sich die Reisenden auch für das Olmützer Musikleben, hörten etwa Darbietungen im Dom, deren Qualität jedoch mäßig war. Vater Leopold fühlte sich an die Komödianten im Salzburger „Oxenstall" erinnert und nörgelte über die zu hohen Eintrittspreise.

Am 23. Dezember 1767, dem Vorabend des Weihnachtsfestes, verließ die Familie Mozart das gastfreie

[37] Zelný trh [Krautmarkt] 4.

Olmütz, und am Heiligen Abend trafen die Reisenden erneut in Brünn ein. Zwei winterliche Wochen verbrachten sie nun im Palais des Landeshauptmannes Franz Anton Xaver Graf von Schrattenbach in der Krapfengasse Nr. 4 und empfingen da vom „brünnischen Adel hohe Gnaden und sonderbare Achtung“. Namentlich der Domherr am Brünner Petersberg, Johann Karl Joseph Graf Herberstein, zeigte sich den Salzburger Gästen geneigt. Am 30. Dezember konzertierten die Kinder in der Redute auf dem Krautmarkt[37], wo sie von der Kapelle des Turmkapellmeisters Abraham Fischer accompagniert wurden.
Zehn Tage später, am 9. Januar 1768, brachte ein mit vier Postpferden bespannter Wagen die Familie trotz Schnee und Sturm zurück nach Wien. Gleich nach der Ankunft konnte Leopold Mozart von seinen Reiseerlebnissen berichten:

„Wienn den 12.ten Jänner 1768.

Glückseeliges Neues Jahr!

Denn dieser ist, mit Gott, der erste Brief in diesem Jahr! Ich zweifle an dero und dero sammtlichen

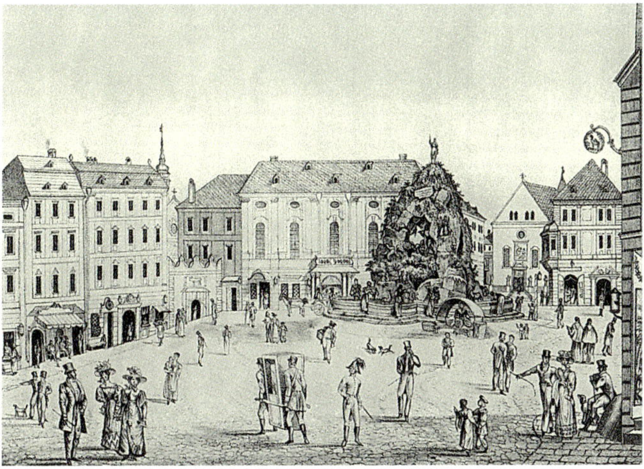

Der „Krautmarkt“ mit der Dreifaltigkeitssäule von 1728 in Brünn.

angehörigen besten Wohlseyn gar nicht; wenigst hofe und wünsche ich es von Herzen, so wie wir uns alle sehr wohl befinden. Daß wir 14. Tage in Brünn (wo wir heil: Weinacht Abend angelangt) uns aufhalten, wird aus denen Briefen Tit: S:^{r} Excellenz Gräfin Herberstein in Salzburg ohnfehlbar bekannt seyn. Die Gnaden die wir in dem hochgräflich Schrattenbachischen hause empfangen, und die sonderbare Achtung die S:^{e} Excellenz so wohl, als der sammt: Brünnische hoche Adl für uns hatten, werde S:^{r} hochfürst: Gnaden unsern gnädigsten Herrn etc. seiner Zeit umständlich anzupreisen nicht ermanglen. Wir sind den 9.ten aus Brünn abgereiset; und obwohl der auf die grausame frühe Kälte eingefallene ungemein häufige Schnee die Strassen so bedecket, und der Wind die Weege mann hoch überwehet, und mit schnee bedecket hatte, daß die Posten theils ausgeblieben theils später eingetroffen und der Postwagen 9. Stunden auf einem Platze allein stecken geblieben; so sind wir doch glücklich mit 4. Postpferden den nämlichen Abend um 6. Uhr in Poyßdorff angelanget: Wo wir aber 6. Pferde nahmen und Sonntags den 10. diess um 8. Uhr wegfuhren und Abends schon um 5. Uhr auf dem Tabor unter den Händen der Visitierer waren, die uns bald abgefertiget hatten. Wir haben den erstaunlich häufigen Schnee so glücklich durchschnitten, daß wir niemals umgeworffen worden, obwohl es ein paar mahl sehr nahe daran ware. Was dergleichen Reisen für Geld kosten lässt sich leicht einbilden. War in Salzburg auch eine so grausame Kälte? und fiel auch so viel Schnee? Seit heute frühe ist ein wärmere Witterung eingefallen, und es ist abscheulich anzusehen, was hier für koth, und gewässer in allen Gassen ist, ohnerachtet viel 100. Fuhren beschäftiget waren den Schnee aus der Statt zu führen. [...]“

Mozart, *Briefe und Aufzeichnungen*

Mozarts Prager Freunde Josepha und Franz Duschek

Die Prager Eheleute Josepha und Franz Duschek, zwei ganz den Musen verpflichtete Künstlerseelen, sie Prager Deutsche, er Tscheche aus dem ostböhmischen Dorf Chotěborky, gehören untrennbar zu Mozarts Prager Itinerarium. Mit ihrer Gastfreundschaft und Verbundenheit zu Mozart haben sie sich einen Ehrenplatz in der Musikgeschichte erworben.

Josepha Duschek wurde am 7. März 1754 geboren als Tochter des wohlhabenden Prager Apothekers Anton Adalbert Hampacher[38] und seiner aus Salzburg stammenden Gattin Maria Domenica Colomba, geb. Weiser. Der Vater war aus dem südböhmischen Städtchen Schüttenhofen nach Prag gekommen, die mütterlichen Vorfahren Josephas waren ehrbare Salzburger Bürgers- und Handelsleute, der zu Weihnachten 1785 verstorbene Großvater Ignaz Anton, verehelicht mit der Augsburgerin Maria Theresia Brentana, sogar Stadtkämmerer und Bürgermeister. Die Salzburger Stadtannalen wissen zu berichten, daß dieser wackere Mann mit dem Erzbischof in Konflikt geraten sei, da er mit dem Bau des Hoftheaters die Stadtfinanzen gar zu arg belastet habe – die Theaterleidenschaft lag der Familie offenbar im Blut. Von dieser Salzburger Verbindung her dürfte sich die Bekanntschaft der Familien Mozart und Duschek ableiten, die schon bestand, als Wolfgang Amadeus Mozart noch ein Kind war.

Die Apotheke von Josephas Vater befand sich im Haus „Zum Weißen Einhorn“, einem mittelalterlichen, 18
im Jahr 1725 barock erneuerten Bürgerhaus auf dem Altstädter Ring[39], in dem die Apothekertradition bis ins 20. Jahrhundert hinein fortdauerte. Nach dem Tod des Vaters zog das erst zwölf Jahre zählende Mädchen

[38] Oder auch Hambacher.

[39] Haus „Zum Weißen Einhorn“: Staroměstské náměstí [Altstädter Ring] 19/551.

Josepha Duschecks Wohnhaus in der Zeltnergasse (Celetná).

Das Geburtshaus von Franz Xaver Duschek in Chotěborky.

mit seiner Mutter in das
damals noch einstöckige
Haus „Zur Schwarzen Son- 19
ne“ in der nahen Zeltner-
gasse[40]. In diesem Haus hatte auch ein alter Bekannter der Familie Hampacher seine Wohnung bezogen – der tschechische Musikpädagoge Franz Xaver Duschek. Er erteilte der jungen Josepha Klavier- und Gesangsunterricht, und bei den Instruktionsstunden dürften die beiden einander näher gekommen sein: Josepha und Franz wurden ein Paar.

Am 21. Oktober 1776 schlossen die zweiundzwanzigjährige Josepha und ihr schon im fünfundvierzigsten Lebensjahr stehender Musiklehrer in der Theinkirche auf dem Altstädter Ring den Bund fürs Leben, der Prager Organist Joseph Ferdinand Seger wurde zum Trauzeugen bestimmt. Josephas Bräutigam war ein über die Landesgrenzen hinaus bekannter Pianist und von seinen Schülern höchst verehrter Musikpädagoge, der aus einfachen ländlichen Verhältnissen stammte. Seine Begabung zeigte sich schon früh, und so wurde ihm die Unterstützung seines musikinteressierten Grundherrn, des Oberstlandjägermeisters Johann Karl Graf

[40] Haus „Zur Schwarzen Sonne“: Celetná [Zeltnergasse] 8/556.

Sonate in C für Cembalo von Franz X. Duschek.

von Sporck zuteil, der selbst „auf dem Violoncell wohl zu Hause" war. Zunächst studierte Duschek am Jesuitenseminar zu Königgrätz, verließ jedoch nach einer Verunstaltung infolge eines unglücklichen Sturzes das Seminar und widmete sich ausschließlich der Musik. Graf Sporck schickte ihn nach Wien, wo er bei Georg Christoph Wagenseil Unterweisung im Klavierspiel erhielt und erstmals auch Mozart begegnet sein dürfte. Als vorzüglicher Klavierspieler zog Duschek schließlich nach Prag, wo er bald zu einer „wahren Säule der sich noch erhaltenden Tonkunst" wurde, wie es das *Jahrbuch der Tonkunst* ausdrückte.

Im Sommer 1777 waren die frischvermählten Eheleute Duschek nach Salzburg gekommen, um Josephas Großvater zu besuchen. Während dieses Aufenthalts begegnete die reizvolle und kluge Dame erstmals dem um zwei Jahre jüngeren Wolfgang Amadeus Mozart. Von diesem Zusammentreffen sind keine Details bekannt, aber Josepha Duschek muß Mozart gefallen haben, zumindest wenn man die Arie *Ah, lo previdi! – Ah, t'invola agl' occhi miei*[41] aus

[41] Rezitativ und Arie für Sopran und Orchester; die Liebesleid thematisierende Arie entstammt einer Szene der Andromeda aus Paisiellos gleichnamiger Oper von 1774. Sie ist eine Herausforderung an Vielseitigkeit, Ausdruckskraft und Kantabilität der Sopranistin.

dem August selbigen Jahres als Indiz für eine Schwärmerei deuten will. Auch Josepha muß den aufgeweckten jungen Mann ins Herz geschlossen haben, bedeutete sie Vater Leopold doch, daß sie seinen Sohn Wolfgang „allzeit mit dem freundschaftlichsten Herzen“[42] in Prag empfangen würde. Aber die Zeit war nicht reif: Fast zehn Jahre sollten noch vergehen, ehe aus den Besuchsabsichten Wirklichkeit wurde.

Obwohl sie nie ein festes Engagement angenommen hatte, war Josepha Duschek in ihrer Glanzzeit eine sehr bekannte Künstlerin. Als Kirchen- und Konzertsängerin hatte sie in Prag keine Konkurrenz, und ihre Verehrer nannten sie nach der gefeierten italienischen Koloratursängerin Catterina Gabrielli eine „böhmische Gabrielli“. Man verglich sie ferner mit einer Nachtigall und rühmte die Festigkeit, Biegsamkeit und Geläufigkeit sowie den Umfang ihrer Stimme, die besonders in der Tiefe einen angenehmen Ton aufwies. Die Stimme Duscheks, „Prags erster kunst- und talentvoller Sängerin“, wurde als schön, voll und rund beschrieben, und ihr Vortrag, der auch in den Rezitativen ausgezeichnet gewesen sein soll, fand hohes Lob. Als Konzertsängerin, die „Kraft und Feuer mit Gefühl und Anmut“ zu vereinen verstand, fand Josepha auch im Ausland Anerkennung, etwa in Leipzig oder Dresden, wo der Kurfürst Friedrich August III. sie sogar in Lebensgröße porträtieren ließ. Die *Prager Oberpostamtszeitung* bezog sich im März 1785 auf einen Auftritt Josepha Duscheks am Dresdner

[42] Laut einem Schreiben Leopold Mozarts vom 28. September 1777 an seinen Sohn in München: „Dem Mr. Duscheck habe geschrieben, und zwar sehr umständlich; auch beygesetzt du werdest gelegenheit suchen ihm auf deiner Reise einmahl zu schreiben. die Madme: Duscheck hat mir auf mein Schreiben abermahl geantwort, und mir gemeldet, daß ihr unsere Verdrusse in Salb: ebenfals berichtet worden, daß Er und Sie den empfindsammsten Antheil nehmen und unsere Verdienste belohnet zu sehen wünschten, der nun noch schlimmere Wolfg: möge nun gerade oder über die Queer nach Prag kommen, so werde er allzeit mit dem Freundschaftlichstem Herzen empfangen werden“.

Hof: „Haben wir nicht jedesmal jeden ihrer süßen, reitzenden und rührenden Töne begierig aufgesammelt? Hat ihr nicht jedes Herz lauten Beyfall entgegengeklopft, als sie vor drei Jahren in der hiesigen Domkirche sang? Aber Madame Duschek gleicht der Nachtigall, die nur selten singt, und mit ihrem sparsamen, reitzenden Gesange sich mehr Beyfall erwirbt, als die Lerche durch dreiviertel Jahre sich erzwitschert. Umso freudiger ergreifen wir die Gelegenheit, ihrem musikalischen Talente und ihrer sittlichen Bescheidenheit, wodurch sie auch in Dresden vor Kurzem allgemein Bewunderung und Hochachtung einerndtete, Gerechtigkeit widerfahren zu lassen. Sie reiste mit ihrem Gemahle, unserem berühmten Flügelisten und Componisten, dahin, um auf Einladung eines vornehmen Dresdner Musikfreundes und Gönners die Aufführung der in Dresden noch nicht gehörten deutschen Oper ‚Amphion' vor einigen Freunden möglich zu machen. Niemand hatte dort noch eine solch mächtige Stimme von solchem Umfange, solcher Festigkeit, Biegsamkeit, und Geläufigkeit, vereinigt mit so großen musikalischen Kenntnissen und so richtigem Gefühl gehört. Der kgl. Prinz Carl, Herzog von Curland, selbst Virtuos und wahrer Kenner, war bei der Aufführung des ‚Amphion' gegenwärtig und so hingerissen von ihrem Gesange, daß er nach einigen Tagen in seinem eigenen Palaste ein großes Concert veranstalten ließ, in welchem Mad. Duschek die Hauptperson war. Des Herrn Herzogs Durchlaucht beschenkte sie mit

Stilisiertes Bildnis der jugendlichen Josepha Duschek.

einer goldenen emaillirten Dose von beträchtlichem Werth, die Frau Herzogin aber mit ein paar schönen Brasseletten mit den überaus gnädigen Inschriften: ‚Gage d'estime, dedie au talent. Wenn doch auch unsere Vaterstadt bald wieder einmal ihren Silberton hören könnte. Doch der May ist noch nicht da, und dann erst schwirrt die Nachtigall ihr bezaubernd Lied.'"

Mozart sah die in der Blüte ihres Lebens und ihrer Kunst stehende Sopranistin noch vor seiner Pragreise wieder, und zwar in Wien, wo sie sich 1786 vor dem Monarchen und der Wiener Noblesse hören ließ. Mozart sollte als „Fliglist" teilhaben an ihrer erfolgreichen Akademie vor dem Kaiser und seinem Hofstaat sowie dem anspruchsvollen Wiener Publikum. Die „Duschekin" nutzte den Aufenthalt und sang am 27. März beim Fürsten Wenzel Paar und einige Tage später, am 6. April, bei Graf Johann Buquoi – „en perfection", wie der anwesende Graf Karl Zinzendorf anerkennend bemerkte.

In der Zwischenzeit war für Mozart die Zeit herangereift, die seit langem ins Auge gefaßte Reise nach

Email-Tabatière mit Opernglas aus dem Besitz Josepha Duscheks (ein Hochzeitsgeschenk ihres Gatten).

Prag anzutreten, und Josepha Duschek ermunterte ihn erneut zu einem Besuch. Sie selbst fuhr indes nicht zurück nach Prag, sondern begab sich mit ihrem Gatten nach Salzburg, wo nach dem Tod ihres Großvaters Erbschaftsangelegenheiten zu regeln waren. Am 12. April 1786 trafen die Duscheks an der Salzach ein. Bei erster Gelegenheit suchten sie Leopold Mozart auf, um ihm die Grüße seines Sohnes zu bestellen und zu berichten, daß Wolfgang Mozart „wohlauf sei, viel zu tun habe und nach Prag kommen wolle". Im selben Atemzug sprachen sie von Schwierigkeiten, mit denen der Freund in Wien zu kämpfen hätte: Von Kabalen und Intrigen mißgünstiger Konkurrenten war ebenso die Rede wie von unverständigen Hofschranzen.

Leopold Mozart war froh, als die Besucher wieder abgereist waren, schätzte er doch weder Josepha Duschek besonders noch ihren Ehemann Franz, der sich allzu willig unter seiner jungen Gemahlin Pantoffel begeben hatte. Gerne hätte Mozart sen. etwas über die Höhe der Erbschaft erfahren, aber darüber deckten die Duscheks den Mantel des Schweigens. Mangels konkreter Angaben vermutete Leopold Mozart, daß die Erbschaft wohl nicht allzu hoch ausgefallen sei. Reichlich uncharmant äußerte er sich über die eben erst zweiunddreißigjährige Dame: „Mir scheint man sieht ihr schon das alter an: sie hat ein zimmlich breites Gesicht und war eben sehr negligiert gekleidet." In einem mit 13. April datiertem Brief an seine Tochter bemerkte Leopold Mozart, daß man an der Duschek nichts außer einem „aufwallenden Busen" finden würde.

Aber als Madame Duschek am 19. April im Casino eine Arie sang, ließ sich Leopold Mozart die Aufführung nicht entgehen, wiewohl er kränkelte. Wieder fiel sein Urteil alles andere als günstig aus:

„M:dme. Duschek sang, wie? – – Ich kann mir nicht helfen! sie schrye, oder schrie ganz erstaunlich eine Aria vom Naumann mit übertrübner expressions kraft, so, wie damals, und noch ärger. – Lieber Himmel! mit so vielen anderen Singfehlern, daß es mir für ihre starke Stimme sehr Leid thut solche nicht besser brauchen zu können: allein wer ist die Ursache? – – ihr Mann. der es nicht besser versteht, und sie gelehrt hat, noch lehrt und ihr Beybringt, daß sie allein den wahren Gusto habe."

Mozart, *Briefe und Aufzeichnungen*

Leopold Mozart stand mit seiner Abneigung nicht alleine da, wenngleich wir das wenig schmeichelhafte Dafürhalten getrost als Folge kleinlichen Neides auffassen dürfen. Vielleicht war es schlichtweg Mißgunst, hatte die emanzipierte und selbstbewußte Duschek es doch zu einigem Ansehen gebracht.

Auch der damals sechsundzwanzigjährige Friedrich Schiller, der in ihrem Äußeren „viel Mokantes" ausmachte sowie „Dreistigkeit, um nicht zu sagen Frechheit", fand keine freundlichen Worte für die Prager Sängerin. Er berichtete genüßlich von der Meinung der regierenden Großherzogin Luise von Sachsen-Weimar-Eisenach, daß die Duschek einer abgedankten Maitresse ähnlich sähe. Mit diesem Urteil hatte die Herzogin auf eine angebliche Liaison angespielt: Josepha Duschek soll die Geliebte des Kunstmäzens

Silhouette der „Madame Betranka" Josepha Duschek (Scherenschnitt).

Christian Philipp Graf Clam-Gallas gewesen sein und von dieser Liaison höchst vorteilhaft profitiert haben. Der schöne, freundliche, liebe Graf „ohne allen Cavaliersstolz", so Leopold Mozart in einem Brief an seine Tochter Nannerl, unterhalte ihr die ganze Equipage. Später ließ der Graf Josepha Duschek eine jährliche Apanage von neunhundert Gulden zukommen. Indirekt zog auch Wolfgang Amadeus Mozart einigen Vorteil aus den Früchten dieser Leidenschaft, zumindest wenn es stimmt, daß Josepha Duscheks Verehrer Geldmittel zum Kauf der lauschigen Villa Bertramka beigesteuert hat.

Der Dichter der Freiheitskriege Theodor Körner vermißte am Gesang der Duschek die Anmut und empfand ihren Ausdruck „zu sehr Karikatur". Ganz gegenteilig urteilte der in Berlin tonangebende Komponist Friedrich Reichardt, der gerade ihren ausdrucksvollen Vortrag hervorhob und nicht vergaß, ihre „alte Herzlichkeit und den heißen Eifer für alles Schöne" zu würdigen. Der Mozart nicht gerade wohlgesonnene Graf von Zinzendorf äußerte sich gleichfalls freundlich über Josepha Duschek. Auch Beethoven schätzte die Sängerin, in deren Hause er während seines Aufenthalts in Prag anno 1796 verkehrte. Und Wolfgang Amadeus Mozart? Ganz gewiß mochte und verehrte

Silhouette Franz Xaver Duscheks mit der Beschriftung: „Herr Betranka, bei welchem Mozart in Prag zu Gast war."

er Josepha Duschek, die ihm über lange Jahre freundschaftlich verbunden war. Die Spekulationen über eine darüber hinausgehende leidenschaftliche Verbindung zu seiner Prager Gastgeberin sind zwar zahlreich, aber allesamt unbewiesen. Das schließt natürlich nicht aus, daß er für die Sängerin, ein inniges Gefühl empfand. Für Rudolf Freiherrn von Procházka hatte es den Anschein, „als wenn die abgestimmten Töne der Freundschaftharmonie zuweilen zu volltönenden Accorden höherer Gefühle anschwellen, wenigstens auf Seite Mozarts, der gewiß mehr als jeder andere Sterbliche sich den Banden hingab, die eine schöne Stimme und ein bezauberndes Wesen um das leicht entflammte Herz des Tondichters schlangen.“ Dazu paßt auch das goldene Ringlein, das Mozart seiner Freundin verehrt haben soll, ein dünner Goldreif mit vier in Stein geschnittenen Engelsköpfen. Sollten sich die beiden also über freundschaftliche Zuneigung und gemeinsame künstlerische Interessen hinaus verbunden gefühlt haben oder gar jemals die Grenzen des Erlaubten überschritten haben, so wußten sie es jedenfalls schon aus

Die Konzertsängerin Josepha Duschek. Lithographie von Augustin Claar nach einem Bild des Malers J. F. Haacke, 1796.

Rücksicht auf Franz Duschek und Constanze Mozart zu verheimlichen.

War Josepha Duscheks Milieu die elegante Prager Welt, das Reich der schönen Künste und des glänzenden Scheins, so hielt sich ihr stiller und bescheidener Gemahl lieber im Hintergrund des gesellschaftlichen Lebens. Es hat den Anschein, als hätte er seine Wurzeln nie vergessen. Franz Duscheks Bekenntnis zu seiner tschechischen Herkunft wurde denn auch häufig herausgestrichen. In einem 1789 deutsch abgefaßten Brief an seinen Gönner und Schüler Graf Sternberg bat er um Nachsicht für seinen Stil – der Graf wisse ja ohnehin, „was ich vor ein Landsmann bin und meine Muttersprache, die sich in Stiel mitdränckt, nie verleugnen kann."

Vor dem Hintergrund seiner Dorfkindheit nötigt uns Franz Duscheks Lebensweg Respekt ab. Sowohl im In- als auch im Ausland genoß er einen exzellenten Ruf als Virtuose, Musikpädagoge sowie Gründer und Direktor einer eigenen Musikschule. Seine mehr als 300 erhaltenen Kompositionen gehören zu den Juwelen des tschechischen musikalischen Erbes. Eine stattliche Schar von Schülern trauerte um ihn, als er am 12. Februar 1799 einer „Brustwassersucht" erlag. Trotzdem geriet sein ehemals geschätztes kompositorisches Werk nach seinem Ableben in Vergessenheit, und auch an seinen Namen erinnerte man sich schließlich nur noch im Zusammenhang mit Mozarts Prager Aufenthalten.

Das barocke Sterbehaus Franz Xaver Duscheks 3
„Zum Schwarzen Ochsen", in das er mit seiner Gemahlin kurz zuvor eingezogen war, stand auf dem „Wälschen Platz"[43], schräg gegenüber der Duschekschen Winterwohnung im Palais Liechtenstein. Gegen Ende des 19. Jahrhunderts wurde das Haus durch

[43] Malostranské náměstí [(Oberer) Kleinseitner Ring] 14/204 bzw. 15/203.

ein Neurenaissance-Gebäude[44] ersetzt, in dem sich gegenwärtig eine Apotheke befindet.

Die *Allgemeine Zeitung* in Leipzig verabschiedete den Meister mit folgendem Nekrolog:

„Am 12. Feber starb hier im 68-sten Jahre seines Alters der Patriarch unserer Tonkünstler, der brave Franz Duschek, rühmlichst bekannt als Klavierspieler und Tonsetzer. Er war der Verbesserer des Klavierspiels und des Musikgeschmacks bey uns in Prag und erwarb sich dadurch wahren Dank. Mehrere seiner Schüler sind nun schon selbst berühmte Meister, z. B. der Kapellmeister Vinzenz Maschek und Johann Wittaseck, ein sehr talentvoller Klavierspieler und Konzertmeister bey dem Herrn Grafen Friedrich von Nostitz, und mehrere andere. Duschek war als armer Bauernknabe, wegen des hervorleuchtenden Musiktalents, von dem Grafen Joh. Karl v. Spork aufgenommen, und nach Wien zu dem berühmten Wagenseil geschickt worden. Dort bildete er sich zu einem trefflichen und für Prag ersten Klavierspieler aus, und galt dann bis auf den heutigen Tag für den besten Meister und Lehrer dieses Instruments. In den frühern Zeiten seiner Blüthe

Oberer Kleinseitner Ring, links das Palais Liechtenstein, in der Bildmitte F. Duscheks Sterbehaus. Kol. Stich von P. und F. Heger, 1794.

[44] Haus „Zum Schwarzen Adler" (heute Apotheke), Kleinseitner Ring [Malostranské nám.] 15/203 u. 204. Das Duscheksche Sterbehaus wurde abgetragen, an seiner Stelle steht heute ein Mietshaus im Stil der Neorenaissance aus den Jahren 1888/89. W. A. Mozarts Sohn Karl, der seine Kinderjahre auf dem Kleinseitner Ring verbracht hatte, erinnerte sich an eine andere Wohnung der Duscheks, nämlich die zu Bertramkazeiten bewohnte „Winterwohnung" im nahe gelegenen Liechtensteinischen Palast auf dem Kleinseitner Ring [Malostranské náměstí] 58.

war er ein wahrer Unterstützer der Kunst und der Künstler. Alle reisenden Virtuosen wurden von ihm freundlich aufgenommen, und durch seinen Einfluß bey dem Adel trefflich unterstützt. Eine richtige Applikatur, Anmuth und Ausdruck im Vortrage, waren die Verbesserungen, die er unter seine Landsleute brachte und sie ihnen zeigte. Er hinterläßt den Ruf eines guten Mannes. Seine Kompositionen athmen einen sanften Geist und sind für die Anfänger sehr brauchbar. Die Prager Tonkünstler feyerten ihm zum Andenken ein feyerliches und sehr gut ausgeführtes Seelenamt, in der St. Niklas Pfarrkirche. Die Witwe, die er hinterließ, ist die bekannte Sängerin Madame Duschek."

Nach dem Tod ihres Mannes verkaufte Josepha Duschek das Landgut Bertramka und zog zur bleibenden Niederlassung auf den Kleinseitner Ring. Aus der Öffentlichkeit zog sie sich mehr und mehr zurück. Am 16. März 1800 wirkte sie noch bei der ersten Aufführung von Joseph Haydns *Schöpfung* als „Vornehmste unter den Mitwirkenden" mit, in den folgenden Jahren tauchte der Name der Witwe dann noch auf einigen Prager Programmzetteln auf, schließlich nahm sie am Ostersonntag 1804 mit Händels *Messias* ihren Abschied von der Bühne, stürmisch gefeiert und in einem unter die Besucher des Theaters verteilten Gedicht gehuldigt. Dann wurde es still um die alternde Sängerin. Freundliche Stimmen behaupteten, sie habe den Liebreiz ihrer Gestalt und ihres Wesens bis an ihr Lebensende zu bewahren vermocht. Zuletzt bewohnte sie zwei kleine Zimmer im Hoftrakt des alten Thunschen Palastes[45] auf dem Kleinseitner Pfarrplatz und erfreute sich der mildtätigen Unterstützung durch den Grafen Franz Josef Sternberg-Manderscheidt. Am 8. Januar 1824 starb die siebzigjährige Künstlerin hilflos und verarmt an

[45] Gemeint ist das bereits erwähnte Thunsche Theater bzw. heutige Parlamentsgebäude in der Landtagsgasse [Sněmovní] 4 u. 6/176.

„Gehirnwassersucht“. Zu den wenigen Habseligkeiten, die der verarmten Sängerin zuletzt verblieben waren, gehörten auch Bilder, Zeichnungen und Stiche, die sie aus besseren Bertramka-Zeiten aufbewahrt hatte. Diesen Schatz hinterließ sie dem Grafen Sternberg-Manderscheidt. Die Spuren der Bilder, die einst Mozarts Quartier geschmückt hatten, verloren sich schließlich, als die Erben des kunstsinnigen Grafen Teile der umfangreichen Sammlungen bei Auktionen zerstreuten. Auch das lebensgroße Bildnis der Duschek ist verschollen, das der Kurfürst von Sachsen hat anfertigen lassen. Es ist ein reizvoller Gedanke, daß es vielleicht unerkannt in einem Salon hängt oder im Depot einer Galerie auf seine Entdeckung wartet.

Der Grabstein der Duscheks.

Beide Duscheks fanden ihre letzte Ruhe auf dem Kleinseitner Friedhof[46] unweit ihres einstigen Land- 11
sitzes, der Villa Bertramka.

[46] Kleinseitner Friedhof: Plzeňská třída [Pilsner Straße]. Anno 1680 als Pestfriedhof angelegt. Zu Beginn des 18. Jahrhunderts errichteten die Prager zwischen den Gräbern eine dem heiligen Rochus geweihte Kapelle, die 1951 einem Straßenbau weichen mußte. Seit 1786 diente der Kleinseitner Friedhof den Bewohnern der Burgstadt, der Kleinseite und des aufblühenden Stadtviertels Smíchov als letzte Ruhestätte. Auf diesem heute inmitten des Großstadtlärms liegenden Gräberfeld sind weitere Persönlichkeiten des Prager Musiklebens der Mozartzeit bestattet, so z. B. Jan Nepomuk Vitásek († 1839), Wenzel Johann Tomaschek († 1850), Joseph Strobach († 1794) oder Jan Křtitel Kuchař († 1829).

Die Mozart-Büste aus Sandstein von Thomas Seidan aus dem Jahr 1876 im Park der Villa Bertramka.

Die Villa Bertramka 10

Am 23. April 1784 erwarb Josepha Duschek ein kleines Weingut in Koschirsch[47], das früher einmal zu den Besitzungen eines Kartäuserklosters[48] gehört hatte. Dieses ländliche Gut umfaßte neben den umliegenden Weingärten, einer Weinpresse, einem Kuh- und Pferdestall, einem dreistöckigen Speicher und weiteren kleineren Wirtschaftsgebäuden auch eine reizvolle einstöckige, mit Schindeln gedeckte Villa. Im Souterrain des Gebäudes, unter den Wohnräumen, war der Stall für die Pferde untergebracht. Etwas höher als der Wohnstock erstreckte sich die parkseitig gelegene, von den Wohnräumen völlig abgetrennte Salla terrena, zu der man vom Garten aus gelangte oder von der Loggia aus über eine Freitreppe. Eine Mauer säumte damals wie heute den Garten des Gehöftes und trug viel zur Intimität des Anwesens bei. Als Josepha Duschek die Bertramka für 3525 rheinische Gulden von den Ehegatten Blasius und Theresia Dequai erwarb, lag der Weingarten noch außerhalb der Stadt, fernab jeglichen lärmenden Getriebes. Dieser Kauf, so raunte man sich hinter vorgehaltener Hand zu, sei nicht ohne Zutun des Grafen Christian Philipp Clam-Gallas vonstatten gegangen, der seiner Geliebten die nötigen Mittel hätte zukommen lassen. Das ist wohl nur ein übles Gerücht, denn Josepha Duschek dürften die Mittel aus der Erbschaft nach dem Tod ihres Großvaters zugeflossen sein.

Aus den Dokumenten der Prager Archive kennen wir die Namen einer ganzen Reihe von Vorbesitzern dieses idyllischen Tuskulums:

„Laut Kaufvertrag vom 4. September 1696 verkauften Johann Georg Tempelmann und Franz Adalbert

[47] Der tschechische Name lautet Košíře, das Viertel war zwischen 1851 und 1859 mit Smíchov vereint, dann wieder selbständig.
[48] Kartause „Zur Heiligen Maria" am Aujezd [Újezd].

Petzendorf das Gut an Fidelio Weibel, Verteidiger in der königl. Neustadt Prag, von welchem es am 20. Oktober 1696 Johann Georg Riegl und dessen Gattin Anna Marie käuflich erwarben. Diese wiederum traten am 3. Dezember 1699 an Johann Franz Pimskorn einen Weinberg ab, der hinter dem Aujezder Tor und über dem Sixtus-Weinberg lag.

Mit Kaufvertrag vom 16. Dezember 1710 erstanden Johann Georg Jelinek, Bürger und Bürgermeister der Kleinseite und dessen Gattin Marie Katharina den Weinberg samt allem, was dazu gehörte. Dazu betont Katharina Pimskorn am 12. August 1722 als Universalerbin ihres verstorbenen Gatten, daß Joh. Jelinek den Kaufpreisrest gänzlich bezahlte.

Die von der Versteigerungskommission beauftragten Kommissare Josef Štamberský und Bernard Palma sowie Anna Marie Kašpírek, verehelichte Jelinek, und ihre beiden mündigen Kinder Rozina und Franz Jelinek, verkauften am 16. Feber 1723 den Jelinek'schen Weinberg hinter dem Aujezder Tor unter dem Sixtus-Weinberg an Adalbert Georg Filip (Philippi), Fleischermeister auf der Kleinseite und dessen Gattin Anna Katharina.

Am 7. März 1743 wurde zwischen Josef Georg Štamberský, Johann Wenzel Zatoužil von Löwenburg und Frau Franziska Bertramská, geb. von Zornfels, ein Kaufvertrag abgeschlossen, laut welchem diese Besitzerin des Filip'schen Weinberges und des Obstgartens wurde.

Frau Franziska Bertramská (Bertrabská), geb. Hainz von Zornfels, diktiert am 9. Feber 1753 vor Zeugen ihr Testament und bestimmt zum Universalerben ihren Gatten Franz von Bertrab, Oberrevident des königl. Steueramtes. Im Nachhange dazu werden zu legitimen Bertram'schen Erben bestimmt: Leopold de Longueval, Reichsgraf Buquoi, Johann Wenzel Schönowetz von Ungerswerth und Adlerslöwen sowie Isak Bondi.

Auf Grund des Testaments, das am 9. Feber 1764 bestätigt wurde, bestimmt Franz von Bertrab zum

Situationsplan mit der Villa Bertramka (Petranka) in Smíchov. Die Straße nördlich der Bertramka entspricht der heutigen Pilsner Straße (Plzeňská).

Universalerben Franz Leopold de Longueval, Reichsgrafen Buquoi.

Am 28. Jänner 1766 verkauft Franz Leopold von Longueval, Graf Buquoi den Philippi'schen Weinberg an Frau Therese Benedikt, Gattin eines Proviantoffiziers und diese wiederum verkauft am 27. Juli 1766 das Gut an Frau Anna Karavin aus Karvin, geb. Halanek von Hochberg. – Am 16. Oktober 1768 kauft von ihr Josef Kolbe den Bertrabs-Weinberg – und am 16. Oktober des Jahres 1772 wird er wiederum an die Ehegatten Johann und Franziska Hennevogel veräußert.

Am 1. März 1783 verkauften die Eheleute Hennevogel den Hof Bertramka, der früher Josef Kolbe gehörte, den Ehegatten Blasius und Terese Dequai. Der 23. April 1784 ist für die Bertramka denkwürdig: an diesem Tage verkauften die Gatten Dequai das Gut an Frau Josefa Duschek, geb. Hambacher."

Paul Nettl, *Mozart in Böhmen*

Der Schriftsteller und Abenteurer Giacomo Casanova. Kupferstich von J. Berka.

In der Tat, mit den Duscheks erlebte der „Weingarten Bertramka“ die wohl glänzendste Ära seit seiner Erbauung. Ausgewählte Künstler, gebildete Aristokraten und kunstsinnige Bürgersleut fanden sich in einem Kreis zusammen, der sich vornehmlich für Musik interessierte, zugleich aber unbeschwerte Unterhaltung und anregende Geselligkeit suchte. In den Sommer- und Herbstmonaten wurden nahezu wöchentlich Akademien oder Soireen veranstaltet, an denen der Konzertmeister des Nostitztheaters Wenzel Praupner, der Musikdirektor und Kapellmeister von St. Veit Joseph Strobach, der „Patriarch der Prager Tonkunst“ Johann Anton Koželuch, weiters des Hausherrn Klavierschüler Franz Niemetschek, der Bibliothekar Raphael Ungar und viele weitere Persönlichkeiten des Musiklebens teilhatten, in späteren Jahren etwa auch Mozarts Schüler Johann Nepomuk Hummel.

Auch der greise, aber immer noch prominente Abenteurer Giovanni Giacomo Casanova soll in der Bertramka das Gastrecht genossen haben – mag sein, daß er da sogar mit Mozart zusammengetroffen ist. Sein Erscheinen in der Villa wäre zumindest nicht ungewöhnlich, da Casanova ja mit einer Reihe von Persönlichkeiten aus dem Mozartkreis Umgang pflegte. Casanova verkehrte im Haus der Gräfin Josefine

Pachta, „einer der interessantesten Frauen Prags“[49], und kannte den Prager italienischen Impresario Pasquale Bondini und auch den Librettisten Lorenzo da Ponte, der selbst nach einem abenteuerlichen Leben manches zu erzählen wußte. Letzterer besuchte 1792 den betagten Chevalier in seinem nordböhmischen Ausgedinge bei Graf Joseph Karl Emanuel Waldstein auf Schloß Dux.[50]

Casanova hielt sich in den Tagen um die Uraufführung des *Don Giovanni* sehr wahrscheinlich in Prag auf, wo er mit dem Buchdrucker und Verleger Johann Ferdinand Ritter von Schönfeld über seinen utopistischen Roman *Icosameron* verhandelte. Auf den Subskriptionslisten für dieses Werk standen eine Reihe von Prager Persönlichkeiten, die wir im Zusammenhang mit Mozart kennen, darunter Franz Duschek. Wir dürfen daher annehmen, daß der venezianische Abenteurer zumindest in den Gesprächen der Musikfreunde eine Rolle spielte, die sich auf dem lauschigen Landsitz außerhalb Prags versammelten. Vielleicht weilte Casanova an einem jener Abende tatsächlich in der Bertramka, gerade so, wie es der aus Böhmen stammende Dichter Louis Fürnberg in seiner *Mozart-Novelle* so poetisch beschwor:

„Mozart verhielt sich schweigend im Hintergrunde. Casanova, dem es mißfiel, wenn in seiner Gegenwart ein anderer gerühmt wurde, hob ein wenig maliziös sein Lorgnon an die Augen, blickte nach Mozart und sagte mit gedehnter Geringschätzung: ‚Gewiß, – es

[49] Auch Goethe kannte Gräfin Josefine Pachta. In einem seiner Briefe schreibt er: „Die Gräfin Pagta aus Prag ist angekommen, ihren Eyerstock Starcken [dem Chirurgen und Frauenarzt an der Jenaer Universität] anzuvertrauen. Ich habe sie im Konzert gesehen und will sie morgen besuchen. – Es ist eine Frau in mittleren Jahren, die wohl aussieht.“

[50] Schloß Dux [Duchcov] besaß eine reichhaltige Schloßbibliothek, die dem literarisch ambitionierten Giovanni Casanova unterstand. Viele prominente Gäste, unter ihnen Johann Wolfgang Goethe und Frédéric Chopin, trugen sich als Besucher in das Gästebuch des Schlosses ein.

kam mir bereits zu Ohren. Seine Musik soll bei den Böhmen einen großen succès haben. Wann wird die Oper vor sich gehen?'

'Den nächsten Tag', sagte Mozart kurz und verbeugte sich.

Casanova ließ das Lorgnon sinken. 'Das trifft sich nicht übel', bemerkte er, wollte es dabei bewenden lassen und wandte sich an Frau Duschek.

'Es ist der Don Giovanni', warf Bondini überflüssigerweise, jedoch nicht ohne hintergründige Absicht ein. 'Dem Chevalier wird die historia nicht fremd sein, mein ich. Der Abbate da Ponte ist der Verfasser des Textes.'

Casanova zog die Stirn in Falten und knurrte ein unwilliges 'ei nun ...?', da Ponte strich den Schoß seines langen Rockes glatt und verbiß ein Lachen.

'Don Giovanni oder Die bestrafte Ausschweifung', ließ sich der taktlose Bondini aufs neue vernehmen.

Casanova, entschlossen keine Anzüglichkeit zu dulden, neigte ein wenig den Kopf zur Seite und sagte

Mozarts Schlafzimmer mit ursprünglicher, barocker Holzdecke.

obenhin: ‚Ein gewagtes Thema. Ich zweifle, ob es sich schickt, es auf das Theater zu bringen.' Teresa Bondini nahm da Ponte sofort in Schutz. ‚Es ist sehr moralisch gemacht', sagte sie. ‚Es kann nur abschrecken und erbauen.'

Mozart schwieg und biß sich auf die Lippen. Josefa lenkte begütigend ein: ‚Der Chevalier haben noch mit keinem Worte Erwähnung getan, wie er logiert. Ich hoffe, daß es dem Chevalier trotz der Abwesenheit des Grafen an nichts fehlt.'

‚Es geht an', sagte Casanova, fügte aber für jeden Fall einen Seufzer hinzu. ‚Was darf man Besonderes erwarten?'

‚Ich habe die Thunsche Livree in bester Erinnerung', ließ sich Mozart scharf aus seinem Winkel vernehmen. Casanova drehte verwundert den Kopf. ‚Ah, der Compositeur', sagte er spitz. ‚Darf man fragen, welchen Flügel er bewohnte?'"

Louis Fürnberg, *Mozart-Novelle*

Über Jahre hinweg spielte Josepha Duschek die Rolle der Gastgeberin in der Bertramka, ihr Ehemann wirkte im Hintergrund. Als er jedoch im Jahre 1799 starb, endeten die Gesellschaftsabende unvermittelt. Josepha war nun 45 Jahre alt, und die Zeit war reif, die künstlerischen und gesellschaftlichen Aktivitäten einzuschränken. Schon kurze Zeit nach dem Tod ihres Gemahls verkaufte die Witwe Duschek den Landsitz:

„Nach dem Tode ihres Gatten am 3. Dezember 1799, verkaufte Josefa den Weinberg, allgemein Pertranka genannt, an Elisabeth Ballabene, geb. Kohler, und zwar mit Feldern, Geräten, zwei Ochsen und fünf Kühen, Stroh, Saat, umliegenden Gebäuden und allem, was dort befestigt war, mit Einrichtung aller Räume, ausgenommen Porzellan, Bilder, Gravuren, Lampen und Bronze, Kabinettisch und zwei Bücherkästen um 7 630 Gulden.

Laut Kaufvertrag vom 20. März 1804 erstand Johann Prokop Hartman, Graf von Klarstein die Bertramka.

Dieser verkaufte nach einem Jahre die Bertramka an Adolf Grafen von Kaunitz. Am 1. September 1815 ging die Bertramka in den Besitz von Franz Berger über. – Dieser verkaufte in der am 3. Mai 1819 stattgefundenen Auktion das Gut an JUDr. Ondřej Schiffner, welcher die einzelnen Räume als Sommerwohnung vermietete. An diese Zeit der Bertramka knüpft eine Erinnerung Caroline Pichlers an, die im Jahre 1825 in Prag zum Besuch ihrer Tochter, einer verheirateten Pelzeln weilte. Caroline schilderte die Prager Umgebung und zählte unter den Landhäusern der Prager Peripherie die ‚Bertronka' auf, die ‚anmutig zwischen grünen Hügeln lag'. Im Sommer dieses Jahres wurde das Landgut von der Familie des Professors Bischoff bewohnt. ‚Ein auf einem die Bertronka umgebenden Hügel führte zu einem Punkte, auf dem sich fast dieselbe Aussicht auf das nahegelegene Prag mit seinen drei Städten, dem Hradschin und dem Moldaustrom, wie vom Hradschin herab, und noch mehr überraschte, weil man diese Fernsicht hier nicht erwartete.' Am 11. Juni 1838 ging die Bertramka in den Besitz der Familie Popelka über und wurde am 30. Juni 1839 den Ehegatten Lambert und Creszenz Popelka zugesprochen.

Adolf Popelka, Sohn des Großkaufmanns Lambert Popelka, erhielt am 17. Dezember 1870 die Hälfte des Gutes, das seiner Mutter gehörte; am 10. Juni 1879, nach dem Tode des Vaters, wurde er Universalerbe. – Adolf Popelka, Großkaufmann, ein großer Verehrer Mozart's, ordnet in seinem Testament an, daß zwei Zimmer, deren fünf Fenster in die jetzige Pilsnerstraße gehen und welche einst Mozart bewohnt hatte, für immer unbewohnt und ungeändert bleiben sollen, zum Andenken an den großen Tonmeister. Popelka stirbt schon im Jahre 1895 und seine Witwe Emma, geb. Wachtl von Elbenbruck ändert teilweise seine Stiftung indem sie testamentarisch das Anwesen dem Salzburger ‚Mozarteum' vermacht. Sie gestattet, daß ihre Verwandte, Mathilde Sliwenský, Gattin des

Bertramka (Ölgemälde von Josef Multrus, 1928).

Advokaten Dr. Lambert Sliwenský, die Bertramka lebenslänglich bewohne. Die Sliwenský stirbt im Jahre 1925 und mit diesem Augenblick geht die Bertramka in den Besitz der ‚Internationalen Stiftung Mozarteum in Salzburg' über.

Die Betramka ist nun in einem verfallenen Zustand und droht einzustürzen. Unter Mitwirkung der Herren Dr. Branberger, Ludwig Neumann etc. wird im Jahre 1927 in Prag ein Verein ‚Mozartgemeinde in der ČSR' mit tschechischen, deutschen und französischen Statuten gegründet, dessen Hauptzweck es ist, Mozartkultur zu pflegen.

Bereits vor Gründung des Vereines wird durch Subventionen des Schulministeriums und durch Einzelspenden der Einsturz eines Teiles der Bertramka verhindert. Schließlich ergibt sich die Notwendigkeit, die Mozart-Stätte käuflich zu erwerben, was nach verschiedenen Schwierigkeiten gelingt, so daß am 1. Jänner 1929 die Bertramka in die Hände der ‚Mozartgemeinde in der ČSR' übergeht."

Paul Nettl, *Mozart in Böhmen*

Die heute als Museum genutzten Wohnräume der Bertramka.

Bereits im 19. Jahrhundert gehörte es unter Musikfreunden zum guten Ton, bei Pragbesuchen auch zur Bertramka hinauszupilgern. So besuchte 1843 der Kasseler Hofkapellmeister und Komponist Louis Spohr die Bertramka, wobei es zu einem ergreifenden Augenblick kam, den Rudolf Procházka in seinem *Romantischen Musik-Prag* für die Nachwelt bewahrte: „Spohr, tief gerührt, fragte wiederholt, ob diese Räume sich noch im selben Zustande befänden, wie zur Zeit, da Mozart sie bewohnte; und als man dies bejahte, flossen ihm reichliche Tränen über die Wangen und er betastete immer und immer wieder diese Wände wie ein Heiligtum."

In der Silvesternacht auf das Jahr 1873 brach im Schuppen nahe der Bertramka ein Feuer aus, das bald auch das Wohngebäude erfaßte. Feuerwehrleute aus der ganzen Umgebung taten das Menschenmögliche, den Brand zu löschen, aber der Schuppen, den Mozart noch gesehen haben mochte, brannte völlig ab. Bedauerlicherweise fiel den Flammen auch das immer

Das sogenannte „Mozartzimmer" in der Bertramka.

noch mit Schindeln gedeckte Balkendach der Bertramka zum Opfer, das Gebäude selbst wurde arg in Mitleidenschaft gezogen. Mozarts Arbeitszimmer mit der schöngemalten Balkendecke blieb von dem Feuer verschont. Der damalige Besitzer Adolf Popelka war sich zum Glück der Bedeutung der Bertramka als Mozartstätte bewußt und begann nach dem Unglück mit sorgfältigen Renovierungsarbeiten. Freilich war auch er nur ein Kind seiner Zeit, so veränderte sich der Charakter des Anwesens nicht unbedingt zu dessen Vorteil. Die beiden Zimmer Mozarts schmückte Popelka zu repräsentativen Salons aus, die Wände ließ er tapezieren, den alten Kamin mit Marmor verkleiden, und die gemalten Decken verschwanden unter Stuck. Jahrzehnte später bemühte man sich, manches wieder in den ursprünglichen Zustand zu bringen, der seit Mozarts Zeiten bis zur unseligen Brandnacht geherrscht haben mochte.

Im 19. Jahrhundert wandelte sich die Landschaft in der Umgebung der Bertramka grundlegend. Immer

Der „Mozartflügel".

mehr Häuser und Villen wuchsen um das Anwesen aus dem Boden, und die Vorstadt Smíchov entwickelte sich zu einem rasch aufstrebenden Industrieviertel. Bald schon legte sich ein Kranz von Fabriken und Schloten um den Landsitz, der wie eine Insel der Ruhe aus dem Lärm des Gewerbegebietes ragte. Heute sind diese Fabriken, so sie noch bestehen, längst selbst zu Anachronismen geworden, die im Vergleich zur gesichtslosen Industriearchitektur der Gegenwart oder dem aufdringlichen Glaspalast einer Hotelkette in unmittelbarer Nähe der Bertramka fast anmutig wirken.[51] Nur hinter der Mauer des ehemaligen Weingutes kommt noch eine Ahnung von der Stille und Poesie auf, die Wolfgang Amadeus Mozart hier gefunden haben mochte, und mit ein wenig Phantasie kann man die Worte nachempfinden, die Mozarts Sohn Karl zu diesem zauberhaften Ort fand, an dem er in jungen Jahren einige Zeit verleben durfte:

„Verehrtester Herr!

Die in Ihrem werthen Schreiben vom 23. Feb. enthaltenen, überaus gütigen, mir zum Herzen sprechenden Äußerungen wären für sich allein schon vermögend gewesen, mir dessen Empfang gar sehr erfreulich zu machen, wie umsomehr also noch, da

[51] Eine der alten Fabrikanlagen zu Füßen der Bertramka, die industriehistorisch sehr bedeutende Ringhoffersche Maschinenfabrik, wurde 1999 trotz Protesten von Denkmalpflegern einem modernen Geschäftsviertel geopfert.

dasselbe mir auf's lebhafteste die angenehmen Erinnerungen der Kindheit zurückruft. Vollkommen wohlbekannt und meinem Gedächtnisse gegenwärtig ist mir Ihre Villa, deren ehemaliger Besitzer Franz Duschek – eigentlich aber dessen Gattin, die Sängerin Josefa Duschek, und vor dieser Graf Clam war. – Mit verbundenen Augen würde ich auch immer jetzt noch – nach 59 Jahren! den Weg dahin nicht verfehlen. Zum Oujezder Stadtthor hinaus, am Graf Bouquoi'schen Garten linker und am Wirthause No. 1 rechter Hand (damals!) vorüber; – dann die Fahrstraße, eine Viertel Meile ungefähr weiter gegangen; sodann in die rechts sich eröffnende, schmälere, aber auch fahrbare Straße eingelenkt, langt (oder langte) man bei der Kastanienallee an, die bis zum Thore des Vorhofes des Herrschaftshauses reicht.

Die Villa Bertramka mit der Industrielandschaft von Smíchov links im Hintergrund. In der Ecke ein Portrait von Adolf Popelka (1887).

Auch vom Hause selbst ist mir jedes Zimmer, so wie vom Garten jeder kleinste Flecken im Gedächtnisse erhalten.

Im Garten; – auf der linken Seite; zuerst ein kleines Blumenparterre und weiterhin ein von Obstbäumen bebüschter, in Anhöhe sich erhebender Spazierweg, – auf der rechten Seite ein geräumiges Bassin, sodann das Glashaus, welches ich habe aufbauen gesehen – und endlich der zur Agricultur verwendete Berg, von dessen Höhe man auf den Friedhof blickt und auf dessen Gipfel ein Pavillon sich befindet, in welchen die besagte ehemalige Besitzerin, nachdem sie daselbst Tinte, Feder und Notenpapier vorbereitet hatte, meinen Vater hinterlistig eingeschlossen hielt, ihm anbedeutend, daß Er so lange nicht in Freiheit gesetzt werde, bis Er nicht die ihr versprochene Arie auf die Worte: ‚bella mia fiamma addio!' geliefert haben würde; welches er sodann that, aber um sich an der an ihn begangenen euspieglerie zu rächen, absichtlich verschiedene schwierig zu intonierende Übergänge anbrachte und seiner despotischen Freundin drohte die Arie sogleich zu vernichten, wofern es ihr nicht gelingen sollte dieselbe a prima vista fehlerfrei vorzutragen.

Auch und ganz besonders, wie Sie sich denken können – der untere Theil Ihrer Besitzung, in welcher der Obstgarten gelegen – in den ich mich, so oft es mir gelingen konnte, auf Schleichwegen zu gelangen trachtete, – ist mir gleich einem Eden – in vorzüglich angenehmen Andenken verblieben. [...]

Wie glücklich würde ich mich schätzen abermals die wohlbekannten und in theuerem Andenken mir eingeprägten Orte ihrer Villa in Augenschein zu nehmen und durchwandern zu können, wie auch den verehrungswerthen Besitzern derselben mündlich die Versicherung der ausgezeichnetsten Hochachtung an den Tag zu legen, mit welcher ich mich für immer bekenne

Dero ergebenster Diener, Karl Mozart."

Während der Zeit des sogenannten Protektorates Böhmen und Mähren (1939–45) trat die Kunstschöpfung „Bertramhof“ anstelle der eingeführten Bezeichnung Bertramka, erhebliche Summen wurden in die Adaptierung der Anlage gesteckt, eine eigene Zeitschrift *(Briefe vom Bertramhof)* herausgegeben. Mit dem Ende der deutschen Besatzungszeit geriet der artifizielle Begriff schnell wieder in Vergessenheit. Im Vorfeld zu Mozarts 200. Geburtstag nahm sich der Magistrat der Stadt Prag der Bertramka an und führte manches wieder in den Zustand der Mozartjahre zurück. Im Januar 1986 übereignete die Mozartgemeinde der ČSSR das Objekt in die Hände des Staates, nicht ganz freiwillig, wie sich denken läßt. Nach der „Samtenen Revolution“ im Jahr 1989 forderte die Mozartgemeinde die Rückgabe des Anwesens in ihr Eigentum.

Heute ist die Bertramka die wichtigste Mozartgedenkstätte in Prag und das Ziel unzähliger Musikfreunde. In den Räumen wurde ein kleines Museum eingerichtet, in dem Mozarts Prager Aufenthalte und sein Prager Umfeld dargestellt sind. In einem der insgesamt sieben Ausstellungsräume, dem angeblichen Arbeitszimmer Mozarts, ist der sogenannte „Mozartflügel“ ausgestellt, ein in Dresden fabriziertes, zweimanualiges Cembalo aus dem Jahr 1722. In der Bertramka dürfte seinerzeit ein Flügel gestanden haben, auf dem Mozart spielen konnte. Vielleicht aber führte Mozart auch ein eigenes kleines Tasteninstrument für die Reise mit sich.

Ein Spazierweg führt den Besucher hinauf zur Anhöhe der Besitzung, vorbei an der Kopie eines von Thomas Seidan gemeißelten und anno 1876 enthüllten Standbildes Mozarts. Das Postament trug ehemals an der Vorderseite die Worte: „Hier vollendete Mozart die Oper *Don Giovanni* am 28. Oktober 1787“, die ursprünglich in deutscher Sprache eingemeißelte Inschrift wurde später entfernt.

Vorbei an Keramiken und Vasen, die um 1870 der Prager Fabrikant Wenzel Johann Sommerschuh der Bertramka übereignete, gelangt man zu einem steinernen Tisch, der zu kurzer Rast und Besinnung einlädt. Ähnlich mag der Tisch ausgesehen haben, der sich schon zu Mozarts Zeiten an dieser Stelle befand.

Mozarts erste Reise nach Prag (Januar und Februar 1787, *Le nozze di Figaro*)

Am 29. April 1786 vermerkte Mozart in Wien die Fertigstellung seiner neuen Oper *Le nozze di Figaro* in sein eigenhändiges Werkverzeichnis, zwei Tage später dirigierte er die Uraufführung in der Hofoper. Das Wiener Premierenpublikum war begeistert:

„‚Nie hat man einen glänzenderen Triumph gefeiert', sagt Kelly, ‚als Mozart mit seinem *Nozze di Figaro*.' Das Haus war gedrängt voll, viele Stücke mußten wiederholt werden, so daß die Oper beinahe die doppelte Zeit spielte; am Schluß aber wurde das Publikum nicht müde zu klatschen und Mozart herauszurufen. Und am 18. Mai konnte der Vater seiner Tochter schreiben: ‚Bey der zweyten Aufführung von Figaros Hochzeit in Wien sind fünf Stücke und bey der dritten sieben Stücke repetiert worden, worunter ein kleines Duett drei Mal hat müssen gesungen werden.'"

Hermann Abert, *W. A. Mozart*

In Wien nahm man das Werk also freundlich auf, und der Jubel wuchs noch mit der Zahl der Wiederholungen, so daß der Kaiser kurzerhand das ausufernde Dacapo-Rufen untersagte – eine Anordnung, die im opernbegeisterten Wien freilich nicht lange beachtet wurde. Bis in den Herbst hinein lag Wien im *Figaro*-Fieber, erst im November wurde Mozarts Oper von *Una cosa rara*[52], einem Publikumserfolg aus der Feder des spanischen Modekomponisten Vicente Martín y Soler vom Spielplan verdrängt. Nach zwei Jahren Unterbrechung wurde *Le nozze di Figaro* wieder aufgenommen und zur Begeisterung der Wiener weitere siebenundzwanzig Mal gegeben.

[52] (ital.) – Eine seltene Sache (nämlich die Mädchentreue).

Der aus Italien stammende Wiener Komponist Antonio Salieri schuf u. a. 40 Opern, 5 Messen, einige Oratorien, sowie Kirchen- und Instrumentalmusik. Als Musiklehrer unterrichtete er u. a. Beethoven und Schubert. Seine Beziehung zu Mozart war Gegenstand üppig wuchernder Spekulationen.

Man würde meinen, daß Mozart nun alle Türen offenstanden und daß er den Triumph in vollen Zügen auskosten konnte. Auch stand Nachwuchs ins Haus, und dem seit vier Jahren verheirateten Familienvater wurde am 18. Oktober 1786 ein drittes Söhnlein geboren. Allein, das Vaterglück währte nur kurz, denn schon nach wenigen Wochen starb der kleine Bub an den „Fraisen". Schon der erste Sohn, ein „kugelrunder" Bub, war nicht übers Säuglingsalter hinausgekommen, nun wiederholte sich das Elend. Einzig Karl Thomas, der Zweitgeborene, krabbelte zu Füßen des in Arbeit versunkenen Vaters.

Mit seinem eigenen Vater, dem Vorbild und Leitstern seiner Jugendtage, hatte Mozart kaum noch Kontakt. Leopold Mozart hatte 1785 anläßlich eines Besuches in Wien mit Genugtuung und Stolz das Lob Joseph Haydns vernommen: „Ich sage ihnen vor gott, als ein ehrlicher Mann, ihr Sohn ist der größte Componist, den ich von Person und den Nahmen nach kenne: er hat geschmack, und über das die größte Compositionswissenschaft." Aber das Lob des großen Haydn konnte an der Entfremdung zwischen Vater und Sohn nichts ändern.

Zu den privaten Sorgen kamen wohl auch Neider, die Mozarts Erfolge mit Argusaugen verfolgten und ihm manchen Stein in den Weg legten. Beim Kaiser galt schließlich „nichts als Salieri". Ein offenes Geheimnis waren die „Kabalen" etwa des in Wien lebenden Leopold Koželuch, mit denen Mozart sich konfrontiert sah. Eine entsprechende Textstelle in einem Brief Leopold Mozarts vom 28. April 1786 an seine Tochter Nannerl ist jedoch allgemein gehalten und läßt keine konkreten Aufschlüsse zu: „Heute den 28ten gehet deines Bruders Opera, *Le Nozze di Figaro*, das erste mahl in Scena. Es wird viel seyn, wenn er reußiert, denn ich weis, daß er erstaunliche starke Cabalen wider sich hat. *Salieri* mit seinem ganzen Anhang wird Himmel und Erden in Bewegung zu bringen sich alle Mühe geben". Das war freilich Tratsch, der Leopold Mozart von den Duscheks zugetragen worden war, doch immerhin konstruierte die sensationshungrige Nachwelt aus diesen Worten und einzelnen, verstreuten Aussagen Wolfgang Amadeus Mozarts phantastische und zum Teil ins Maßlose übertriebene Anschuldigungen. Salieri ging gar als Mozarts Giftmörder in die Geschichte ein, wobei literarische Fiktionen wie Alexander Puschkins Einakter *Mozart und Salieri*, 1898 von Nikolaj Rimskij-Korsakow

Alexander Sergejewitsch Puschkin schrieb 1831 das kleine Drama *Mozart und Salieri* und schürte damit die Gerüchte um Mozarts Tod. Puschkins Kabinettstück basiert auf Ungenauigkeiten und Fehlern, wohl auch, weil der Autor in Rußland kaum Zugang zu verläßlichen Quellen hatte. Gemälde von Orest Adamowitsch Kiprenski, Öl auf Leinwand, 1827.

vertont, sowie populäre Hollywoodfilme das ihrige taten, Dichtung und Wahrheit zu vermengen. Die moderne Mozartforschung hat diese Anschuldigungen längst widerlegt, und allgemein zugängliche Quellen lassen Salieri in einem völlig anderen Licht erscheinen, aber die alten Schauermärchen bleiben tief im Bewußtsein der Öffentlichkeit verankert.

War Salieri auch nicht der große Gegenspieler Mozarts, zu dem ihn die romantische Historiographie stilisierte, so wissen wir doch von manchen Gegnern Mozarts, unter ihnen einige italienische Sänger sowie der einflußreiche Direktor der Wiener Hofoper, Franz Xaver Graf Rosenberg-Orsini. Eine Anstellung am Kaiserhof war bei dieser Konstellation nicht zu erwarten.

Mozart setzte seine Hoffnungen auf Opernaufträge und suchte sich durch Subskriptions-Akademien und Unterrichtsstunden über Wasser zu halten. Zu Beginn des Jahres 1786 übernahm er die Unterweisung des nachmals berühmten Virtuosen Johann Nepomuk Hummel, im Frühjahr 1787 instruierte er für

Mozart am Spinett, um 1787. Stich von G. A. Sasso nach einer Zeichnung von G. B. Bosio.

kurze Zeit den jungen Ludwig van Beethoven, aber trotz dieser doch bestimmt gelehrigen Schüler hätte er den zeitraubenden Unterricht nur zu gerne aufgegeben. Die Sorge ums liebe Geld blieb jedoch sein ständiger Begleiter, zumal er neuerdings erhebliche Beträge für die Kuraufenthalte und Arztrechnungen seiner kränkelnden Frau brauchte.

Das unterhaltungssüchtige Wiener Publikum hatte sich um 1786 anderen, gefälligeren Tagesgrößen zugewandt, Mozarts Konzerten und Akademien blieb es immer häufiger fern. Er war seiner Zeit vorausgeeilt, hatte sein Publikum hinter sich gelassen. Was lag da näher, als sich nach neuen Wirkstätten umzusehen! Im Spätherbst 1786 faßte er den Plan, sein Glück in England zu versuchen, sein Schüler Thomas Attwood würde bestimmt behilflich sein, und Vater Leopold könnte für die Dauer der Reise auf Mozarts Buben aufpassen. Aber diese Rechnung hatte er ohne den alten Herrn gemacht, und so mußten die englischen Reisepläne mangels Kinderbetreuung fallengelassen werden.

In Prag hatte indessen der italienische Impresario Pasquale Bondini den bei Kaiser Joseph II. in Ungnade gefallenen deutschböhmischen Theaterdirektor Carl Wahr abgelöst. Die welsche Oper hatte wieder die Vorherrschaft errungen, das Glück winkte dem Italiener Bondini, der in jungen Jahren zuerst mit der Operngesellschaft der famosen Gebrüder Mingotti, später mit der Truppe Gaetano Molinaris nach Prag gekommen war.

„Der Impresario der italienischen Oper, Pasquale Bondini, war den Pragern längst vertraut, er war bereits in der Opernsaison 1762–1763 dagewesen, als Gaetano Molinari ‚als Untermieter des zeitweilig von Prag (in Venedig) abwesenden Haupt-Unternehmers Joseph von Kurtz im Kotzentheater italienische Opernvorstellungen gab‘ – damals als Baß-Buffo; später begegnet man ihm in der Bustellischen Operngesellschaft, bei der er bald eine so hervorragende Stellung einnimmt, daß Bustelli ihm nicht nur die Regie, sondern auch die Leitung der Operngesellschaft in Leipzig überträgt. Später leitet Bondini die deutsche Schauspielgesellschaft in Dresden, während die italienische Oper auf Einladung des böhmischen Adels im gräflichen Thun'schen Hause auf der Kleinseite (Fünfkirchenplatz) Opern spielt.

Im Jahre 1783 war Kaiser Josef II. in Prag gewesen. Bei dieser Gelegenheit hatte er seinem Wohlgefallen an den Leistungen Bondinis im Thun'schen Theater ebenso Ausdruck gegeben, wie seiner Enttäuschung über die Aufführungen der Wahr'schen Gesellschaft im neu gegründeten Nostitz'schen Nationaltheater. Graf Nostitz säumt nicht, dem Winke des Kaisers zu folgen, kündigt seinem ersten Direktor Wahr und verpachtet das Nationaltheater an Bondini, der indessen ja auch Impresario für das Dresdner deutsche Schauspiel und für die Sommervorstellungen in Leipzig geworden ist. So spielt nun Bondinis ‚opera buffa' abwechselnd im Winter in Prag in der Altstadt und auf der Kleinseite, im Sommer in Leipzig. Nun herrschte zwischen Leipzig, Dresden und Prag eine Theater-Arbeitsgemeinschaft."

Paul Nettl, *Mozart in Böhmen*

War es 1782 die Webersche Truppe, die im Kotzentheater mit großem Beifall *Die Entführung aus dem Serail* gegeben hatte, so gebührte der Bondinischen Gesellschaft das Verdienst, erstmals an der Moldau *Le nozze di Figaro* zur Aufführung gebracht zu haben. Mit dieser Inszenierung kam Bondini einem vielfach geäußerten Programmwunsch des Prager Publikums nach. Seine Frau Catharina hatte er für die Rolle der Susanne bestimmt, der vortreffliche Bassist Felice Ponziani gab den Figaro, der aus Pesaro stammende Luigi Bassi verkörperte den übertölpelten Grafen Almaviva. Von der Premiere im Dezember 1786 an war dem *Figaro* in Prag ein glänzender, den ganzen Winter über anhaltender Erfolg beschieden. Das Theater war

LE NOZZE
DI FIGARO,
O SIA
LA FOLLE GIORNATA.
COMEDIA PER MUSICA
TRATTA DAL FRANCESE
IN QUATTRO ATTI.
DA RAPPRESENTARSI
Nei Teatri di Praga
l'Anno 1786.
Preſo Giuſeppe Emenuele Diesbach.

Das Libretto zur Oper *Die Hochzeit des Figaro* in der 1786 zu Prag gegebenen italienischen Fassung.

allabendlich von so vielen Zuschauern „besetzt, daß kaum eine Bewegung stattfinden konnte“, die begeisterten Prager redeten wochenlang von kaum etwas anderem als von der neuen Oper des „berühmten Herrn Mozard“.

Die *Prager Oberpostamtszeitung* vom 12. Dezember selbigen Jahres wußte zu berichten, daß „kein Stück je soviel Aufsehen gemacht [hat] als die italienische Oper *Hochzeit des Figaro*“. Man anerkannte und lobte den Beitrag des aus Zwittau gebürtigen Orchesterdirektors Johann Joseph Strobach, vormals Geiger an der Kreuzherrenkirche, und der edelmütige Mozart schrieb in einem leider nicht erhaltenen Brief dessen geschickter Ausführung den größten Teil des Beifalls zu. Das „unvergleichliche“ Orchester war „wohlbesetzt“ und geriet laut Strobach bei jeder Vorstellung so sehr in Feuer, daß er „trotz der mühsamen Arbeit mit Vergnügen von Vorne wieder anfangen würde.“ Wenzel Tomaschek berichtete in seiner Autobiographie: „Mozart, der doch alle Orchester Deutschlands kannte, pflegte immer zu sagen: Mein Orchester

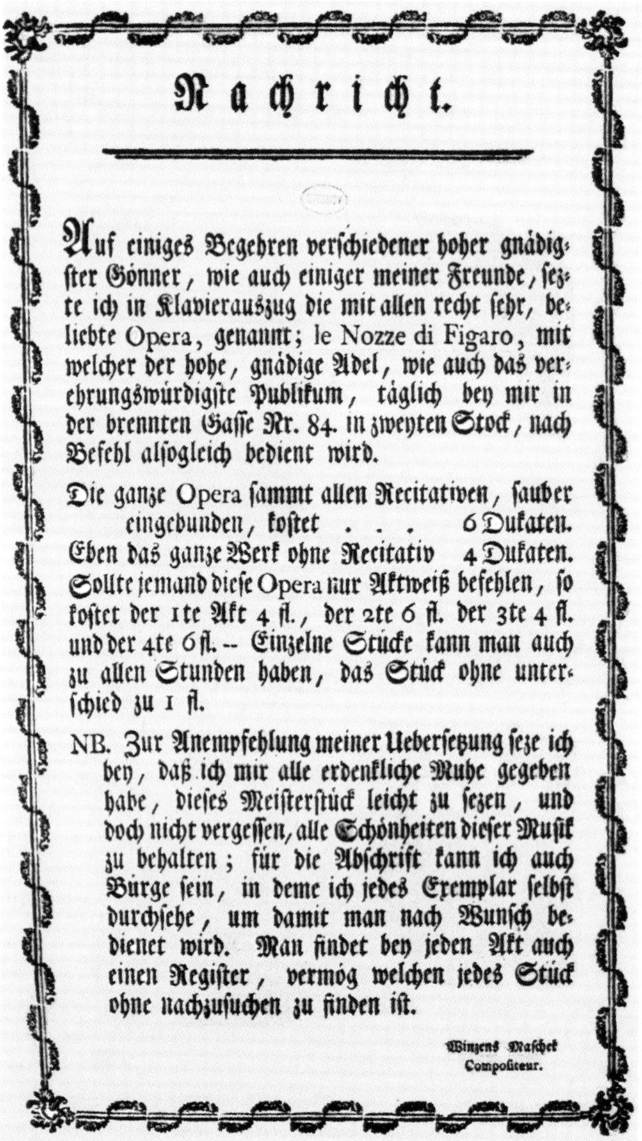

Nachricht.

Auf einiges Begehren verschiedener hoher gnädigster Gönner, wie auch einiger meiner Freunde, sezte ich in Klavierauszug die mit allen recht sehr, beliebte Opera, genannt; le Nozze di Figaro, mit welcher der hohe, gnädige Adel, wie auch das verehrungswürdigste Publikum, täglich bey mir in der brennten Gasse Nr. 84. in zweyten Stock, nach Befehl alsogleich bedient wird.

Die ganze Opera sammt allen Recitativen, sauber eingebunden, kostet . . . 6 Dukaten.
Eben das ganze Werk ohne Recitativ 4 Dukaten.
Sollte jemand diese Opera nur Aktweiß befehlen, so kostet der 1te Akt 4 fl., der 2te 6 fl. der 3te 4 fl. und der 4te 6 fl. -- Einzelne Stücke kann man auch zu allen Stunden haben, das Stück ohne unterschied zu 1 fl.

NB. Zur Anempfehlung meiner Uebersetzung seze ich bey, daß ich mir alle erdenkliche Muhe gegeben habe, dieses Meisterstück leicht zu sezen, und doch nicht vergessen, alle Schönheiten dieser Musik zu behalten; für die Abschrift kann ich auch Bürge sein, in deme ich jedes Exemplar selbst durchsehe, um damit man nach Wunsch bedienet wird. Man findet bey jeden Akt auch einen Register, vermög welchen jedes Stück ohne nachzusuchen zu finden ist.

Winzens Maschek
Compositeur.

Innerhalb kurzer Zeit waren verschiedene Klavierauszüge zur *Hochzeit des Figaro* auf dem Markt. Hier eine gedruckte Anzeige von Vinzenz Maschek.

steht in Prag". Die Ursache für die gelungenen Bläserduette fand man nicht nur im Werk des Komponisten begründet, sondern auch in den böhmischen Trompetern und Waldhornisten, die allesamt als entschiedene Meister ihres Faches angesehen wurden. Die zündende Musik wurde eilends für Blasinstrumente bearbeitet, alsbald auch für Klavier, und im Handumdrehen klang sie als Kammermusik wider. In den Schenken und Gassen vernahm das einfache Volk die in deutsche Tänze verwandelten Mozartschen Melodien, und es dauerte nicht lange, bis selbst die Wäschermädel auf der Kampa[53] nichts anderes summten als immer wieder nur *Figaro*.

„So wie jedes seiner Werke in Böhmen nach seinem wahren Werthe erkannt und geschätzt wurde: so geschah es auch mit dieser Opera. Sie wurde im Jahre 1787 von der Bondinischen Gesellschaft in Prag auf das Theater gebracht und gleich bey der ersten Vorstellung mit einem Beyfall aufgenommen, der nur mit demjenigen, welchen die Zauberflöte nachher erhielt, verglichen werden kann. Es ist die strengste Wahrheit, wenn ich sage, daß diese Oper fast ohne Unterbrechen diesen ganzen Winter gespielt ward, und daß sie den traurigen Umständen des Unternehmens vollkommen aufgeholfen hatte. Der Enthusiasmus, den sie bey dem Publikum erregte, war bisher ohne Beyspiel; man konnte sich nicht genug daran satt hören. Sie wurde bald von einem unserer besten Meister, Herrn Kucharz in einen guten Klavier-Auszug gebracht, in blasende Parthien, ins Quintett für Kammermusik, in deutsche Tänze verwandelt: kurz Figaros Gesänge wiederhallten auf den Gassen, in Gärten, ja selbst der Harfenist bey der Bierbank mußte sein non più andrai tönen lassen, wenn er gehört werden wollte."

Franz Xaver Niemetschek, *W. A. Mozart's Leben*

[53] Unter der Karlsbrücke gelegene Halbinsel, die in früheren Jahrhunderten als Heimstatt der Wäscherinnen bekannt war.

In dieser Situation erreichte Mozart eine unerwartete Einladung vom Prager „Orchester und einer Gesellschaft großer Kenner und Liebhaber“ nebst einer „Poesie, die über ihn gemacht worden“:

„Was soll ich die Musen begeistert von Dir
Um Beistand beschwören! Sei Muse Du mir!
Sei Du mir des Pindus berauschende Quelle!
Ich hört' Dich melodischer Denker, und pries
Dein Schöpfertalent und ins Wonnemeer ries
Mich bald der Empfindung mächtigste Welle.

Zwar rollen bei Deinem Getöne nicht Wald
Nicht Felsen herbei, nicht fabelhaft hallt
Dein sprechendes Spiel dem gefräßigen Tieger.
Doch bist Du dem fühlenden Orpheus mehr,
Bist Herrscher der Seelen, Dir fröhnt das Gehör
Der Kinder, der Mädchen, der Männer, der Krieger.

Wenn Liebe Dein schmelzendes Saitenspiel tönt,
Sucht trunken der Jüngling sein Liebchen und stöhnt
Und heftiger hämmert der Busen dem Liebchen.
Sie winkt dem Geliebten zum Göttergenuß
Und mit in Dein Saitenspiel lispelt ein Kuß
Von Lippen des Jünglings, von Lippen des Liebchens.

Wenn ängstig und fieb'risch Dein Saitenspiel bebt,
Durchfrieren uns Schauer und Angst. Doch belebt
Uns Freude, wenn sich necken und scherzen.
Wenn wimmernd und dumpf, wie des Grabes Getön
Die klagenden Lieder die Ohren umweh'n,
Ertönen auch Wehmuth die Saiten der Herzen.

Sieh! Deutschland, Dein Vaterland, reicht Dir die Hand,
Nach Sitte der Deutschen, und löset das Band
Der Freundschaft mit Fremdlingen auf, und verehret
In Dir nun den deutschen Apoll, und versöhnt
Sich so mit Germaniens Musen, und höhnt
Des schielenden Neides, der selbst sich verzehret.“

Wir sind versucht, diese recht pathetischen Reime zu belächeln – nicht so Mozart, dem die Anspielung niemand zu erklären brauchte. Die Einladung nach Prag, vermutlich unterbreitet von seinem Wiener Gönner Franz Joseph Graf Thun, dem „dep. Meister vom Stuhl" der Loge „Zur Eintracht", mußte dem mittlerweile einunddreißigjährigen Kapellmeister wie ein Fingerzeig aus seiner hoffnungslos verworrenen Lage erscheinen. Zehn Jahre zuvor hatte er mit Mysliveček in München vom herrlichen Prag geredet, nie aber hatte sich eine günstige Gelegenheit zu einer Reise geboten. Später, 1781, hatte Mozart dann vernehmen lassen: „Der Weg nach Prag ist mir jetzt weniger verschlossen, als wenn ich in Salzburg wäre", aber da waren die Reisepläne noch vage und kaum mehr als eine Möglichkeit unter vielen, und die Prager, die seinen Namen erst ein Jahr später mit der *Entführung aus dem Serail* schätzenlernen sollten, verbanden noch nichts mit diesem Kapellmeister Mozart aus Salzburg.

Nun aber sprach alles auf das Vorteilhafteste für Prag, und wenige Wochen nachdem sein *Figaro* im Dezember 1786 so freundliche Aufnahme unter dem Hradschin gefunden hatte, traf Mozart die erforderlichen Vorbereitungen für die Reise ins Böhmische.

Am Montag, dem 8. Januar 1787, einem kalten Wintertag, trat Mozart in Begleitung Constanzes die Reise nach Prag an, mit ihnen kam sein künftiger Schwager Franz Hofer, die mit ihrer Tante Elisabeth Barbara Qualenberg Berlin zustrebende Geigenvirtuosin Maria Anna Antonia Crux[54], der Klarinettist Anton Stadler, der Geiger Kaspar Ramlo sowie Mozarts Schüler Franz Jakob Freystädtler. Auch Mozarts Bedienter Joseph

[54] Am Montag, dem 22. Januar 1787, sang die damals vierzehnjährige Maria Crux im Thunschen Theater, Mozart war bei dem Konzert vermutlich zugegen. Der Prager Presse zufolge übertraf das junge Mädchen an diesem Abend „alle Erwartung".

soll mit von der Partie gewesen sein, und zur Freude aller Reisenden des Meisters Hündchen Gaukkerl. Lassen wir dahingestellt, ob wirklich alle Genannten dabei waren – die einzige Quelle, ein Brief Mozarts, läßt einigen interpretatorischen Spielraum. Den Zeilen entnehmen wir auch, daß man sich auf der Fahrt gut amüsierte, daß man scherzte und einander lustige Spitznamen gab: Punkitititi hielt man für Mozart geeignet, seine Frau bedachte man mit dem kleidsamen Kosewort Schabla Pumfa. Gerne wüßten wir, ob dieses Kauderwelsch auf die so fremdartige tschechische Sprache anspielte, der man unterwegs mit einiger Wahrscheinlichkeit begegnete, aber leider schweigen sich die Quellen darüber aus.

Die etwas mehr als dreihundert Kilometer lange Reise ging über die Hauptpoststationen Znaim, Mährisch Budwitz, Iglau, Tschaslau und Kolín. Eine so lange Überlandfahrt war im 18. Jahrhundert nicht ungefährlich: Da waren zunächst allerlei Spitzbuben, Beutelschneider und Wegelagerer, die auf den unsicheren Landstraßen nach geeigneten Opfern Ausschau hielten, und immer noch durchstreiften Braunbären und Wölfe die dichten Wälder – erst anno 1798 wurde der letzte Isegrim in den Böhmischen Ländern erlegt. Außerdem konnte jederzeit ein technisches Gebrechen auftreten, ein Rad brechen oder widrige Straßenverhältnisse die Fahrt erschweren – man mußte mit allem rechnen.

Das Palais Thun auf der Kleinseite: Mozarts Unterkunft während der ersten Pragreise. Stahlstich von R. Poláček nach Jan Koula.

Nichts dergleichen geschah: Nach drei Tagen Fahrt durch die winterliche Landschaft trafen die beiden Kutschen am 11. Januar 1787, einem Donnerstag, in Prag ein.

Der diensthabende Zöllner des „Neuen Tores"[55], bei dem Mozart sich einer Paßkontrolle unterziehen mußte, soll ihn zum Erstaunen der Mitreisenden gar gefragt haben, ob er der Komponist des *Figaro* sei. Wir sehen den überraschten Gesichtsausdruck des Ankommenden vor unserem inneren Auge – allein: die Quellen dazu sind mehr als vage, und eher müssen wir die Geschichte als sympathische Schnurre werten denn als historische Tatsache.

Nach Erledigung der Formalitäten fuhren die Reisenden durch die Altstadt, überquerten auf der „Prager

[55] Das Tor befand sich im Bereich des heutigen Heuwaagsplatzes [Senovážné náměstí].

Bruck'n" die Moldau und rollten weiter nach der Klein-
1 seite, wo man das Ehepaar Mozart im gräflich Thunschen Palais[56] in der ehemaligen Pfarrgasse[57] ein
Logis bereitet hatte, die Mitreisenden dürften in einem Wirtshaus abgestiegen sein. Diesmal hatten die
Prager Freunde Josepha und Franz Duschek das
Quartier nicht stellen können, da sie sich gerade auf
einer Konzertreise durch Deutschland befanden.

Am nächsten Tag, dem 12. Januar 1787, vermeldete die *k. k. Prager Oberpostamtszeitung* allen Prager Musikfreunden die Ankunft mit gewohnter Verläßlichkeit: „Gestern Abends kam unser große und geliebte Tonkünstler, Hr. Mozard aus Wien hier an. Wir zweifeln nicht, dass Herr Bondini diesem Manne zu Ehren die ‚Hochzeit des Figaro', dieß beliebte Werk seines musikalischen Genies, aufführen lassen werde, und unser rühmlich bekanntes Orchester wird sodann nicht ermangeln neue Beweise seiner Kunst zu geben, und die geschmackvollen Bewohner Prags werden sich gewiss, ohngeachtet sie das Stück schon oft gehört haben, sehr zahlreich einfinden. Wir wünschten auch Herrn Mozards Spiel selbst bewundern zu können."

Leopold Mozarts postalischer Nachrichtendienst funktionierte ebenfalls erwartungsgemäß. Am Tage der Ankunft vermeldete er seiner in St. Gilgen weilenden Tochter Nannerl die neuesten Ereignisse:

„Dein Bruder wird itzt mit seiner Frau bereits in Prag seyn, denn er schrieb mir daß er verflossenen

[56] Haus „Zur Eisernen Tür" oder auch „Leslie-Palais", ehemals Pfarrgasse, heute: Thunovská [Thungasse] 14/180, seit Ende des Ersten Weltkriegs Residenz der britischen Botschaft. Dieses Thunsche Palais wurde 1659 im Auftrag des Salzburger Erzbischofs Guidobald Thun-Hohenstein errichtet und in den Jahren 1716–27 nach Plänen von Giovanni Alliprandi durch Anselmo Lurago umgebaut. Das Eingangsportal zum Hof stammt aus dem 19. Jahrhundert.

[57] In der Literatur wird auch fallweise die Behauptung geäußert, daß Mozart im zweiten Thunschen Palast auf dem nahe gelegenen Pfarrplatz einquartiert worden wäre, wo sich das Thunsche Theater befand.

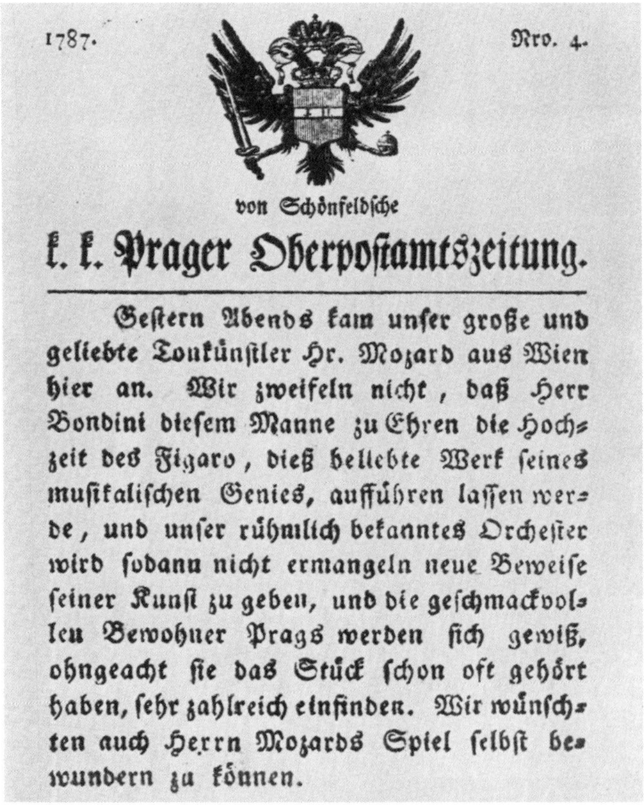

1787. Nro. 4.

von Schönfeldsche

k. k. Prager Oberpostamtszeitung.

Gestern Abends kam unser große und geliebte Tonkünstler Hr. Mozard aus Wien hier an. Wir zweifeln nicht, daß Herr Bondini diesem Manne zu Ehren die Hochzeit des Figaro, dieß beliebte Werk seines musikalischen Genies, aufführen lassen werde, und unser rühmlich bekanntes Orchester wird sodann nicht ermangeln neue Beweise seiner Kunst zu geben, und die geschmackvollen Bewohner Prags werden sich gewiß, ohngeachtet sie das Stück schon oft gehört haben, sehr zahlreich einfinden. Wir wünschten auch Herrn Mozards Spiel selbst bewundern zu können.

Montag dahin abreisen werde. seine opera *Le Nozze di Figaro* sind mit so großen Beyfahl alda aufgeführt worden, daß das Orchester, und eine Gesellschaft *großer* kenner und Liebhaber im Einladungs Briefe zu geschrieben, und eine Poesie die über ihn gemacht worden zugeschickt haben. Ich habs von deinem Bruder und Gr. Starmberg hat es von Prag bekommen. mit nächstem Bothentag werde es euch schicken. Md:^{me} Duschek gehet nach Berlin, und die Rede, daß dein Bruder nach Engelland reisen wird, bestättigt sich noch immer von Wienn, von Prag und von München aus.“

Mozart, *Briefe und Aufzeichnungen*

Der Prager Quartiergeber Johann Joseph Graf Thun hatte Mozart schon 1783 in Linz „mit Höflichkeiten überschüttet", wofür dieser ihm mit der Dedikation der *Linzer C-Dur-Symphonie* seinen Dank abstattete. Graf Thun hatte Mozart nach Prag eingeladen und ihm Wohnung, Kost und alle erforderlichen Bequemlichkeiten in Aussicht gestellt. Dieser großmütige Herr war übrigens k. k. Kämmerer und verantwortlich für gleich drei böhmische Fideikommisse[58]. Nach insgesamt vier Ehen darf Thun als ein in jeder Hinsicht erprobter Mann gelten, als Freimaurer hatte er es überdies zum deputierten Großmeister der Provinzial-Loge von Böhmen gebracht. Er starb im Frühjahr des Jahres 1788, nur ein Jahr nachdem er die Mozarts so freundlich in seinem Prager Palais aufgenommen hatte. Aber da hatte er den Palast bereits seinem Sohn Wenzel Joseph Thun übergeben, dem Begründer der sogenannten „Tetschener Linie". Ein zweiter Sohn, Franz de Paula Johann Joseph, war ebenfalls Freimaurer und gehörte wie Mozart der Loge „Zur Wahren Eintracht" an. Dieser junge Graf war verheiratet mit Maria Wilhelmine geb. von Uhlefeld, mit der Mozart von Wien her bekannt war. Er hatte ihre musikalischen Soireen besucht und die Gräfin als „die charmanteste, liebste Dame, die ich in meinem Leben gesehen" bezeichnet. Mit einiger Wahrscheinlichkeit kommt auch dieser Abkömmling der weitverzweigten Thunschen Sippe als Mozarts Prager Gastgeber in Betracht.

Die von der langen Fahrt erschöpften Reisenden waren gerade rechtzeitig angekommen, um als Mittagsgäste an der Thunschen Tafel Platz nehmen zu können. Nachdem die Gesellschaft gespeist hatte, gab

[58] Rechtshistor. Begriff: Im gegebenen Zusammenhang verstand man darunter eine Regelung, die es ermöglichte, das Vermögen eines adeligen Geschlechtes ungeteilt und auch generationenübergreifend übertragen zu können. Die Errichtung eines Fideikommisses sollte eine Zersplitterung des Stammgutes verhindern.

Der Freimaurer und Bekannte Mozarts Franz de Paula Johann Joseph Graf Thun.

die Hauskapelle des Grafen eine Kostprobe ihres Könnens. Der Herr Kapellmeister sollte nur sehen, wozu eine böhmische Bande imstande war!

Zum Ausruhen war dann freilich nicht mehr viel Zeit: Schon der erste Abend war dem Besuch einer Ballveranstaltung gewidmet, befand man sich doch

Maria Wilhelmine Gräfin Thun, geb. Uhlefeld, die Gemahlin von Franz de Paula Johann Joseph Graf Thun, eine Wiener Bekannte Mozarts.

Blick auf den Kleinseitner Ring und die Prager Burg. Der nördliche Teil des Kleinseitner Ringes hieß Wälscher Platz, wo das Ehepaar Duschek wohnte. Rechts (1), an den „Schloß Stiegen“, sieht man das Thunsche Palais, Mozarts Quartier während seiner „Figaro-Reise“. In unmittelbarer Nachbarschaft (2) lag das ehemalige Thunsche Theater. Auf der linken Seite (3), schon außerhalb des Bildrandes, liegt das Palais Bretfeld, darunter das Palais Liechtenstein (4) und die St. Niklas-Kirche (5).

inmitten des noch nach vielen Jahren für seine Lustigkeit gerühmten Faschings 1787.

„Der Prager Fasching genoß – nicht lange mehr – den Ruf besonderer Lustigkeit. Das lag in der Vorliebe der Prager für den Tanz begründet, einer Vorliebe, deren fast alle Beschreibungen Prags von der Mitte des 18. bis zur Mitte des 19. Jahrhunderts Erwähnung tun; man tanzte das ganze Jahr, zuhause beim Pianoforte, Sommers bei Gitarre und Gesang im Grünen. Die großen Faschingsbälle – zu denen schöngestochene Karten einluden – waren in den Sälen des ‚Bades' auf der Kleinseite und des ‚Konvikts' auf der Altstadt; die Redouten im sogenannten Wussischen Hause auf dem Fleischmarkt, das kurz auch nur ‚in der Redout' hieß und in dem sich jetzt die deutsche Handelsakademie befindet. Die Redouten – erst seit 1775 und nur für die höheren Stände bewilligt – waren, wenn ich einer zeitgenössischen Darstellung folge, die vorzüglichste Unterhaltung für das bessere Publikum während der Fastnachtszeit. In dem genannten Hause waren die beiden Redoutensäle mit den dazu gehörigen Speisezimmern. Den ganzen Fasching hindurch, jeden Samstag von 9 Uhr abends bis 6 Uhr früh, wurde in beiden Zimmern zugleich, bei verschiedenen Musikkapellen getanzt. Man tanzte abwechselnd Menuetts, deutsche Tänze, Ecossaisen, Quadrillen und Kontretänze. Eigentlich war Maskierung Vorschrift; doch hielt man sich nicht strenge daran und außer den üblichen Seidendominos sah man viel Tänzer und Tänzerinnen in einfacher Balltoilette."

Otto Brechler,
Das geistige Leben Prags vor hundert Jahren

Den Abend dieses 11. Januar hatte man also für den „Bretfeldischen Ball" reserviert. Ob damit das regelmäßig an Donnerstagen bei einem Eintrittsgeld von einem Gulden im Konviktsaal in der Altstadt abgehaltene Tanzvergnügen gemeint ist oder ein Hausball im nur wenige hundert Meter entfernt gelegenen

Das Palais „Zum Sommer und Winter“ in der Nerudagasse kam 1765 bei einer öffentlichen Feilbietung für 5200 Gulden in den Besitz des böhmischen Landesadvokaten Franz Joseph Bretfeld. Es hatte zum Nachlaß des königlichen Oberkriegskommissarius Ritter Wenzel Lodgmann von Auen gehört.

7 Palais Bretfeld[59] muß mangels erhellender Quellen unbeantwortet bleiben.

Die Ballveranstaltungen im Palais Bretfeld – und möglicherweise auch jene im Konviktsaal – gehen zurück auf den Prager Musikfreund Joseph Baron Bretfeld von Kronenburg, den angesehenen Rektor der Prager Karl-Ferdinand-Universität. Dieser biedere Mann hegte eine Vorliebe für Gesellschaftsbälle und soll solche über Jahrzehnte hinweg in seinem Haus ausgerichtet haben. In zwei Sälen tanzte man da, in drei weiteren Zimmern hatte man Tische und Buffets aufgestellt, an denen sich die Ballgäste laben konnten. Zu den illustren Gästen sollen auch Giovanni Casanova sowie der Prager Universitätsprofessor Gottlieb

[59] Haus „Zum Sommer und Winter“, ehemals Spornergasse, heute Nerudova [Nerudagasse] 33/240. Das auf spätgotischen Fundamenten errichtete Palais Bretfeld, ein frühbarocker Palast, erfuhr in den Jahren 1711–23 wesentliche bauliche Veränderungen. 1765 erwarb der Landesadvokat und spätere Rektor der Universität Joseph Bretfeld den Palast und ließ ihn spätbarock umgestalten; diese Arbeiten werden Johann Josef Wirch zugeschrieben. Seit damals besteht das Gebäude in seiner Substanz unverändert. Die Fassade ist mit einem Relief des hl. Nikolaus aus der Werkstatt von Ignaz Franz Platzer geschmückt. Der zur Nerudova hin gelegene Saal im ersten Stock des Palastes ist mit wertvollen Wandgemälden aus der Zeit um 1780 geschmückt, in denen die Prager Gebäude der Familie Bretfeld und ihre Umgebung dargestellt sind.

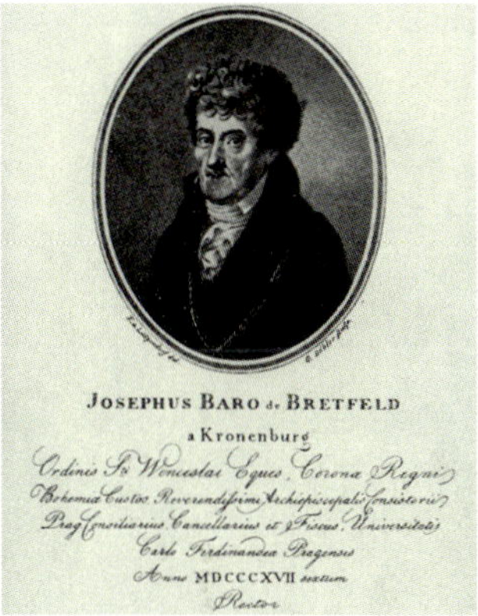

Der mehrfache Rektor der juridischen Fakultät an der Prager Karl-Ferdinand-Universität Franz Joseph Freiherr von Bretfeld zu Kronenburg. In Kupfer gestochen von Georg Döbler nach einer Zeichnung von Ferdinand Freiherr von Lütgendorf.

August Meissner gehört haben. Alles, was Rang, Namen, Schönheit oder Reichtum geltend machen konnte, war zu den Bällen des Barons geladen. Was Wunder also, daß sein Name in dem Parfum „Bretfelder Geist" weiterlebte, einem aromatischen Duftwasser, dessen Rezeptur Bretfeld selbst oder einem erfinderischen Sproß seiner Familie zugeschrieben wird. Bis ins 20. Jahrhundert hinein tanzte man auf Böhmens Parketten einen raschen Walzer „à la Bretfeld", und anläßlich des 150. Jubiläums der Uraufführung des *Don Giovanni* richteten die Prager Musikfreunde in den Sälen der Národní kavárna (National-Kaffeehaus) einen Kostümball aus, der unter dem Motto „Mozart auf dem Ball bei Bretfeld" stand.

Der Ball nahm um achtzehn Uhr seinen Anfang. Mozart erschien in Begleitung des Grafen Canal, von dem später noch die Rede sein wird. Der Herr Kapellmeister konnte sich bei dieser Gelegenheit ein Urteil über die Schönheit der Prager Weiblichkeit bilden, wobei ihm die nach der Reise begreifliche Müdigkeit, vielleicht aber auch die anwesende Mme. Mozart das Tanzen mit all den schönen Mädeln und Weibern füglichst zu unterlassen gebot. Er konnte sich aber auch von der großen Popularität seines *Figaro* überzeugen, „eine gewiß große Ehre" für den

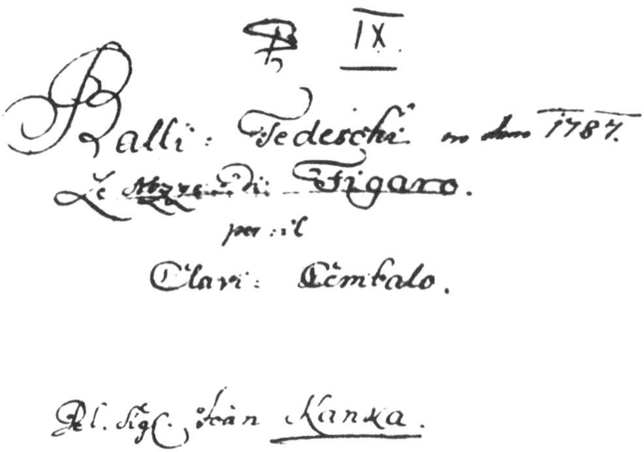

Titelseite des handschriftlichen Sammelbandes der *Balli Tedeschi 1787* nach Melodien aus *Le nozze di Figaro*.

Ballgast. Die Prager hatten die *Figaro*-Musik geplündert, in „Contretänze“ und „teutsche“ Tänze verwandelt und amüsierten sich dabei nach Herzenslust. In einem handschriftlichen Sammelband haben sich bis heute zwölf auf dem *Figaro* basierende *Balli Tedeschi 1787* erhalten, notiert von einem gewissen Johann Kanka, vielleicht dem Freund und Prager Anwalt Beethovens. Auch Mozart hat sich 1791 mit seinen *Fünf Kontretänzen* auf die Arie *Non più di andrai* aus dem *Figaro* bezogen.

Am Tage nach dem Ball ruhte man lange in Morpheus' Armen, schließlich war man bis in die späte Nacht bei Bretfeld geblieben und erst in den frühen Morgenstunden ins Thunsche Palais zurückgekehrt. Zur Mittagsstunde tafelte man wieder im geselligen Kreise und genoß – wie offenbar im Hause Thun allgemein üblich – die „wahre Unterhaltung“ der hochgräflichen Musik. Der Abend war dann dem Spiel auf einem ins Zimmer gebrachten Pianoforte gewidmet. Früh schon wird man die Kerzen gelöscht und die von der Reise und dem Ballbesuch müden Augen geschlossen haben.

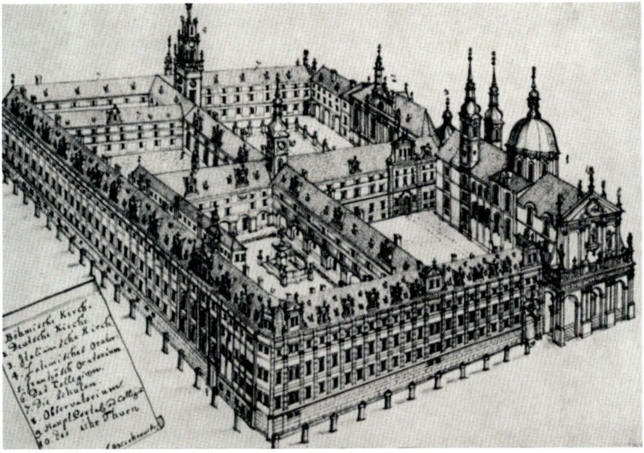

Das Jesuitenkollegium Klementinum in der Prager Altstadt. Lavierte Tuschzeichnung von F. B. Werner, um 1750.

Für Samstag, den 13. Januar, war ein Besichtigungsprogramm vorgesehen. Um elf Uhr fand man sich bei Pater Dr. Karl Raphael Ungar ein, einem freundlichen, beleibten Geistlichen, der den Gästen das Naturalienkabinett, das geistliche Seminar und die etwa 130.000 Bände umfassende Universitätsbibliothek[60] im Klementinum[61] zeigte. Dieser Bibliothek 15
waren große Bestände von Büchern aus jenen Klosterbibliotheken einverleibt worden, die Joseph II. wenige Jahre zuvor hatte schließen lassen; unzählige Exemplare waren mangels geeigneter Lagermöglichkeiten, aber auch mangels Verständnis für die unschätzbaren bibliophilen Schätze verlorengegangen. Als etwa Fuhrwerke die Bücher einer Bibliothek bei Wittingau anlieferten und dabei auf den schlechten Wegen im

[60] Die Universitätsbibliothek, damals täglich außer samstags geöffnet, zählte zu den besten ihrer Art in Österreich und wurde von vielen Reisenden besucht. Neben der Universitätsbibliothek bestanden im damaligen Prag die bedeutende Dombibliothek, die Bibliothek des Klosters Strahov sowie eine Reihe privater Sammlungen (z. B. jene im Palais Lobkowicz auf der Prager Kleinseite).
[61] Kreuzherrengasse [Křižovnická] 2/190 (etc.).

Joseph Emanuel Graf Canal von Malabaila, Prager Aristokrat und Freimaurer.

Morast steckenblieben, pflasterten die Kutscher die Fahrrinne kurzerhand mit den Folianten ihrer Ladung.

Im Anschluß an die Besichtigung des Klementinums begab man sich in das gräflich Canalsche Palais, „ein prächtiges Gebäu“ auf dem Hibernerplatz[62], in dem man ein Mittagessen zu sich nahm. Joseph Emanuel Graf Canal von Malabaila war nicht nur Präses der ökonomischen Gesellschaft und als solcher verantwortlich für die Errichtung einer Musteranstalt zur Fabrikation von Rübenzucker, sondern auch ein vielseitig interessierter und umtriebiger Landwirt und Züchter. Er war der Schöpfer einer unter dem Namen „Canalscher Garten“ wohlbekannten öffentlich zugänglichen botanischen Parkanlage vor dem Roßtor am oberen Ende des Wenzelsplatzes. Auch Mozart wird diesen paradiesischen, von zierlichen Pavillons durchsetzten Garten inspiziert haben, in dem seltene Bäume und Sträucher gepflanzt und exotische Vögel und Fische gezüchtet wurden. Graf Canal, der Sohn eines Sardinischen Gesandten, war neben all seinen verdienstvollen Unternehmungen zusammen mit Pater

[62] Ehem. gräflich Canalsches Palais „Zum Schwarzen Hirschen“: Ecke Dlážděná [Pflastergasse] – Hybernská [Hibernergasse].

Raphael Ungar, erster k. k. Bibliothekar zu Prag. Gestochen von J. Balzer nach G. Kneipp.

Ungar Begründer der Prager Freimaurerloge „Zur Wahrheit und Einigkeit“. Ungar hatte 1783, im Gründungsjahr der neuen Prager Loge, dem Stuhlmeister der Wiener Loge „Zur Wahren Eintracht“, Ignaz Edlen von Born, die neuen Prager Statuten vorgelegt. Da es sich dabei um keinen anderen handelte als jenen Edlen von Born, dem Mozart die Kantate *Die Maurerfreude* zugeeignet hatte, darf man vermuten, daß freimaurerische Beziehungen im Zusammenhang mit Mozarts Reise nach Prag eine Rolle gespielt haben.

Für den Abend selbigen Tages hatte man sich den Besuch der komischen Oper *Le gare generose* des Buffokomponisten Giovanni Paisiello vorgenommen. Mozart scheint diese Darbietung nicht sonderlich interessiert zu haben, denn er schwätzte mit den Begleitern, was sonst nicht seine Gewohnheit war. Vielleicht lag es nur daran, daß er die Oper schon von Wien her kannte; ob ihm nun das Werk oder nur die Sänger bzw. Musiker nicht zusagten – in jedem Falle empfand er den Abend als vergeudet.

Die wertvollste Quelle zu jenen Tagen hat uns Mozart selbst in die Hand gelegt. In einem mit 15. Januar datierten Brief läßt er seinen Wiener Freund Gottfried von Jacquin wissen:

Kreuzherrenplatz mit Kreuzherrenkirche (Mitte), Altstädter Brückenturm (links) und Klementinum (rechts). Zu Mozarts Zeiten stand noch das Mauthäuschen neben dem Brückenturm. Kolorierter Stich von Philip und Franz Heger, 1794.

„Prag, den 15:^{ten} Jenner 1787.

liebster freund! –

Endlich finde ich einen Augenblick an sie schreiben zu können; – ich nam mir vor gleich bey meiner Ankunft vier briefe nach Wienn zu schreiben, aber umsonst! – Nur einen einzigen (an meine Schwiegermutter) konnte ich zusammenbringen; und diesen nur zur hälfte. – Meine frau und Hofer mussten ihn vollenden.

Gleich bey unserer Ankunft (Donnerstag den 11:^{ten} um 12 uhr zu Mittag) hatten wir über hals und kopf zu thun, um bis 1 uhr zur Tafel fertig zu werden. Nach Tisch regalirte uns der alte H: graf Thun mit einer Musick, welche von seinen eigenen leuten aufgeführt wurde, und gegen anderthalb Stunden dauerte. – Diese *wahre Unterhaltung* kann ich täglich genüssen. – um 6 uhr fuhr ich mit grafen Canal auf den sogenannten breitfeldischen ball, wo sich der kern der Prager schönheiten zu versammeln pflegt. – das wäre so was für sie gewesen mein freund! – ich meyne ich sehe sie all den Schönen Mädchens, und Weibern nach – – laufen glauben sie? – Nein, nachhinken! – Ich tanzte nicht und löffelte nicht. – das erste, weil ich zu müde war, und das letztere aus meiner angebohrnen blöde; – ich sah aber mit ganzem Vergnügen zu, wie alle diese leute auf die Musick meines figaro, in lauter Contretänze und teutsche verwandelt, so innig vergnügt herumsprangen; – denn hier wird von nichts gesprochen als vom – figaro; nichts gespielt, geblasen, gesungen und gepfiffen als – figaro: keine Opera besucht als – figaro und Ewig figaro; gewis grosse Ehre für mich. – Nun wieder auf meine tagordnung zu kommen. da ich Spät vom ball nach hause gekommen, und ohnehin von der Reise Müde und schläfrig war, so ist nichts natürlicher auf der Welt als daß ich sehr lange werde geschlafen haben, und gerade so war es. – folglich war der andere ganze Morgen wieder Sine Linea; Nach Tisch darf die Hochgräfliche Musick nie vergessen werden, und da ich eben an diesem tage ein ganz gutes Pianoforte in mein Zimmer bekommen habe, so können sie sich leicht vorstellen daß ich es den abend nicht so unbenüzt und ungespielt werde gelassen haben; es giebt sich Ja von selbst daß wir ein kleines Quatuor[63] in Caritatis camera (und das schöne bandel Hammera[64]) unter uns werden gemacht haben, und auf diese art der ganze abend abermal sine Linea wird verloren gegangen seyn; und gerade so war es. – Nun zanken sie sich meinetwegen mit Morpheus; dieser Larpf ist uns beyden in Prag sehr günstig; – was die ursache davon seyn

[63] „... ein kleines Quatuor": Möglicherweise ist damit das im Juni 1786 fertiggestellte *Klavierquartett in Es* gemeint.
[64] Zitat aus dem *Bandelterzett.*

mag, das weis ich nicht; genug, wir verschliefen uns sehr artig. – doch waren wir im stande schon um 11 uhr uns beym Pater Unger einzufinden, um die k:k: bibliotheck, und das allgemeine geistliche Seminarium im [hohen][65] niedern Augenschein zu nehmen; – nachdem wir uns die augen fast aus dem kopf geschauet hatten, glaubten wir in unseren innersten eine kleine MagenArie zu hören; wir fanden also für gut zum graf Canal zur Tafel zu fahren; – der abend überaschte uns geschwinder als sie vieleicht glauben; – genug, es war Zeit zur opera. – wir hörten also Le gare generosa. – was die aufführung dieser oper betrift, so kann ich nichts entscheidendes sagen, weil ich viel geschwäzt habe; warum ich aber wieder meiner Gewohnheit geschwäzt habe, darinn möchte es wohl liegen. – basta; Dieser abend war wieder als Solito verschleudert; – heute endlich war ich so glücklich einen Augenblick zu finden, um mich um das wohlseyn ihrer lieben Eltern, und des ganzen Jacquinschen hauses erkundigen zu können. – Ich hoffe und wünsche vom Herzen daß sie sich alle so wohl befinden mögen als wir beyde uns befinden. – Ich muß ihnen aufrichtig gestehen, daß (obwohl ich hier alle mögliche höflichkeiten und Ehren genüsse, und Prag in der That ein sehr schöner und angenehmer ort ist) ich mich doch recht sehr wieder nach Wienn sehne; und glauben sie mir, der hauptgegenstand davon ist gewis *ihr* Haus. – wenn ich bedenke daß ich nach meiner zurückkunft nur eine kurze Zeit noch das Vergnügen genüssen kann in ihrer werthen gesellschaft zu seyn, und dann auf so lange – und vielleicht auf immer dieses Vergnügen werde entbehren müssen – dann fühle ich erst ganz die freundschaft und Achtung welche ich gegen ihr ganzes Haus hege; – Nun leben sie wohl liebster freund, liebster HinkitiHonky! – das ist ihr Name, daß sie es

[65] Dieses Wort wurde von Mozart gestrichen.

Einladungskarte zu einem Gesellschaftsball des Franz Joseph Freiherrn von Bretfeld im Jahr 1805.

wissen. wir haben uns allen auf unserer Reise Nämen erfunden, hier folgen sie. Ich Punkitititi. – Meine frau Schabla Pumfa. Hofer: Rozka-Pumpa. Stadler. Nàtschibinìtschibi. Joseph mein bedienter Sagadaratà. Der gauckerl mein hund. Schamanuzky. – die Mad^{me} Quallenberg. Runzifunzi. – Mad:^{sell} Crux. Ps. der Ramlo. Schurimuri. Der freystädtler. Gaulimauli[66]. haben sie die güte letztern seinen Namen zu comuniciren. – Nun adieu. künftigen freytag den 19:^{ten} wird meine academie im theater seyn; ich werde vermuthlich eine zwote geben müssen; das wird meinen aufenthalt hier leider verlängern. Ich bitte ihren würdigen Eltern meinen Respect zu melden, und ihren H: brudern (welchen man allenfalls blatteririzi nennen könnte) für mich 1000mal zu embrasiren. – ihrer frl: Schwester (der Sig:^{ra} Dinimininimi) küsse ich 100000mal die hände, mit der bitte, auf ihrem Neuen Piano-forte recht fleissig zu seyn – doch diese Ermahnung ist unnütz – denn ich mus bekennen daß ich noch nie eine Schüllerin gehabt, welche so fleissig, und so viel Eifer gezeigt hätte, wie eben sie – und in der that ich freye mich recht sehr wieder darauf ihr nach Meiner geringen fähigkeit weitern unterricht zu geben. – apropos, wenn sie Morgen kommen will – ich bin um 11 uhr gewis zu hause. –

[66] Vergl. den Kanon *Lieber Freystädtler, lieber Gaulimauli.*

Nun aber wäre es doch zeit zu schlüssen? – nicht war? – schon längst werden sie sich das denken. – leben sie wohl mein bester! – erhalten sie mich in ihrer werthen freundschaft – schreiben sie mir bald – aber bald – und sollten sie vielleicht zu träge dazu seyn, so lassen sie den Satmann kommen, und diktiren sie ihm den Brief an; – doch es geht nie so vom Herzen wenn man nicht selbst schreibt; Nun – ich will sehen, ob sie so mein freund sind wie ich so ganz der ihrige bin, und Ewig seyn werde.

Mozart

P:S: Auf den briefe so sie mir vieleicht schreiben werden, setzen sie *im* graf thunischen Palais.

Meine frau empfehlt sich bestens dem ganzen Jacquinschen Hause, wie auch H: Hofer.

NB Mittwoch werde ich hier den figaro sehen und hören – wenn ich nicht bis dahin taub und blind werde. – Vieleicht werde ich es erst nach der opera – – –"

Mozart, *Briefe und Aufzeichnungen*

Am Mittwoch, dem 17. Januar, fand tatsächlich jene Aufführung des *Figaro* statt, die Mozart in seinem Brief vom 15. Jänner schon angekündigt hatte. Niemetschek berichtete, daß sich im Parterre sogleich der Ruf von Mozarts Anwesenheit verbreitete, „und so wie die Sinfonie zu Ende ging, klatschte ihm das ganze Publikum Beyfall und Bewillkommen zu". Es muß ihm schwergefallen sein, seine so überaus erfolgreiche Oper nicht selbst dirigieren zu können, aber an diesem Abend war er nur Gast. Sein großer Auftritt fand dann zwei Tage später statt, am Freitag, dem 19. Januar: „Im hiesigen Nationaltheater" wurde eine große Akademie[67] veranstaltet, bei der sich Mozart

[67] Die Bewilligung des böhmischen Guberniums vom 18. Januar 1787 für die Abhaltung dieser Musikakademie befindet sich im Staatlichen Zentralarchiv in Prag.

der auf das höchste begeisterten Prager Öffentlichkeit vorstellte und selbstredend alle an ihn gestellten Erwartungen vollkommen erfüllte:

„Er ließ sich dann auf allgemeines Verlangen in einer großen musikalischen Akademie im Operntheater auf dem Pianoforte hören. Nie sah man noch das Theater so voll Menschen, als bey dieser Gelegenheit; nie ein stärkeres, einstimmiges Entzücken, als sein göttliches Spiel erweckte. Wir wußten in der That nicht, was wir mehr bewundern sollten, ob die außerordentliche Komposition, oder das außerordentliche Spiel; beydes zusammen bewirkte einen Totaleindruck auf unsere Seelen, welcher einer süßen Bezauberung glich! Aber dieser Zustand lösete sich dann, als Mozart zu Ende der Akademie allein auf dem Pianoforte mehr als eine halbe Stunde phantasirte und unser Entzücken auf den höchsten Grad gespannt hatte, in laute überströmende Beyfallsäußerung auf. Und in der That übertraf dieses Phantasiren alles, was man sich vom Klavierspiele vorstellen konnte, da der höchste Grad der Kompositionskunst, mit der vollkommensten Fertigkeit im Spiel vereinigt ward. Gewiß, so wie diese Akademie für die Prager die einzige ihrer Art war, so zählte Mozart diesen Tag zu den schönsten seines Lebens."

Franz Xaver Niemetschek, *W. A. Mozart's Leben*

An diesem Abend wurde Mozarts dreisätzige *Symphonie in D-Dur* aus der Taufe gehoben, eines der schönsten und anspruchsvollsten Orchesterwerke seiner reifen Jahre. Diese Symphonie war vermutlich für eine der vier geplanten, aber nicht verwirklichten Adventakademien in Wien geschrieben worden und kam nun in Prag zur Uraufführung. So wird sie bis heute im Konzertleben ganz allgemein als „Prager Symphonie" bezeichnet. Franz Xaver Niemetschek schrieb, daß dieses Werk „noch immer ein Lieblingsstück des Prager Publikums ist, obschon sie wohl hundertmal gehört ward."

Der Beginn des Allegro-Teils im 1. Satz der *Prager Symphonie.*

Den Abschluß dieser großen Akademie bildete eine freie Phantasie, die das Publikum derart in Begeisterung versetzte, daß Mozart zwei weitere Improvisationen folgen lassen mußte, darunter Variationen zu dem in Prag besonders beliebten *Non più di andrai* aus dem *Figaro.*

Der Abend geriet zu einer einzigen Huldigung für Mozart und nicht zuletzt auch zu einem einträglichen Erfolg. Leopold Mozart konnte seiner Tochter am 2. März 1787 vermelden, daß Wolfgang in Prag tausend Gulden „gewonnen" habe, eine für damalige Verhältnisse fürwahr beachtliche Summe! Dazu wurde Mozart Zuneigung und Anerkennung von allen Seiten zuteil. Ein wahres Füllhorn von Ehrenbezeigungen und Lob entleerten die Prager über das Haupt ihres Gastes:

„Zum Schlusse der Akademie phantasierte Mozart auf dem Pianoforte eine gute halbe Stunde, und steigerte dadurch den Enthusiasmus der entzückten Böhmen auf das Höchste, und zwar so, daß er durch den stürmischen Beyfall, den man ihm zollte, sich gezwungen sah, nochmals an das Clavier sich zu setzen. Der

Strom dieser neuen Phantasie wirkte noch gewaltiger, und hatte zur Folge, daß er von den entbrannten Zuhörern zum dritten Male bestürmt wurde. Mozart erschien. Innige Zufriedenheit über die allgemeine enthusiastische Anerkennung seiner Kunstleistungen strahlte aus seinem Antlitz. Er begann zum dritten Male mit gesteigerter Begeisterung, leistete was noch nie gehört worden war, als auf einmal aus der herrschenden Todesstille eine laute Stimme im Parterre sich erhob mit den Worten: ‚Aus Figaro!' worauf Mozart in das Motiv der Lieblings-Arie Non più di andrai farfallone etc. einleitete und ein Dutzend der interessantesten und künstlichsten Variationen aus dem Stegreif hören ließ und somit unter dem rauschendsten Jubellaute diese merkwürdige Kunst-Ausstellung endigte, die für ihn gewiß die glorreichste seines Lebens und für die wonnetrunkenen Böhmen die genußreichste war."

Jan Nepomuk Štepánek,
Vorwort der tschechischen Ausgabe von „Don Giovanni"

Am 20. Januar schließlich erklang *Figaro* unter der Direktion des Komponisten höchstselbst, vom Cembalo aus dirigierte Mozart Orchester und Bühne. Und wieder huldigte man dem Kapellmeister und brachte ihm Ovationen dar, wieder kannte die Begeisterung seiner Prager keine Grenzen.

Da geschah es, daß der Opernunternehmer Pasquale Bondini dem gefeierten Kapellmeister, vielleicht unter dem Eindruck dieses so erfolgreichen Abends, den Akkord für eine eigene Oper erteilte, die in der nächsten Saison der Prager Bühne zur Ehre gereichen sollte. Und obgleich nur die recht bescheidene Summe von hundert Dukaten als Honorar geboten waren, willigte Mozart gerne ein. Mit einem eigens für sie geschaffenen Meisterwerk wollte er den Pragern seinen Dank abstatten für die freundliche Aufnahme in ihrer Stadt.

Mit diesem Auftrag in der Tasche, mit einer stattlichen Barschaft und vielen guten Erinnerungen kehrten Mozart und seine Frau Mitte Februar vergnügt und zufrieden heim nach Wien. Die Reise nach Prag hatte sich in jeder Hinsicht gelohnt.

. . .

Schon in den ersten Jahrzehnten des 19. Jahrhunderts begannen Zeitgenossen, die Mozart noch erlebt hatten, einen Mythenkranz um seine Prager Aufenthalte zu flechten. Diese im Ton großer Verehrung vorgetragenen Legenden drangen tief ins Bewußtsein der musikalisch interessierten Welt und fanden schließlich Aufnahme in die biographische Mozartliteratur. Historische Fakten und Legenden verschmelzen dabei

Johann Philipp Joseph Graf Pachta: Ihm wollte Mysliveček bereits 1777 Mozart anempfehlen. Ölgemälde von Franz Fahrenschon.

Das Palais Pachta oder Annenpalais am stillen Annenplatz in der Prager Altstadt.

zu einem poetischen Konglomerat, das den Bedürfnissen einer breiten Leserschaft entgegenkam: wenn schon nicht authentisch, so doch zumindest gut erzählt.

Eines dieser Märlein geht auf Constanzes zweiten Mann Georg Nikolaus von Nissen zurück. Darin ist von einem Prager Kavalier die Rede, der Mozart sehr zugetan war, nämlich der k. k. Kämmerer und Appellationsrat Johann Philipp Joseph Graf Pachta-Reihofen, ein Mitbruder in der Prager Freimaurerloge „Zu den Drei Gekrönten Sternen“. Seine Gattin, Josefine Gräfin Pachta, war der Mittelpunkt eines kulturbeflissenen Salons, in dem einige Jahre später auch Beethoven verkehrte.

Vom Grafen Pachta, der als letzter Aristokrat in Prag eine „blasende Harmonie“ aus eigenen Untertanen und fremden Tonkünstlern unterhielt und in dessen Annenpalais[68] neben Mozart auch der Abenteurer 16

[68] Palais Pachta oder Annenpalais: Anenské náměstí [Annenplatz] 4/252. In dem 1770 von dem Architekten Johann Joseph Wirch erbauten vierflügeligen Rokokopalais, das einen sehenswerten Innenhof und ein schönes Stiegenhaus besitzt, wurde 1896 der Prager deutsche Dichter Johannes Urzidil geboren. Neben diesem Pachta-Palais errichtete Joseph Graf Pachta am „Tummelplatz“ (im Bereich der heutigen Kreuzherrengasse [Křižovnická]) einen weiteren großen Palast.

Giacomo Casanova verkehrte, erzählt man sich folgende Geschichte:

„Unter den Prager Kavalieren, die Mozart während seines ersten Aufenthaltes in Prag besonderen Schutz angedeihen ließen, ist Graf Johann Pachta erwähnenswert. Nissen berichtet, Mozart habe auf Verlangen des Grafen die ‚neun Contratänze samt Trio' – sie wurden unter Nr. 510 in das Köchel-Verzeichnis aufgenommen – komponiert. Der musikbegeisterte Graf habe ihn öfter, aber lange vergeblich ersucht, ihm die Gefälligkeit zu erweisen. Erst am Tage eines Balles, den der Graf veranstaltete, habe er Mozart durch eine List dahingebracht, die Tänze zu komponieren, indem er ihn zu Tisch lud, jedoch bedeutete, es werde eine Stunde früher als sonst gespeist. Als Mozart zur angegebenen Zeit erschien, fand er statt einer vollbesetzten Tafel Tinte, Feder und Notenpapier vor und er mußte gute Miene zum bösen Spiel machen. So seien die Kontretänze innerhalb einer Stunde niedergeschrieben worden."

Paul Nettl, *Mozart in Böhmen*

Ob diese *Neun Contratänze samt Trio* tatsächlich jene vier Quadrillen und fünf Kontretänze sind, die im Köchelschen Verzeichnis mit der Nummer 510 belegt sind, bleibe dahingestellt, denn es ist weder die Echtheit der Handschrift noch der Komposition selbst gesichert.[69]

Tatsächlich hat Mozart am 6. Februar 1787 die Fertigstellung von *Sechs deutschen Tänzen* für „2 violini, 2 flauti, 1 flauto piccolo; 2 oboe. 2 clarinetti, 2 fagotti, 2 corni, 2 clarini, timpany e Baßo" in sein

[69] Im sechsten Stück erscheint ein Thema, das später von Carl Maria von Weber als Österreichischer Grenadiermarsch in seine Kantate *Kampf und Sieg* aufgenommen wurde. Hermann Abert vermutete, daß es sich dabei überhaupt um ein Stück alten österreichischen Volksgutes gehandelt haben könnte.

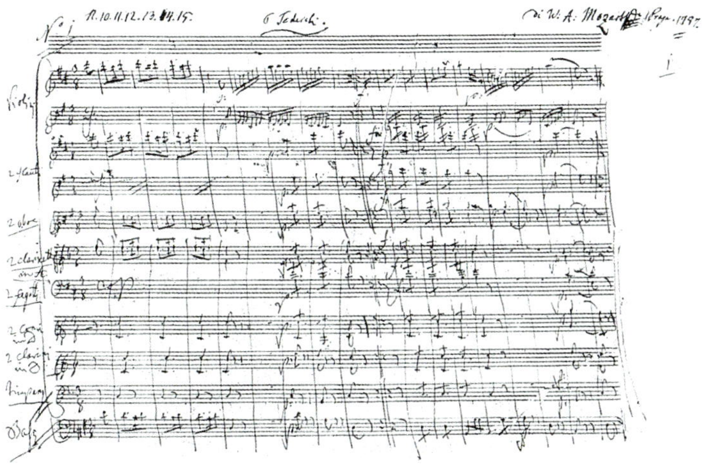

Autograph *6 Tedeschi*: Sechs deutsche Tänze, komponiert während Mozarts erstem Aufenthalt in Prag 1787.

eigenhändiges „Verzeichnüss aller meiner Werke" eingetragen. Dabei handelte es sich um wirkliche Tanzmusik für die Prager Mozartfreunde. Die einzelnen Tänze sind durch Übergänge verbunden und werden von einer Coda[70] beschlossen, die auf frühere Tanzmelodien zurückgreift. Das Autograph dieser Tänze trägt die Überschrift: *6 Tedeschi di W. A. Mozart Praga 1787.*

. . .

Eine in vielen Varianten erzählte Legende bezieht sich auf einen einfachen böhmischen Wirtshausmusikanten, dem Mozart im „Neuen Wirtshaus"[71], einem beson- 21
ders von Fuhrleuten aufgesuchten Einkehrgasthaus

[70] (ital.) – „Schwanz"; ein abschließendes Anhängsel bei Tonstücken und Reprisen.

[71] Hotel „Zum Blauen Engel", vormals „Neues Wirtshaus": Celetná [Zeltnergasse] 29/588 (etc.). In der *Prager Oberpostamtszeitung* wurde das „Neue Wirtshaus" mit der Adresse Zeltnergasse No. 7 angegeben.

Der Prager volkstümliche Harfenist Josef Häusler. Lithographie von F. Šír nach einem Ölgemälde von Severin Pfalz, 1834.

in der Altstadt, begegnet sein soll. Das Gebäude steht nicht mehr, aber die mit ihm verbundene Geschichte von dem bescheidenen Harfner wird noch immer zum Besten gegeben. Zunächst die Variante in Georg Nikolaus von Nissens *Biographie W. A. Mozart's:*

„Als Mozart zu Prag im Gasthofe, das neue Wirthshaus genannt, wohnte, hörte er da einen fertigen und allgemein beliebten Harfenisten, der die Gäste mit den Favoritstücken aus der so beliebt gewordenen Oper Le nozze di Figaro und eigenen Phantasien, obschon er nicht nach Noten spielte, zu unterhalten pflegte. Mozart ließ ihn auf sein Zimmer kommen und spielte ihm ein Thème auf dem Pianoforte vor, mit der Frage: Ob er wohl im Stande wäre, über dasselbe aus dem Stegreife Variationen zu machen? Dieser besann sich eine kleine Weile, bat Mozart, ihm das Thème noch ein Mal vorzuspielen und variirte dasselbe wirklich mehrere Male, worüber Mozart seine Zufriedenheit äußerte und ihn sehr reichlich beschenkte. Daß dieses Thème, welches Mozart wahrscheinlich auf der Stelle erfand, bis jetzt nirgends als in dem Gedächtnisse dieses nunmehr bejahrten Harfenisten aufzufinden war, so entriß ein eifriger Verehrer Mozarts es der Vergessenheit dadurch, daß er es in Noten übertrug und somit sein Daseyn für immer sicherte. Der Besitzer bewahrt es wie das kostbarste Kleinod."

Auch Friedrich Wilhelm Pixis, ein Musikpädagoge am Prager Konservatorium, schilderte in einem Brief an seinen Bruder eine Variante der Harfenistengeschichte: „Als Mozart nach Prag kam, in der Absicht, seine Oper: ‚Le nozze di Figaro' welche daselbst mit unerhörtem Beyfall viele Male nach einander aufgeführt worden war, zu hören und zu dirigieren, pflegte in den Gasthof, wo er wohnte, ein damals fertiger und beliebter Harfenist Josef *Häusler* zu kommen, um die Gäste an der table d'hôte mit seinem Spiele zu unterhalten. Dieser Harfenist, der keineswegs eine Pedalharfe hatte, und auch nicht einmal die Noten kannte, zeichnete sich im Fantasiren aus dem Stegreife, wobei er die beliebtesten Motive aus der so hoch gefeierten genannten Oper zu Grunde legte, dergestalt aus, daß er die Aufmerksamkeit Mozart's, der sich an der Tafel befand, in hohem Grade erregte. Nach geendeter Mahlzeit hieß ihn Mozart mit auf sein Zimmer gehen und spielte ihm ein Thema auf dem Pianoforte vor mit der Frage, ob er wohl Variationen hierüber zu improvisieren sich getraute. Der Harfenist bedachte sich eine kleine Weile, bat Mozart, ihn das Thema noch einmal hören zu lassen und variirte dasselbe wirklich mehrere Male nacheinander, worüber Mozart viel Vergnügen äußerte und ihn, nach dem Selbstgeständnisse des Harfenisten reichlich belohnte. Erfreut und aufgemuntert durch den Beifall des großen Mannes behielt er dieses Thema im Gedächtnisse und spielte es jedesmal mit neuen Variationen, wenn er merkte, daß Kunstkenner unter den Zuhörern sich befanden. Vorgerückt im Alter blieb ihm immer nach Verlauf so vieler Jahre das Thema getreu im Gedächtniss. Um es der Vergangenheit zu entreißen, übertrug ein Verehrer des Mozart'schen Genies, im nämlichen Gasthofe dieses Thema in Noten, während der alte Harfenist, von der Tischgesellschaft aufgefordert, es zum Besten gab. Aller Wahrscheinlichkeit nach ist dieser anmuthsvolle Satz ein Impromptu des verewigten, weil es seit dieser langen Zeit nirgends vorgefunden, noch nachgewiesen worden ist. Der Besitzer hievon, der es als ein werthes Andenken bis jetzt aufbewahrte, fand sich veranlaßt, es seinem Freunde, dem genialen Klavierspieler und Componisten J. P. Pixis als Stoff zu einem neuen erfreulichen Kunstprodukt mitzutheilen.

Voilà tout.

Ich finde das Thema sehr gemüthlich und bin überzeugt, daß es auch Dich sehr ansprechen wird. Willst Du es etwa in verschiedener Gestalt im Publikum erscheinen lassen und darunter auch einmal als Variation zwischen Violine und Pianoforte, so möchte ich wohl einige tüchtige Variationen für die Violine aufsetzen und Dir nach Paris senden, damit doch auch einmal etwas unter unserer brüderlichen Firma in die Welt käme, wenn Du mich sonst für würdig hältst. Schreibe mir darüber [...] Dein treuer Bruder F. W. Pixis m. p."

Auch der Arzt und Schriftsteller Alfred Meissner erzählte in seinen *Rococobildern* die Geschichte von Mozarts Harfenisten, den er allerdings nicht Häusler nannte, sondern Hofmann, was wohl auf einer Verwechslung mit einem anderen zeitgenössischen Prager Original beruht: „Der Harfenist Hofmann, dem Mozart ein seinem Instrumente angepaßtes Thema mit Variationen gewidmet, war noch bis ums Jahr 1843 in den Gassen Prags als eine originelle Gestalt zu sehen: ein uraltes, kleines, verwittertes Männchen, in der Tracht verschollener Zeit. Er trippelte, mühsam seine Harfe schleppend, von Gasthaus zu Gasthaus, immer barhaupt, gepudert, mit einem wohlgeflochtenen Zöpfchen, in Kniehosen, Strümpfen und Schnallenschuhen. Die Gassenjungen pflegten ihm nachzulaufen und

Häuslers legendäre Harfnermelodie nach einem Mozartthema.

nannten ihn Copanek (Zöpfchen). Das Prachtstück dieses alten Virtuosen, der gleichsam ein Seitenstück zum Harfner aus Wilhelm Meister darstellte, war noch immer die ihm einst gewidmete Composition Mozart's, er trug sie aber nur auf besonderes Verlangen vor."

Nach Meissners *Rococobildern* soll sich der Harfenist persönlich von Mozart verabschiedet haben, als dieser 1791 von Prag schied: „Ganz schüchtern näherte sich auch der kleine Harfenist Hofmann, ein Meister auf seinem Instrument, aber so arm, daß er in den Wirtshäusern spielen und oft mit ein paar Groschen vorlieb nehmen mußte. Aber der gute Mozart achtete ihn darum nicht geringer und hatte sogar für ihn ein Thema mit Variationen componiert, das nie in Druck erschien und des kleinen Mannes ausschließliches Eigentum blieb bis an sein Ende."

Und so drang die kleine Harfnermelodie, ein reizendes, dreizehn Takte zählendes Andante samt der Geschichte seiner Entstehung über die Stadtgrenzen hinaus in die weite Welt. Gegen Ende des 19. Jahrhunderts erinnerten sich noch einige alte Prager an den besagten Harfenisten, und zu der eigentlichen Harfnergeschichte kam die Legende von der Errettung der Harfnermelodie für die Nachwelt. Rudolph Procházka schildert die genauen Umstände in seiner Monographie *Mozart in Prag* :

„Herr Buchhändler Joseph Max Schenk in Prag, welcher im Jahre 1842 fast täglich in dem Gasthaus ‚Zum Tempel' (im Templergäßchen in der Altstadt) verkehrte, traf ihn dort selbst häufig an; der bis an die Knie reichende, fadenscheinige, ins grünliche spielende Rock, den der kleine, alte Mann stets offen trug, ließ eine verblichene, einst geblümte Weste und ein altes seidenes Halstuch sehen. Schwarze Kniestrümpfe mit Schnallenschuhen sowie das aus der Stirn glatt nach rückwärts gekämmte in einen bis in den Nacken reichenden Zopf endigende Haupthaar, vervollständigten die Tracht der Rococo-Zeit. Der Alte, der allein an einem Tische sitzend, die Harfe zwischen den Knieen, ab und zu einige Stücke zum Besten gab und dafür stets ein paar Kreuzer empfing, war von der Tischgesellschaft nicht sonderlich beachtet, bis eines Tages Einer aus derselben, ein gewisser Kaiser, der ein guter Musiker war, auf den Harfner aufmerksam wurde und den Wirth fragte, wer derselbe sei; als Kaiser zur Antwort erhielt, das sei der Mann, welcher noch Mozart gekannt, und von diesem ein Stück componirt erhalten habe, ging er hocherregt auf Jenen zu und Schenk bemerkte, wie während der lebhaften Unterhaltung der Beiden der Harfner ein Stück Papier aus der Brusttasche zog, dasselbe Kaiser zeigte, jedoch nicht aus den Händen gab, sondern gleich wieder einsteckte. Es war die Composition Mozarts, welche Kaiser sich auf einen Augenblick erbitten wollte, um sie sich abzuschreiben. Da er sie nicht erhalten konnte, und der Harfner, ein gänzlich armer Mann, sich auch gegen eine gute Belohnung weigerte, das Notenstück nur auf Augenblicke herzuleihen, bat ihn Kaiser, die Composition auf der Harfe zu spielen, und begann sodann, als der Harfner der Aufforderung willig Folge leistete, das Musikstück aufzuschreiben. Von jenem Tage an ließ er sich das letztere öfter vorspielen, um die Niederschrift durch Nachbesserungen möglichst richtig zu gestalten."

Diesem Bericht zufolge soll Mozart im „Neuen Wirtshaus" Quartier bezogen haben, was dahingehend unwahrscheinlich ist, als Mozart im Thunschen Palast bequem wohnte und nur ungern mit seiner Frau in ein Wirtshaus gezogen wäre, wo er für Kost und Logis hätte zahlen müssen. Rudolf Procházka vertrat hingegen die Meinung, daß diese Annahme manches für sich hätte, da Mozart, „um nicht die ganze Zeit seines nahezu vierwöchentlichen Aufenthaltes über die Gastfreundschaft des Grafen Thun in Anspruch zu nehmen, und wohl auch aus dem leichterklärlichen Wunsche nach größerer Freiheit und Zwanglosigkeit, später in einem Gasthofe Wohnung genommen" habe.

In einem mit 4. April 1787 datierten Brief an seinen Vater, in dem sich jedenfalls kein Anhaltspunkt für einen Quartierwechsel hinüber in den Gasthof findet, bezog sich Mozart auf einen zweiten, in Prag verfaßten Brief, der aber – möglicherweise auf dem Postweg – verloren ging. Dieser Brief von Anfang April enthält vielmehr ein Indiz für den Verbleib der Mozarts im Palais Thun: „Mir ist es sehr unangenehm, daß durch die Dummheit der storace Mein Brief nicht in ihre hände gekommen ist; – ich schrieb ihnen unter andern darin, daß ich hofte sie würden mein letzes Schreiben erhalten haben – da Sie aber von diesem Schreiben gar keine Meldung machen (es war der 2te Brief von Prag) so weis ich nicht was ich denken soll; es ist leicht möglich daß so ein Bedienter vom graf Thun es für gut befunden hat, das Postgeld im Sack zu stecken".

Unweit des „Neuen Wirtshauses" in der Zeltnergasse befand sich eine weitere Schenke[72], die Mozart mehrmals besucht haben soll. Das „Neue Wirtshaus" war ein altes, einstöckiges Gebäude auf dem Gelände des Armenspitals der Templer. Im Erdgeschoß befand sich eine Spitalsschenke, die als „Mozartkeller" Eingang in die Literatur fand. Dort sei er an einem besonderen Tisch gesessen, von dessen Unterseite er sich bei Bedarf Zahnstocher herausgeschnitten haben soll. Paul Nettl überliefert, daß im 19. Jahrhundert in dem Gasthaus eine Tafel mit nachfolgender Aufschrift an den Besuch Mozarts erinnerte:

„Der Ort, wo einst der Rebe Glut
Zu Gast der Töne Meister lud
Sei für die Nachwelt später Zeit
Hier der Erinnerung geweiht."

[72] Heute befindet sich an der Stelle dieser Schenke ein Neubau im Stil der geometrischen Sezession aus den Jahren 1911 und 1912: Templová [Templergäßchen] 7/648.

Eduard Herold berichtet in seinen *Malerischen Wanderungen durch Prag:* „Hier saß er oftmals im Kreise seiner Verehrer, lustig und jovial, bis tief in die Nacht hinein. Einige Zeit hindurch nannte man

Die ehemalige Schenke ‚Mozartkeller' in der Prager Altstadt. Das Haus wurde 1911 abgerissen. Photographie von Ernst Lang.

das Gasthaus ‚Zum Mozart Keller' und der Tisch, an welchem dieser berühmte Mann zu sitzen und denselben manchmal mit dem Messer zu bearbeiten pflegte, befand sich einige Zeit in dem Gasthaus, bis die Lokalitäten kassiert und zu Schlosser- und Maschinenwerkstätten (des k. k. Hofschlossers Janaušek) umgewandelt wurden. Seit dieser Zeit hat ihn (den Tisch) der Hauseigentümer in seine Wohnung übertragen lassen."

In der Mozartgedenkstätte Bertramka wird ein aus dem Jahr 1911 stammendes Ölgemälde gezeigt, auf dem der Innenraum dieses Kellers abgebildet ist. Im 19. Jahrhundert soll in dem Lokal eine andere Gedenkplatte mit folgender Inschrift existiert haben: „Hier hat Mozart gegessen, getrunken, componiert, wie z. B. Schnitzeln, Wein und Don Juan". Über das weitere Schicksal des „Mozartkellers", der vor dem Ersten Weltkrieg einem Neubau weichen mußte, gibt der Prager Lokalhistoriker Wilhelm Klein in seinen *Blättern des deutschen Theaters in Prag* Auskunft:

„Die Weinstube bestand noch bis in die fünfziger Jahre des 19. Jahrhunderts. Dann wurde sie in eine

Der Innenraum des „Mozartkellers" mit der Inschrift an der Wand, die an den berühmten Gast erinnerte.

W. A. Mozart, 1788. Wachsrelief von Leonhard Posch.

Schreibstube mit Magazin des Kassenfabrikanten Gabriel Janauschek umgewandelt. Die Tochter Janauscheks, welche den Kaufmann Karl Lang (Altstädter Ring, Zur Glocke) heiratete, nahm den grün angestrichenen Tisch in ihre Ausstattung mit. Wie bei ihren Eltern, so wurde auch in der Familie Lang derselbe pietätvoll gehütet. Nach dem im Jahre 1917 erfolgten Tode Karl Langs übersiedelte dessen Familie nach Weinberge und seine Witwe übergab den Tisch dem Schreiber dieses Aufsatzes zur freien Verfügung. Derselbe schenkte ihn in Ermangelung eines Mozartmuseums in Prag dem Prager Städtischen Museum auf dem Poříč. Ernst Lang, ein Sohn des erwähnten Karl Lang, hat den Mozartkeller vor der Demolierung photographisch aufgenommen. Seine Mutter, eine kunstsinnig veranlagte alte Dame, kannte die Geschichte des Mozarttisches genau. Noch vor dem Jahre 1848 sassen um denselben die bekannten Kunstkenner und Förderer Albert von Lanna, Edmund Schebek, Gröbe mit noch anderen Mozartverehrern, unter ihnen dem Wiener Beamten Hilgartner, dem Fabrikanten Sommerschuh, dessen Schwiegervater Ripota, und dem Maler Navrátil.

Der Mozarttisch wurde seinerzeit vom Großvater Janauschek, dem das Haus, in welchem die Weinstube war, gehörte, käuflich erworben. Die Tischplatte wurde zwar im Laufe des halben Jahrhunderts abgehobelt, das charakteristische Merkmal des Tisches, etwa 50 Einkerbungen an der Unterseite – Mozart pflegte sich davon Hölzchen zu schneiden, die er als Zahnstocher verwendete – sind noch heute zu sehen.“

Barbara Krafft: *Wolfgang Amadeus Mozart*. Öl auf Leinwand, 1819.

Mozarts zweite Reise nach Prag (Herbst 1787, *Don Giovanni oder Der gestrafte Ausschweifende*)

In Prag war Mozart enthusiastisch gefeiert worden, zurück in Wien wurde ihm umso schmerzlicher bewußt, wie wenig er bei Hofe galt. Zwar schätzten ihn die Wiener als Virtuosen, seine Kompositionen aber übersahen sie. Im Frühjahr 1787 jubelten sie immer noch Martins *Una cosa rara* zu, zuerst in italienischer Fassung und dann in deutscher Bearbeitung.

Die deutsche Oper wiederum war vollends in der Hand Dittersdorfs. Sein Singspiel *Doktor und Apotheker* machte ihn zum erfolgreichsten Vertreter dieser Gattung. Das Wiener Publikum liebte Dittersdorf, und auch der Kaiser schätzte den Glücklichen. Als Dittersdorf 1787 aus Wien abreiste, ließ ihm der Monarch eine großzügige Zuwendung aushändigen – nie war Mozart Ähnliches zuteil geworden.

Mozart mußte sich in sein Schicksal fügen und versuchte, sich so gut wie möglich durch Unterricht und gelegentliche Kompositionsaufträge über Wasser zu halten.

Im Februar 1787 kehrten Mozarts Freunde Nancy Storace, Michael O'Kelly und Thomas Attwood nach England zurück, und auch Mozart dachte wieder an England. Aber wie sollte er dort seine Familie versorgen, wo seine Mittel doch schon in Wien kaum reichten! Mozart sonnte sich einige Zeit in der Hoffnung, seine Freunde würden ihm an der Themse eine sichere und einträgliche Stellung vermitteln – vergeblich. Einzig aus Böhmen kam wieder Gutes: Am 6. Juni erschien in der Wiener Zeitung ein Hinweis auf den von Jan Křtitel Kuchař angefertigten Klavierauszug[73] des in Prag so erfolgreichen *Figaro* – zu

[73] Das Original dieses Klavierauszuges wird im Prager Nationalmuseum aufbewahrt. Kuchař besorgte für Mozart auch den ersten Klavierauszug des *Don Giovanni*.

Lorenzo da Ponte. Stich von Michele Pekenino nach einer Malerei von Nathaniel Rogers.

erwerben bei der Wiener Zweigstelle der Prager Firma Balzer und Co. Schwarz auf weiß konnten die Wiener da lesen, wie sehr man ihren Mozart anderswo schätzte: „Das allgemeine begeisterte Lob, mit dem Mozarts Meisterstück Die Hochzeit des Figaro in Prag aufgenommen wurde, erlaubt mir vorauszusetzen, daß es nicht wenige derer geben wird, die einen Klavierauszug dieses auf seine Art einzigartigen Singspiels besitzen möchten, das gar nicht genug gelobt werden kann [...]". Allein – Mozarts Opern wurden in Wien nicht gespielt, die ausgeschriebenen Subskriptionen für seine kammermusikalischen Werke blieben unbeachtet und das Geld wurde immer knapper, so daß die Familie Mozart mit Sack und Pack von den Tuchlauben in der Wiener Innenstadt in eine günstigere Wohnung draußen in der Vorstadt umsiedeln mußte.

Aber ins liebe Böhmen würde er wenigstens wieder reisen, und dort die Oper einstudieren, die er seinen Prager Freunden versprochen hatte. Mozart machte sich an die Arbeit. Aber ehe er Hand ans Werk legen konnte, mußte Hoftheaterdichter Lorenzo da Ponte noch das Textbuch fertigstellen. Mozart wartete, fragte nach. Da Ponte hatte gleichzeitig zwei weitere Operntexte zu schreiben – für Martín das Libretto zu *L'arbore di Diana* und für Salieri das Buch zu *Axsur rè d'Ormus*. Da Ponte wollte auf keinen der drei Aufträge verzichten, und so machte er sich mit bewährten Stimulantien an die Arbeit:

„Nachdem ich diese drei Sujets gefunden hatte, ging ich zum Kaiser, entdeckte ihm meine Pläne und unterrichtete ihn zugleich von meiner Absicht, alle drei Opern zu gleicher Zeit zu schreiben. ‚Sie werden nicht damit zustande kommen', antwortete er. ‚Vielleicht gelingt es mir nicht,' antwortete ich, ‚aber ich werde es versuchen. Nachts werde ich für Mozart schreiben und werde mir denken, ich lese die Hölle von Dante, am Morgen für Martin und meinen, ich studiere den Petrarca, am Abend für Salieri und mich meines Tasso erinnern.' Er fand meine Vergleiche passend und als ich kaum zu Hause angelangt war, fing ich an zu schreiben. Ich setzte mich an meinen Schreibtisch und blieb volle zwölf Stunden daran sitzen. Ein Fläschchen Tokayer zur Rechten, in der Mitte mein Schreibzeug und eine Dose mit Tabak von Sevilla zu meiner Linken. Ein sehr schönes sechzehnjähriges Mädchen, die ich nur gleich einer Tochter lieben wollte, aber – – – wohnte in meinem Hause mit ihrer Mutter, besorgte die häuslichen Geschäfte und kam sogleich in mein Zimmer, wenn ich die Glocke schellte, und dies geschah in Wahrheit sehr oft, und besonders wenn ich merkte, daß mein poetisches Feuer erkalten wollte; – – – Ich blieb auf diese Weise alle Tage zwölf Stunden an meiner Arbeit mit ganz kurzen Unterbrechungen, während ganzer zwei Monate und während dieses ganzen Zeitraumes hielt auch sie sich immer im Nebenzimmer auf. – Am ersten Tag aber zwischen Tokayer, Tabak von Sevilla, Kaffee, dem Glöckchen und der jungen Muse, waren die ersten zwei Szenen von Don Juan – – fertig. Am anderen Morgen brachte ich diese Szenen den drei Komponisten, die es kaum für möglich hielten, was sie mit ihren eigenen Augen sahen und lasen. Und in 63 Tagen waren die ersten zwei Opern ... fertig."

Lorenzo da Ponte, *Denkwürdigkeiten*

Gleich nach der Fertigstellung des Librettos, spätestens Anfang Juni, war also Mozart an der Reihe. Da lenkte ihn eine Trauernachricht von der Arbeit ab: Sein schon seit Jahresanfang kranker Vater war am 28. Mai 1787 gestorben. Wieder ein Todesfall in der Familie, nachdem er im Frühjahr seinen jüngsten Sohn hatte begraben müssen! Trotz des Verlustes arbeitete Mozart den Sommer über weiter, dann läutete am 2. September wieder das Totenglöcklein. Diesmal galt es Siegmund Barisani, dem neunundzwanzigjährigen Jugendfreund und späteren ärztlichen Ratgeber Mozarts.

Trotz dieser Trauerfälle nahm die Oper Gestalt an, und schon Anfang Oktober 1787 war *Il dissoluto Punito ossia: Il D. Giovanni* in wesentlichen Teilen zu Papier gebracht. Die fertigen Passagen der neuen Oper hat Mozart wahrscheinlich einige Tage vor Reiseantritt mit dem Postwagen nach Prag geschickt, so daß die Proben im Theater schon zugange waren, als Mozart die Kutsche bestieg.

Nur die Ouvertüre und die Tafelmusik im Finale des zweiten Aktes sowie das kleine Duett Zerlina – Masetto *(Giovinette che fate all'amore)* und die aufbegehrende Arie des Masetto *(Ho capito)* blieben aufgespart für die Reise. Mozart führte ein kleinformatiges, rastriertes Notenpapier mit sich – so war es der Forschung möglich, jene Passagen zu bestimmen, die nicht mehr in Wien, sondern bereits im Reisewagen fertiggestellt wurden.

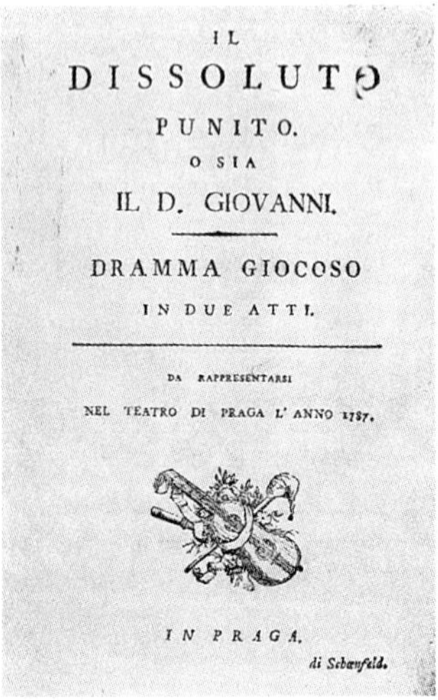

Mozart hatte es sich mit der Prager Festoper nicht leicht gemacht, das Ergebnis konnte sich hören lassen. Mit Staunen lesen wir, daß Mozart neben der Prager Festoper noch einige seiner schönsten Musiken komponierte, darunter *Eine kleine Nachtmusik*, die *C-Dur-Sonate für Klavier zu vier Händen*, die *Violinsonate in A-Dur*, den später als „Dorfmusikanten-Sextett" bekannten *Musikalischen Spaß in F-Dur* sowie eine Reihe von Liedern.

. . .

Mittlerweile war der Aufführungstermin der neuen Oper nähergerückt, und das Ehepaar Mozart traf Anstalten für die Reise.

Auf dieser herbstlichen Fahrt nach Prag begleitete den Komponisten nur seine Frau Constanze, die sich gerade wieder „in gesegneten Umständen" befand. Den dreijährigen Sohn Karl hatten die Eltern zur Pflege gegeben.

Der Kulturwissenschaftler Hugo Rokyta hat in seiner Arbeit *Das Schloß in Mörikes Novelle ‚Mozart auf der Reise nach Prag'* eine der möglichen Reiserouten der Reisenden nachgezeichnet: „Auf der Hand liegt, daß Mozart bei seinen Reisen nach Prag eine der damals durch Böhmen führenden Poststraßen benutzen mußte; deshalb kann der Schauplatz jener anmutigen Episoden nur ein Schloß in Böhmen gewesen sein. Doch weder die damals weitaus frequentierteste Poststraße von Wien über Südböhmen nach Prag für Fuß-, Reit- und leichte Fahrgelegenheiten, noch die oft befahrene Neben-Poststraße über Wittingau und Böhmisch-Budweis scheinen geeignet zu sein, ein realistisches Vorbild für die Landschaft um das in der Novelle beschriebene Schloß zu bieten. Es bestand allerdings noch eine dritte Möglichkeit für Reisende zu Mozarts Zeiten, von Schrems nach Wittingau zu gelangen, den Weg, den Mörike – von ihm selbst ist nicht bekannt, ob er je nach Prag gereist ist – die Eheleute Mozart am 14. September 1787 wählen läßt. Diese Poststraße führt von Wien über Langenzersdorf und Stockerau, Großweikersdorf und Ziersdorf, läßt den Manhartsberg zur Linken liegen, um über Horn und Göpfritz nach Vitis zu gelangen, läßt die Quellen

Haus „Zu den Drei Goldenen Löwen" am Kohlenmarkt in der Prager Altstadt.

der deutschen Thaya nördlich liegen, um von Schrems über Gmünd (České Velenice) nach Gratzen (Nové Hrady) und von hier über Wittingau (Třeboň), sodann nach Veselí, Soběslav und Tábor und von dort nach Votice, Benešov und nach Prag zu führen. Die nächstgelegene Raststation auf böhmischem Boden ist die Stadt Gratzen. Hier scheinen wir auf der richtigen Spur zu sein."

Wann genau Mozart und seine Frau in Prag eintrafen, ist nicht bekannt, vermutlich jedoch Ende September oder in den ersten Oktobertagen 1787. Ihre Wiener Wohnung hatten sie bereits Ende August aufgegeben, so daß auch ein früherer Ankunftstermin denkbar ist. Die ehrwürdige *Prager Oberpostamtszeitung* berichtete in ihrer Ausgabe vom 6. Oktober 1787 unter Bezugnahme auf den 4. Oktober:

„Unser berühmte Hr. Mozart ist wieder in Prag angekommen, und seit dem hat man hier die Nachricht, daß seine von ihm neu verfaßte Oper, das steinene Gastmal auf dem hiesigen Nazionaltheater zum erstenmal gegeben wird."

Prager Oberpostamtszeitung

Das Ehepaar Mozart war im Haus „Zu den Drei Goldenen Löwen"[74] auf dem Kohlenmarkt untergebracht, das laut Hugo Rokyta zu Ende des 18. Jahrhunderts Franz Duschek und seiner Frau Josepha gehört haben soll. Über diesen Aufenthalt ist jedoch wenig bekannt, auch wird von manchen Biographen bestritten, daß Mozart auf dem Kohlenmarkt eine Stadtwohnung benutzt hätte. Vielleicht diente ihm die Bleibe auch nur dem zeitweiligen Aufenthalt während der Proben, da das Haus „Zu den Drei Goldenen Löwen" sich ja in unmittelbarer Nachbarschaft zum Ständetheater befindet. 26

An der Außenseite des Gebäudes hat man eine Mozartbüste angebracht. Schon im 19. Jahrhundert forderten Mozartfreunde, das Haus mit einer Gedenktafel zu versehen, auch der damalige Oberbürgermeister Wenzel Wanka hatte sich dafür eingesetzt, und 1887, anläßlich des 100. Jahrestages der *Don Giovanni*-Premiere, schritt der „Deutsche Männergesangsverein in Prag" zur Tat und ließ über dem Fenster im ersten Stock ein Gedenkschild von Carl Möldner anbringen. Gelegentlich eines Mozartfestes im Jahr 1937 weihte man eine tschechische Tafel ein. Die deutsche Tafel wurde nach Kriegsende entfernt, die tschechische überdauerte bis 1956, dann ersetzte man sie durch einen Gedenkstein aus weißem Marmor. Er trägt folgende Inschrift:

„V tomto domě bydlel Mozart v roce 1787".[75]

[74] Uhelný trh [Kohlenmarkt] 1/420 (etc.). Das Gebäude weist eine bis ins Mittelalter zurückreichende Baugeschichte auf. Nach Umbauten im 17. und 18. Jahrhundert erhielt das Haus 1852 sein heutiges Aussehen, als es durch den Baumeister Alexander Hellmich klassizistisch umgestaltet wurde.

[75] (tsch.) – „In diesem Hause wohnte Mozart im Jahre 1787".

Das Mozart-Relief am Haus „Zu den Drei Goldenen Löwen" wurde am 29. Mai 1956 enthüllt.

Die Bildhauerin Taťána Konstantinová hat das schöne, am 29. Mai 1956 enthüllte Mozartrelief gemeißelt, das nun anstelle der ursprünglichen Tafeln eingelassen ist.

. . .

Einer häufig kolportierten Legende zufolge hat Mozart
von seinem Stadtquartier im Haus „Zu den Drei Goldenen Löwen" aus oftmals den nächtlichen Weg hinaus zur Bertramka angetreten. Dabei habe er die
Karlsbrücke überquert und zu nächtlicher Stunde Ein-
9 kehr im Kleinseitner Kaffeehaus „Zum Steinitz" gehalten, so er nicht schon ausreichend und bis lange nach
Mitternacht in seinem Stammwirtshaus im Templergäßchen gezecht habe. Paul Nettl berichtet in seiner
Monographie *Mozart in Böhmen*: „Auf der Kleinseite
nächst dem Brückenturm kommt er bei dem sogenannten Sachsenhaus vorüber, wo ein Prager Bürger
namens Steinitz ein Kaffeehaus errichtet hat [...]. Daselbst pflegt Mozart einen schwarzen Kaffee zu trin-
ken. Nicht selten muß er, wenn das Lokal bereits
gesperrt ist, den alten Steinitz wecken, der ihm dann
selbst den Kaffee bereitet. Der Kaffee muß recht stark
sein. Mozart trägt gewöhnlich einen blauen Frack mit
vergoldeten Knöpfen, Kniehosen von Nanking und
Strümpfe mit Schnallenschuhen. So erzählt es der alte Steinitz selbst dem fürstlich Schwarzenbergschen

Hauptkassierer Franz Prucha, der um 1830 bei Steinitz verkehrt und hievon Dr. Schebek Mitteilung macht, von dem es Freisauff übernimmt."

Tatsächlich befand sich im „Sächsischen Haus" in der Brückengasse[76], welches man im 19. Jahrhundert ganz allgemein „Zum Steinitz" nannte, ein Wirtshaus. Man glaubt auch gerne, daß Mozart von Zeit zu Zeit als später Gast ans mächtige Portal pochte und Einlaß begehrte. Wenzel Steinitz wird ihm jedoch nicht geöffnet haben, denn dieser betrieb seinen Laden im „Sächsischen Haus" nicht vor 1801, und erst über zwanzig Jahre später eröffnete er sein bald in ganz Prag bekanntes Steinitzsches Kaffeehaus.

Mit Vorsicht genießen sollte man die durchaus romantische Vorstellung von Mozarts nächtlichen Spaziergängen hinaus zur einsamen Bertramka, da die Tore der von Mauern umgebenen Stadt zur Nachtzeit geschlossen und nicht ohne weiteres passierbar waren. Aber auch tagsüber muß der Weg hinaus idyllisch gewesen sein: über die Kleinseite und durch Smíchov, entlang einer Kastanienallee, von der noch Mozarts Sohn zu berichten wußte.

Ob Mozart die unausgeführten Passagen des *Don Giovanni* im Haus „Zu den Drei Goldenen Löwen" oder doch draußen in der Bertramka schuf, wo ihm die Duscheks zwei Zimmer zur Verfügung gestellt hatten, wissen wir nicht. Allerdings war es jetzt im Herbst auf dem ländlichen Gut viel schöner als in der dunklen Stadtwohnung, auch darf man sich die Bertramka nicht als einen abgeschiedenen Ort vorstellen, in dem die Mozarts einsam und fern jeder menschlichen Gesellschaft gelebt hätten. Besucher kamen und gingen, Wanderhändler und Hausierer ließen sich blicken, und die Duscheks pflegten hier

[76] Mostecká [Brückengasse] 3/55 (etc.); der gotische Vorläuferbau des heutigen Palais wurde im 14. Jh. von Rudolph Kurfürst von Sachsen, einem Vertrauten von Kaiser Karl IV., erbaut und bei den hussitischen Unruhen von 1419 zerstört.

Auch die Kleinseitner Karmelitergasse (Karmelitská) war ein Teil der Wegstrecke, die Mozart hinaus zur Bertramka wandern mußte. Links angeschnitten die Kirche „Zur Siegreichen Muttergottes" mit dem berühmten „Prager Jesulein".

mit der feinen Prager Gesellschaft Zusammenkünfte. Die Bertramka war zudem um 1787 ein landwirtschaftliches Anwesen mit einem Stall, einem Speicher und einer Weinpresse, mit Obstgärten und Wiesen, Beeten und Feldern. Im Oktober waren außerdem die ländlichen und winzerischen Arbeiten in vollem Gange und mancher Jagdruf ging über die abgeernteten Felder. Anno 1787 gab es einen sonnigen und schönen Herbst, im ganzen Land war die Weinernte über die Erwartungen gut ausgefallen. Die Vorstellung wärmt uns, Mozart und seine Frau könnten sich bei einem heiteren Weinlesefest mit den wackeren Knechten und Mägden vergnügt haben. Einer von Georg von Nissen erzählten Anekdote zufolge soll sich unweit der Villa Bertramka auch eine jener Naturkegelbahnen befunden haben, die noch bis ins 20. Jahrhundert häufig auf dem Lande anzutreffen waren. Mozart soll sich dieser Lustbarkeit mit Freude hingegeben haben: Er sei von seiner Komposition aufgestanden, wenn er an der Reihe war, und sobald er die Kugel geschoben hatte, habe er sogleich wieder fortgearbeitet, „ohne durch Sprechen oder Lachen derer, die ihn umgaben, gestört zu werden."

Die neue Oper *Don Giovanni*, an der Mozart Tag für Tag unermüdlich arbeitete, sollte am 14. Oktober als Galavorstellung anläßlich der Anwesenheit der Erzherzogin Marie Therese von Toskana und ihres Bruders Erzherzog Franz uraufgeführt werden. Allein der allzu knappe Termin war unmöglich zu halten, und so wurde den hohen Herrschaften nicht *Don Giovanni* zu Gehör gebracht, sondern *Die Hochzeit des Figaro*, aufgeführt unter der persönlichen Leitung des Komponisten. Die *Prager Oberpostamtszeitung* berichtete über den Abend: „Um halb sieben Uhr verfügten Sie Sich in das gräfl. Nostitzische Nationaltheater, welches bey dieser Gelegenheit auf eine sehr auszeichnende Art enbellirt und beleuchtet: Der Schauplatz war durch den Schmuck der zahlreichen Gäste dergestalt verherrlicht, daß man noch nie eine so prachtvolle Scene gesehen zu haben gestehen muß. Beym Eintritte der höchsten Herrschaften wurden sie mit der öffentlichen Freudenbezeugung des ganzen Publikums empfangen, welches Höchstdieselben mit liebevollem Danke erwiderten. Auf Verlangen wurde die bekannte und dem allgemeinen Geständniß nach bei uns so gut exequirte Oper ‚Die Hochzeit des Figaro' gegeben. Der Eifer der Tonkünstler und die Gegenwart des Meisters Mozart erweckte bei den höchsten Herrschaften allgemeinen Beyfall und Zufriedenheit. Nach dem 1. Acte wurde eine Sonette, welche auf diese Feyerlichkeit von einigen Patrioten Böhmens veranstaltet wurde, öffentlich vertheilt. Der frühzeitigen Abreise wegen begaben sich Höchstdieselben noch vor Ende der Oper in die k. Burg zurück."

Zu den Bühnenproben war auch Lorenzo da Ponte nach Prag gekommen. Seine Ankunft am 8. Oktober

wurde von der *Prager Oberpostamtszeitung* sogleich in gewohnter Verläßlichkeit vermeldet. Da Ponte lo-
25 gierte im Hinterhof des Gasthofes „Zum Platteis“[77] auf dem Kohlenmarkt und befand sich dort in unmittelbarer Nähe zu Mozarts Stadtquartier „Zu den Drei Goldenen Löwen“. Der Komponist, so erzählt man sich, habe mit seinem Librettisten über die Straße hinweg geplaudert. Das heutige Gebäude des Platteis mit seiner Empire-Fassade entspricht nach vielfachen Umbauten nicht mehr dem ursprünglich aus dem 16. Jahrhundert stammenden Adelspalais des Johannes Plateys von Plattenstein.

Die Proben der neuen Oper waren eine zeitraubende Angelegenheit, zumal Mozart mit jedem einzelnen Ensemblemitglied die jeweilige Rolle so lange einzustudieren pflegte, bis ihn das Ergebnis vollkommen zufriedenstellte. Auch der Abbé da Ponte hatte seinen Teil zu tun, um unverzüglich die ans Licht tretenden Textmängel zu beseitigen. Mit einigen amüsanten Anekdoten illustriert Georg Nikolaus von Nissen die Gesangs- und Orchesterproben:

„Da nun bey der ersten Probe dieser Oper im Theater Sgra. Bondini als Zerlina zu Ende des ersten Actes, da, wo sie vom Don Juan ergriffen wird, nach mehrmaliger Wiederholung nicht gehörig und in dem wahren Augenblicke aufzuschreyen vermochte, so verließ Mozart das Orchester, ging auf die Bühne, ließ die Scene noch einmal wiederholen und wartete den Augenblick ab, ergriff sie dann in demselben so schnell und gewaltig, daß sie ganz erschrocken aufschrie. ‚So ist es recht‘ – sagte er dann, sie dafür belobend, zu ihr, ‚so muß man aufschreyen‘. [...]

[77] Platteis, auch Plateis oder Plateys [Platýz]: Auf den Fundamenten eines gotischen Hauses errichteter Gebäudekomplex auf dem Kohlenmarkt [Uhelný trh] 11/416 (etc.); das im 19. Jahrhundert umgebaute Platteis war eine der ersten Mietskasernen in Prag. In den Jahren 1840 und 1846 wohnte auch Franz Liszt im Hinterhof des Platteis.

Die Sängerin Bondini war die erste Zerlina. Schattenbild eines angelegentlich der Premiere des *Don Giovanni* gefertigten Tableaus.

Als Mozart 1787 die erste Probe von seiner Oper Don Juan hielt, ließ er bei den Stellen des Commendatore: Di rider finirsi, etc. und Ribaldo audace etc., welche bloß mit drey Posaunen begleitet waren, inne halten, weil einer von den Posaunisten seine Stimme nicht richtig vortrug. Da es nach wiederholtem Versuche noch nicht besser ging, verfügte sich Mozart zu dessen Pulte und erklärte ihm, wie er es ausgeführt zu haben wünschte, worauf jener ganz trocken antwortete: ‚Das kann man nicht so blasen und von Ihnen werd' ich es auch nicht erst lernen.' Mozart erwiderte lächelnd: ‚Gott bewahre mich, Sie Posaune lehren zu wollen; geben Sie nur die Stimmen her, ich werde sie gleich abändern.' Er that dieß und setzte auf der Stelle noch zwey Hoboen, zwei Clarinetten und zwey Fagotte dazu."

Der Mozartforscher Hermann Abert verwies auf das Fehlen der entsprechenden Rezitativpassagen in der Originalpartitur und sah darin ein Indiz für die Richtigkeit dieser Anekdoten. Auch die nachfolgende Geschichte, die auf das verblüffende Gedächtnis Mozarts anspielt, wird in Nissens Mozartbiographie erzählt:

„Zu dem Finale des zweyten Actes zu ‚Don Juan' schrieb er die Trompeten- und Paukenstimmen, ohne die Partitur vor sich zu haben, bloß aus dem Gedächtnisse, brachte sie selbst in das Orchester und gab sie den betreffenden Individuen mit den Worten: ‚Ich bitte Sie meine Herren, bey dieser Stelle besonders aufmerksam zu seyn, denn es werden entweder vier Tacte zu viel oder zu wenig seyn.' Und richtig es traf ein, daß bey der angezeigten Stelle diese Instrumente mit den übrigen nicht übereinkamen."

Georg Nikolaus von Nissen,
Biographie W. A. Mozart's

Nach einigen Verzögerungen wurde die Uraufführung endlich auf den 29. Oktober 1787 festgesetzt. Noch am Vorabend war das Werk keineswegs vollendet: Das Wichtigste, die Ouvertüre, existierte bislang nur in der Vorstellung des Kompositeurs. Zum Niederschreiben und Kopieren war noch keine Zeit gewesen. Unter den mitwirkenden Orchestermusikern stieg die Nervosität, denn stündlich wurde klarer, daß man die Einleitung wegen der argen Verzögerung wohl oder übel würde vom Blatt spielen müssen. Das Fehlende muß im letzten Augenblick zu Papier gebracht worden sein, denn erst am 28. Oktober vermerkte Mozart die Oper mit dem Ouvertürenthema und den Worten „Il Dissoluto punito, o il Don Giovanni. Opera buffa in 2 Atti-Pezzi die Musica 24" im Verzeichnis seiner Werke.

In einer Reihe von Anekdoten lebt die Geschichte von der unfertigen Ouvertüre über die Jahrhunderte hinweg weiter, einige der im einzelnen nicht übereinstimmenden Schnurren seien an dieser Stelle wiedergegeben. Welche Variante der Wirklichkeit am nächsten kommt, ist mangels verläßlicher Quellen nicht mehr auszumachen:

„Diese Leichtigkeit, mit der Mozart komponirte, hat er wie wir gesehen haben schon als Knabe gezeigt; ein Beweis, daß sie ein Werk des Genies war. Aber wie oft überraschte er damit in seinen letzten Jahren selbst diejenigen, die mit seinen Talenten vertraut waren? Die Eingangssinfonie zum Don Juan ist ein merkwürdiges Beyspiel davon. Mozart schrieb diese Oper im Oktober 1787 zu Prag; sie war nun schon vollendet, einstudirt, und sollte übermorgen aufgeführt werden, nur die Ouvertursinfonie fehlte noch. Die ängstliche Besorgniß seiner Freunde, die mit jeder Stunde zunahm, schien ihn zu unterhalten; je mehr sie verlegen waren, desto leichtsinniger stellte sich Mozart. Endlich am Abende vor dem Tage der ersten Vorstellung, nachdem er sich satt gescherzt hatte, gieng er gegen Mitternacht auf sein Zimmer, fing an zu schreiben, und vollendete in einigen Stunden das bewundernswürdige Meisterstück, welches die Kenner noch höher schätzen, als die Sinfonie der Zauberflöte. Die Kopisten wurden nur mit Mühe bis zur Vorstellung fertig und das Opernorchester, dessen Geschicklichkeit Mozart schon kannte, führte sie prima vista vortrefflich auf."

Franz Xaver Niemetschek, *W. A. Mozart's Leben*

„Den vorletzten Tag vor der Aufführung als die Generalprobe vorbey war, sagte er (Mozart) Abends zu ihr (seiner Frau), er wolle Nachts die Ouverture schreiben, sie möge ihm Punsch machen und bey ihm bleiben, um ihn munter zu erhalten. Sie thats, erzählte ihm, nach seinem Wunsche, leichte, muntere Sachen z. B. von Alladin's Lampe, Aschenbrödel u. s. w. die

Mozart, Don Giovanni, Introduktion

Mozart, Don Giovanni, 2. Aufzug

Heute Dienstags den 23 September 1788

Wird von der Guardasonischen Gesellschaft Italienischer Opervirtuosen im kön. altstädter Nationaltheater aufgeführt:

IL DISSOLUTO PUNITO

O SIA:

IL D. GIOVANNI.

Der gestrafte Ausschweifende, oder: Don Jean.

Ein großes Singspiel in zween Aufzügen.

Die Poesie ist von dem Kais. Königl. Theaterdichter Herrn Abe da Ponte eigends hiezu verfertiget.

Und die ganz neue vortrefliche Musik ist von dem berühmten Kapellmeister Herrn Mozart, ebenfalls ausdrücklich dazukomponirt worden.

NB. Diese Woche wird Dienstag, Donnerstag, und Samstag. Folgende Woche hingegen Montag, Mittwoch, und Freytag, Oper gegeben, und auf diese Art werden in Hinkunft Woche für Woche besagte Spieltäge abgewechselt.

NB. Die Opernbüchel in italiänischer Sprache allein sind bey der Kassa gebunden in Goldpapier das Stück pr. 40 kr. und ordinari pr. 20 kr. zu haben. Die Arien und andere Stüke der Musik in Partitur sind bey dem Impressarius Hrn. Guardasoni wohnhaft dem Nationaltheater gegenüber im Bergmanditischen Hause Nro 285 im ersten Stock zu haben.

Wegen dem Abonement hat man sich eben daselbst, wie auch Abends an der Kassa zu melden;

Preiße der Plätze:

Eine Loge zu ebener Erde und im ersten Range vor 4 Personen kostet	6 fl. 40 kr.	Eine Person ins erste Parterr zahlt	1 fl.
Eine Loge im zweyten Range vor 4 Personen	4 fl. 30 kr.	Die Hrn. Officiers zahlen wie gewöhnlich	
Die Mittelloge im zweiten Rang vor 6 Personen	6 fl. 40 kr.	Eine Person im zweiten Parterr	20 kr.
Ein gesperrter Siz im ersten Parterr kostet	1 fl. 20 kr.	Eine Person auf dem letzten Platz	10 kr.

Die Logenbillets sind in der Eisengaße im großen Mann Nro. 204 im zweyten Stock bey der Frau Logenmeisterin Müllerin zu bekommen.

Der Anfang ist um 7 Uhr. Das Ende um halb 10 Uhr.

Das früheste erhaltene Plakat zum *Don Giovanni* (Sept. 1788).

ihn Tränen lachen machten. Der Punsch machte ihn aber so schläfrig, daß er nickte, wenn sie pausirte, und nur arbeitete, wenn sie erzählte. Da aber die Anstrengung die Schläfrigkeit und das öftere Nicken und Zusammenfahren ihm die Arbeit gar zu schwer machten, ermahnte seine Frau ihn, auf dem Canapee zu schlafen, mit dem Versprechen, ihn über eine Stunde zu wecken. Er schlief aber so stark, daß sie es nicht übers Herz brachte, und ihn erst nach zwey Stunden aufweckte. Diess war um 5 Uhr früh. Um 7 Uhr war der Copist bestellt und um 7 Uhr war die Ouverture fertig.“

Georg Nikolaus von Nissen,
Biographie W. A. Mozart's

„Von Don Juan war bereits eine Theaterprobe vorüber, aber noch keine Ouverture fertig, auch bei der Vorprobe fehlte sie noch und Guardasoni machte dem Componisten ernstliche Vorwürfe, da wahrscheinlich nun die Oper ohne Ouverture gegeben werden würde. Mozart aber, ganz unbekümmert darüber, nahm noch am Tage vor der Hauptprobe ein Souper bei einem geistlichen Herrn an, zu welchem auch Bassi, Guardasoni, Wahr und ich geladen waren. Die Gesellschaft war sehr vergnügt; der geistliche Herr, ein Lebemann, regalirte uns mit trefflichen Speisen und noch besseren ungarischen Weinen, denen Mozart tüchtig zusprach. Die immer lebhafte Unterhaltung ging theils in italienischer theils in lateinischer Sprache vor sich. Bis auf den geistlichen Herrn waren uns allen die Zungen schwer geworden, und erst nach 1 Uhr trennte sich die Gesellschaft. Wahr und ich unternahmen es, Mozart nach Hause zu bringen, und auf dem Wege dahin sang er fortwährend Phrasen aus ‚Don Juan', aber immer kam er wieder auf ‚finch'han dal vino calda la testa', das Champagnerlied, zurück. Die scharfe Octoberluft und das Singen hatte ihn, als wir in seine Wohnung kamen, völlig seiner Sinne beraubt. Im vollen Anzug warf er sich aufs Bett und schlief sofort ein; da uns die Beine auch schwer geworden waren und wir den weiten Weg nach Hause scheuten, setzten wir uns auf ein altes Federnsopha, und Morpheus nahm uns ebenfalls in seine Arme. Aus unserem süßen Schlummer wurden wir plötzlich durch kräftige Töne geweckt und sahen bei unserem Erwachen Mozart voll Erstaunen bei einer düsteren Lampe an seinem Pulte sitzen und arbeiten. Keiner von uns wagte ein Wort zu sagen, und mit wahrer Verehrung hörten wir die unsterblichen Gedanken sich entwickeln. Ohne ferner ein Auge zu schließen, hörten wir zu und verhielten uns ganz still. Nach 7 Uhr sprang er mit den Worten auf: ‚Na, da steht's ja!' Ein Gleiches thaten auch wir, und mit Erstaunen rief er: ‚Ja was Teuxel, wie kommt denn Ihr daher?' Mit Begeisterung küßten wir ihm seine schönen weißen Hände. Er trennte die Partitur und bat uns, sie sofort den vier Copisten im Bureau zu geben. ‚Nun wollen wir a bissel schlafen', sagte er. Abends lagen, theilweise noch naß, die ausgeschriebenen Stimmen auf den Pulten. Ich hatte früher keine Probe versäumt, und umso größer war die Wirkung, welche die Ouverture auf mich machte. Bassi war unübertrefflich als Don Juan. In Prag herrschte zu jener Zeit ein competentes Urtheil in Allem, was Musik betraf; darin war man allen deutschen Städten voraus, und so mußte denn das Meisterwerk schon bei der ersten Aufführung ein enormes Glück machen. 20mal wurde die Oper hintereinander bei gedrängt vollem Hause gegeben." Was ist der tiefere Sinn all der Legenden um die Entstehung der Don Juan-Ouverture? Sie drücken alle die wunderbare und die für den Alltagsmenschen unfaßbare Erscheinung aus, daß das erdenferne Genie Mozarts es vollbrachte, ein Kunstwerk, eben wie die Ouverture des *Don Giovanni* gewißermaßen, aus dem Ärmel zu schütteln. Alle Legenden lassen die Ouverture in einer Nacht und kurz vor der Aufführung entstehen und alle Anekdoten halten sich an die rein sinnliche Erscheinung der Niederschrift der Ouverture. Indes wissen wir, daß Mozart eine merkwürdige Abneigung hatte, seine Werke niederzuschreiben. Mozart war von seinen inneren musikalischen Gesichten ununterbrochen derart erfüllt, daß er auch nicht eine Sekunde den fortwährenden Schaffensprozeß ausschalten konnte. Die Niederschrift einer Komposition bedeutete für ihn eine lästige mechanische Arbeit, zu der er nicht selten durch die äußeren Umstände, vor allem durch die materielle Notlage gezwungen wurde. So schreibt er am 30. Dezember 1780 aus München an seinen Vater betreffs der Komposition einer Arie: „Ich muß über hals und kopf schreiben – komponiert ist schon alles – aber geschrieben noch nicht."

Franz Eduard Genast,
Aus dem Tagebuch eines alten Schauspielers

Mögen die Schilderungen im Detail auch voneinander abweichen, ein Motiv ist ihnen doch allen gemein: Die

Ouvertüre soll erst im allerletzten Augenblick zu Papier gebracht worden sein, so daß die Oper gerade noch wie vorgesehen am Montag, dem 29. Oktober, über die Bühne gehen konnte.
Rudolf Procházka hat diese Geschichte zumindest hinsichtlich ihres chronologischen Wahrheitsgehaltes angezweifelt. Seiner Meinung nach handelte es sich in diesem Falle um eine Verwechslung des Premieren-Abends mit dem Abend der Generalprobe. Gleichwohl hört man lieber die Geschichten von der im letzten Augenblick zu Papier gebrachten Ouvertüre.
Ein mit 15. Oktober 1787 datierter Brief, den Mozart an seinen Wiener Freund Gottfried von Jacquin sandte, vermittelt einen Eindruck von der Atmosphäre in den Tagen vor der Uraufführung:

„liebster freund! –
Sie werden vermuthlich glauben daß nun meine Oper schon vorbey ist – doch – da irren sie sich ein bischen; Erstens ist das hiesige theatralische Personale nicht so geschickt wie das zu Wienn um eine solche oper in so kurzer Zeit einzustudiren.

zweytens fand ich bey meiner Ankunft so wenige vorkehrungen und Anstalten, daß es eine bloße unmöglichkeit gewesen seyn würde, Sie am 14:ten als gestern zu geben; – Man gab also gestern bey ganz illuminirten theater meinen Figaro, den ich selbst dirigirte. – bey dieser gelegenheit muß ich ihnen einen Spass erzehlen. – einige von den hiesigen ersten damen (besonders eine gar hocherläuchte) geruhten es sehr lächerlich, unschicklich und was weis ich alles zu finden,

daß man der Prinzessin den Figaro, den tollen Tag (wie sie sich auszudrücken beliebten) geben wollte; – Sie bedachten nicht daß keine oper in der Welt sich zu einer solchen gelegenheit schiken kann, wenn sie nicht beflissentlich dazu geschrieben ist; daß es sehr gleichgültig seye, ob sie diese oder Jene oper geben, wenn es nur eine gute, und der Prinzessin unbekannte oper ist; und das lezte wenigstens war figaro gewis. – kurz die Radlführerin brachte es durch ihre wohlredenheit so weit, daß dem impreßario von der Regierung aus dieses Stück auf Jenen tag untersagt wurde. – Nun triumphirte Sie! – – hò vinta[78] schrie Sie eines abends aus der Loge; – Sie vermuthete wohl gewis nicht, daß sich das hò in ein Sono verändern könne! – des tags darauf kamm aber le Noble – brachte den befehl S: Mayt: daß wenn die Neue oper nicht gegeben werden könne, figaro gegeben werden müsse! – wenn Sie, mein Freund, die schöne, herrliche Nase dieser Dame nun gesehen hätten! – O es würde ihnen so viel vergnügen verursachet haben wie mir! –
Don Giovanni ist nun auf den 24ten bestimmt; –

den 21:ten: er war auf den 24:ten bestimmt, aber eine Sängerin, die krank geworden verursachet noch eine Neue verzögerung; – da die truppe klein ist, so mus der Impreßario immer in Sorgen leben, und seine leute so viel möglich schonen, damit er nicht, durch eine unvermuthete unpässlichkeit in die unter allen krittischen allerkrittischste laage versetzt wird, gar kein Spektakl geben zu können! – deswegen geht hier alles in die lange bank, weil die Recitirenden (aus faulheit) an operntägen nicht Studieren wollen, und der Entrepreneur (aus forcht und angst) sie nicht dazu anhalten will, aber was ist das? – – ist es möglich? – was sehen meine ohren, was hören meine

[78] Hò vinta (ital.): Ich habe gesiegt; sono vinta (ital.): Ich bin besiegt.

augen? – – ein Brief von – ich mag mir meine augen fast wund wischen – er ist – holl mich der Teufel † gott sey bey uns † doch von ihnen; – in der that; wäre nicht der winter vor der thüre, ich würde den ofen einschlagen. da ich ihn aber dermalen schon öfters brauche, und in zukunft noch mehr zu brauchen gedenke, so werden sie mir erlauben, daß ich die verwunderung in etwas mäßige und ihnen nur in wenig worten sage, daß es mich ausserordentlich freuet Nachrichten von ihnen und ihrem mir so werthen hause zu erhalten. –

den 25: – heute ist der eilfte Tag daß ich an diesem briefe kritzle; – Sie sehen doch daraus das es an gutem willen nicht fehlt – wenn ich ein bischen zeit finde so male ich ein Stückchen wieder daran – aber lange kann ich halt nicht dabey bleiben – weil ich zu viel andern leuten – und zu wenig – mir selbst angehöre; – daß dies nicht mein lieblings-leben ist, brauche ich ihnen wohl nicht erst zu sagen; –

künftigen Montag, den 29:t, wird die oper das erstemal aufgeführt; – tags darauf sollen Sie gleich von mir Raport davon bekommen; – wegen der Arie, ist es, (aus ursachen die ich ihnen mündlich sagen werde) schlechterdings unmöglich Sie Ihnen schicken. –

was Sie mir wegen der kathel schreiben, freuet mich recht sehr, daß Sie wohl auf ist, und Sich mit den katzen in Respect, mit den hunden aber in freundschaft zu erhalten weis; – wenn Sie ihr Papa (dem ich mich bestens empfehle) gerne behält, so ist es schon so viel als wenn Sie nie mein gewesen wäre; – Nun leben Sie wohl; – ich bitte Dero gnädigen Frau Mama in meinem Namen die Hände zu küssen, der frl: Schwester und H: bruder mich bestens zu empfehlen und versichert zu seyn, daß ich stetts seyn werde

ihr wahrer freund und diner
W: A: Mozart."

Mozart, *Briefe und Aufzeichnungen*

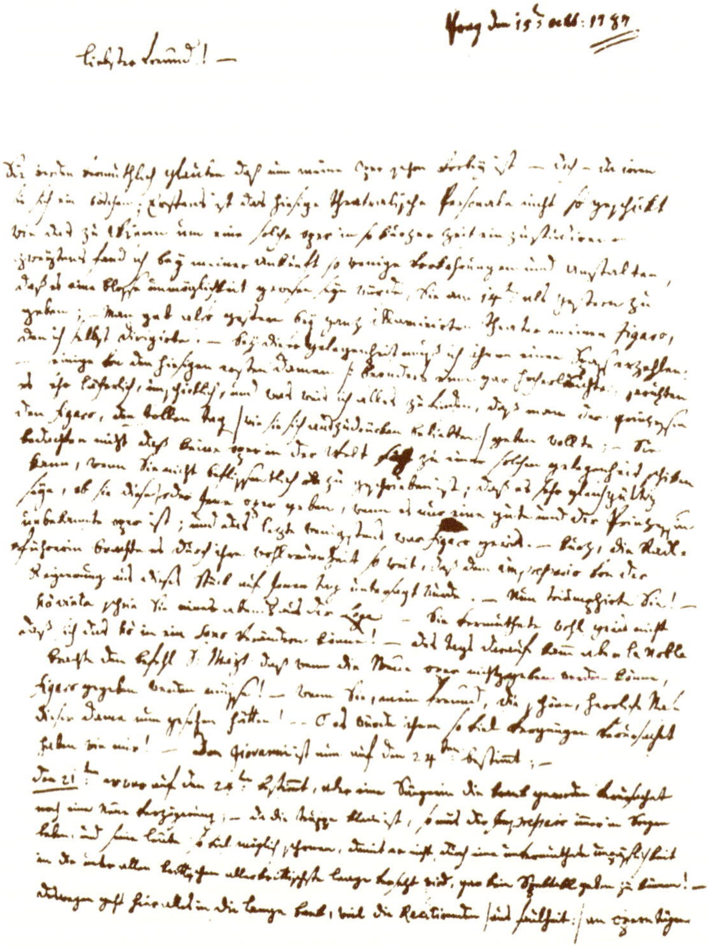

Prag den 15ten octob: 1787.

liebster Freund! –

Sie werden vermuthlich glauben daß nun meine Oper schon vorbey ist – doch – da irren sie sich ein bischen; erstens ist das hiesige theatralische Personale nicht so geschickt wie das zu Wienn, um eine solche Oper in so kurzer Zeit einzustudieren. zweytens fand ich bey meiner Ankunft so wenige Vorkehrungen und Anstalten, daß es eine blosse unmöglichkeit gewesen seyn würde, sie am 14:ten als gestern zu geben; – Man gab also gestern bey ganz illuminirten Theater meinen Figaro, den ich selbst dirigirte. – bey dieser gelegenheit muß ich ihnen einen Spaß erzählen. – einige der hiesigen ersten Damen (besonders eine gar hocherleuchte) geruhten es sehr lächerlich, unschicklich, und was weis ich alles zu finden, daß man der Prinzessin den Figaro, den tollen Tag (wie sie sich auszudrücken beliebten) geben wollte; – sie bedachten nicht daß keine Oper in der Welt sich zu einer solchen gelegenheit schicken kann, wenn sie nicht besonders dazu geschrieben ist; daß es sehr gleichgültig seye, ob sie diese oder jene Oper geben, wenn es nur eine gute und der Prinzessin unbekannte Oper ist; und das letzte wenigstens war Figaro gewis. – kurz, die Rädelsführerin brachte es durch ihre Wohlredenheit so weit, daß dem impresario von der Regierung aus dieses Stück auf jenen Tag untersagt wurde. – Nun triumphirte sie! – hò vinta schrie sie eines abends aus der loge. – sie vermuthete wohl gewis nicht daß sich das hò in ein sono verändern könne! – des Tags darauf kam aber le Noble, brachte den befehl S: Mayst: daß wenn die Neue Oper nicht gegeben werden könne, Figaro gegeben werden müsse! – wenn Sie, mein freund, diese schöne, herrliche Nase gesehen hätten! – O es würde ihnen so viel vergnügen wie mir verursacht haben! – Don Giovanni ist nun auf den 24ten bestimmt; –

Den 21ten – er war auf den 24ten bestimmt, aber eine Sängerinn die krank geworden verursacht noch eine neue verzögerung; – da die Truppe klein ist, so muß der Impresario immer in Sorgen leben, und seine leute so viel möglich schonen, damit er nicht, durch eine unvermuthete unpäßlichkeit in die unter allen kritischen allerkritischste lage versezt wird, gar kein Spectacel geben zu können! – deswegen geht hier alles in die lange bank, weil die Recitirenden (aus faulheit) an opern tägen

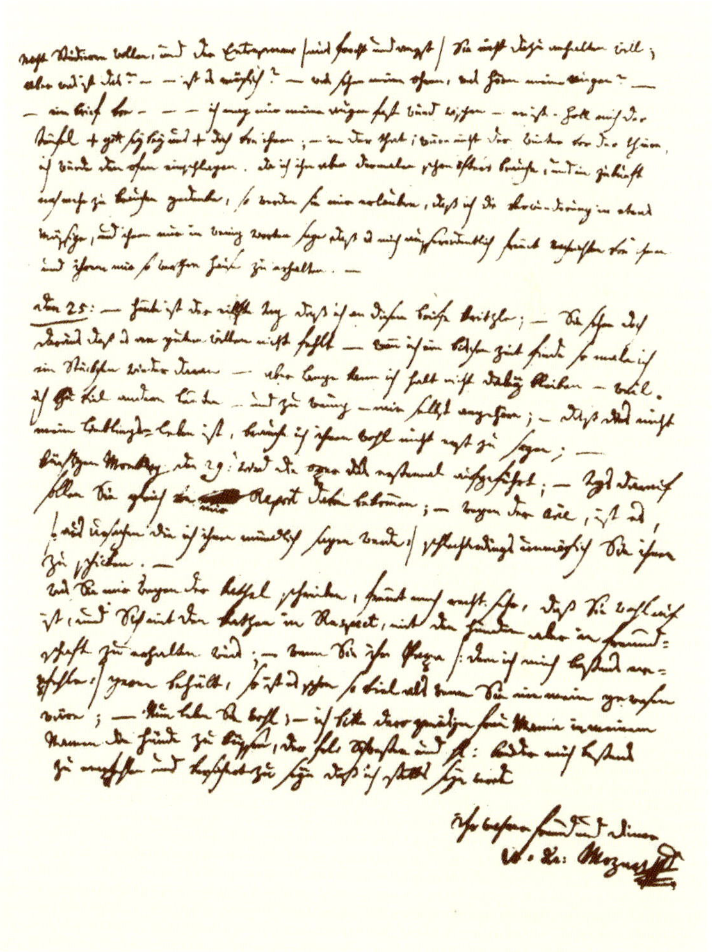

Manuskript des Briefes, den Mozart zwischen dem 15. und dem 30. Oktober 1787 in Prag an seinen Wiener Freund Gottfried von Jacquin schrieb.

Luigi Bassi, der erste Don Giovanni der Operngeschichte, trägt die Arie *Deh! Vieni alla finestra* vor. Kupferstich von M. Thonert, 1787.

Die meisten Sänger dieser legendären Opernaufführung waren Mozart bereits von der Besetzung des *Figaro* her vertraut. Er kannte ihre Stimmen und Charaktere und er wußte, was er jedem einzelnen zutrauen durfte. So konnte Mozart die Partitur auf die stimmlichen Stärken der Sänger abstimmen:

„Den ersten Darsteller des Don Giovanni, den damals 22jährigen Luigi Bassi (geb. 1765 zu Pesaro), einem Schüler Norandinis in Sinigaglia und Laschis in Florenz, nennt noch Beethoven 1823/24 in seinem Konversationsheft einen ‚feurigen Italiener', Meißner dagegen einen ‚bildschönen, aber erzdummen Kerl'. Die Personalliste der Bondinischen Truppe, der er schon seit 1784 angehörte, sagt von ihm im Jahre 1792: ‚Seine Stimme ist so wohlklingend, als meisterhaft seine Action ist. Er erhält daher in komischen Rollen sowohl als in tragischen gleichen Beifall und gefiel, wo er spielte, allgemein.' Er wirkte bis 1806 in Prag.[79] Gegen Ende der neunziger Jahre verlor er freilich seine Stimme, über die sich ein Prager Bericht folgendermaßen äußert:

‚Sie hält die Mitte zwischen Tenor und Baß, und obwohl sie etwas hell klingt, ist sie doch stets sehr geschmeidig, voll und angenehm. Herr Bassi ist nebstdem ein sehr geschickter Schauspieler im Tragischen, ohne komödienmäßig, im Komischen, ohne abgeschmackt zu sein. In seiner wahrhaft feinen und possierlichen Laune parodiert er z. B. manchmal die Fehler der übrigen Sänger so fein, daß zwar die Zuschauer, aber jene nicht davon merken. Seine besten Rollen sind Axur, Teodoro [in Paisiellos *Re Teodoro*, H. S.], der Notarius in *Molinara*, der Graf in *Figaro*. Er verdirbt überhaupt keine Rolle und ist der einzige Schauspieler in der jetzigen welschen Gesellschaft.'

[79] 1806 trat Bassi in die Dienste des Fürsten Lobkowicz, 1814 kehrte er nochmals nach Prag zurück, wo der nunmehr gereifte Sänger unter Carl Maria von Weber erneut die Figur des Don Giovanni verkörperte.

Teresa Saporiti, die italienische Opernsängerin und erste Darstellerin der Donna Anna. Ferdinando Fambini, 1791.

Auch der erste Leporello Felice Ponziani, der auch den ersten Prager Figaro gab, wird als Sänger und als Charakterdarsteller gleichermaßen gerühmt. Vor seiner Prager Zeit war er in Parma, ab 1792 sang er in Venedig. Hervorgehoben wurden die Ausgeglichenheit seiner Stimme und seine gute Aussprache.

Giuseppe Lolli, der Darsteller des Masetto und Komthurs, wird gleichfalls als Sänger gerühmt. Auch er war 1780/81 in Parma und Venedig tätig gewesen. Der vortreffliche Tenorist Ant. Baglioni, Mozarts erster Ottavio, wird namentlich wegen seiner Kunst und seines Geschmackes im Vortrage gerühmt; jene Personalliste von 1792 berichtet, seine Stimme sei wohlklingend, rein und voll Ausdruck, so daß wenige sich eines solchen Tenoristen rühmen könnten. Er trat 1786 in Venedig auf, wo wir ihn 1793/94 wieder antreffen.

Unter den Sängerinnen genoß die damals 24jährige Teresa Saporiti[80], die Darstellerin der Donna Anna, vermöge ihrer Gesangskunst und ihrer Schönheit das größte Ansehen. Sie ist uns sogar in einem Medaillon,

[80] Die legendäre Teresa Saporiti hatte verkündet, daß der Meister (Mozart) zu klein sei, um ihr Eindruck zu machen; sie starb am 17. März 1869 im gesegneten Alter von hundertsechs Jahren in Mailand.

das sich im Besitze Dr. Schebeks befand, im Bilde erhalten. Auch sie trat nach ihren Prager Triumphen in Italien, zu Venedig, Parma und Bologna auf.

Während wir über Catarina Micelli, die erste Elvira, nichts wissen, als daß sie eine treffliche Sängerin des Prager Ensembles gewesen sei, war die Darstellerin der Zerline, Caterina Bondini, die Frau des Direktors, der erklärte Liebling des Prager Publikums durch ihre gesanglichen wie darstellerischen Leistungen, was gelegentlich der Aufführung des Figaro zu ihrem Benefiz am 14. Dezember 1786 zu einer wahren Hochflut begeisterter Gedichte geführt hatte."

Hermann Abert, *W. A. Mozart*

Wir kennen die Namen der Mitwirkenden aus Mozarts eigenhändigem Werkverzeichnis, das um so größere Bedeutung besitzt, als von der Uraufführung kein Theaterzettel erhalten blieb: „Attori. Signore: Teresa Saporeti, Bondini e Micelli. Signori: Passi, Ponziani,

[81] In der Personalliste der Guardasonischen Gesellschaft wurde 1792 vermerkt: „Hr. Baglioni, Erster Tenorist. Gewiß verdient er mit Recht Beifall. Seine Stimme hat sich ausgebildet, ist wohlklingend, rein und voll Ausdruck, so daß wenig Theater sich eines solchen Tenoristen werden rühmen können. Wir haben seit langer Zeit seines Gleichen nicht gehört. Seine Hauptrolle ist Colloardo in La molinara. Hier verbindet er Gesang und Spiel auf das Meisterhafteste." Kritischer ließ sich Niemetschek im *Allgemeinen europäischen Journal* vernehmen: „Dieser Sänger ging vor einem Jahr von der Gesellschaft ab und hielt sich einige Zeit in Italien auf; hier sammelte er nun alle Unarten der italienischen Künstler und Nichtkünstler emsig auf und so begabt kehrte er zum Herrn Guardasoni zurück. Er spricht keine Note so aus, wie sie der Kompositeur gesetzt hat und haben wollte, ersäuft den schönsten Gedanken in seinen welschen Sprüngen und Trillern und läßt uns sein einförmiges Herumschlagen mit Händen für Akzion gelten, so daß man Noth hat, die Arie zu erkennen, wenn er sie singt. Freilich bedarf er solcher Schnörkel, um seine mangelhafte Stimme, die mehr ein mezzo basso ist, zu bedecken aber weil Herr Baglioni seine Arien in Mozarts Cosi fan tutte nicht aussingen kann, soll er deshalb die Arien ja nicht für schlecht geschrieben ausgeben; denn der große Mozart, dessen Geist allerdings für faselnde Welsche zu unverständlich ist, hat sich Hrn. Baglioni bei seiner Arbeit nicht zum Maßstabe genommen!"

Baglioni[81] e Lolli." In den Berichten über die Uraufführung klingt die Begeisterung nach, die Mozarts *Don Giovanni* in Prag hervorrief:

Luigi Bassi, hier fälschlich als erster Leporello.

„Die Auffahrt der Wagen begann schon um halb Sechs, bald gerieth sie ins Stocken, man sah geputzte Damen den Wagen verlassen und trotz großer Toilette den Weg zur Einfahrt durch ein Kothmeer suchen. In den Saal eintretend, fanden sie Gallerien und Parterre bereits gefüllt. Das Aussehen der Gallerie war schier erschreckend, da war Kopf an Kopf und die letzte Reihe der Zuschauer, die sich an den von Säule zu Säule gehenden Eisenstangen festhielt, schien auf die untern Reihen herabfallen zu wollen. Durch das Summen der aufgeregten Menge vernahm man kaum noch den Ruf der umgehenden Diener, welche damals noch ‚Bier und frische Würste' dem unverwüstlichen Appetit des Gallerie-Publikums anboten, während in den unteren Räumen der Ruf: ‚Limonade, Mandelmilch' erklang.

Die Gerüchte über die Verspätung der Ouverture waren ins Publikum gedrungen. Niemand machte sich einen rechten Begriff davon, daß Mozart damit nur ein Werk niederschrieb, das er bis auf die letzte Note ausgearbeitet im Kopfe mit sich herumgetragen hatte. Man erzählte, daß er die ganze Nacht über seinem Werke gesessen, wie die Copisten kaum fertig zu werden gedacht und die Musiker noch um vier Uhr die Stimmen nicht gehabt hätten, so daß sie also vom Blatt würden spielen müssen. Im allerschlimmsten Falle, hieß es, wäre die Ouverture zum ‚Idomeneo' eingeschoben worden.

Schattenbilder der ersten *Don Giovanni*-Sängerinnen (Andenken an die Premiere): Teresa Saporiti und Catarina Micelli.

Die Aufregung des Publikums kam ins Wachsen, da man in der That eine sonderbare Unruhe unter den Orchester-Mitgliedern bemerkte oder zu bemerken glaubte. Die Uhr über der Courtine zeigte schon mehrere Minuten über die Zeit. Da kam der Theaterdiener, Notenblätter liefen von Hand zu Hand und wurden auf die Pulte vertheilt. Und wie ungeduldige Kinder den Schluß eines langen Tischgebetes vor einem Festmahl nicht erwarten können, so das Publikum den Schluß des Stimmens. Doch schon war Mozart vor dem Dirigentenpult erschienen, tausend Hände regten sich zu seinem Empfange, er grüßte dankend nach allen Seiten, gab rasch das Zeichen zum Anfang und es erschollen jene gewaltigen, wie aus der Geisterwelt hervorklingenden, das ganze Menschenherz aufwühlenden Dreiklänge, welche gleichsam die ehernen Pforten dieses Tonwerks sind. [...]

Drei Stunden später hatte eine Oper, die in der ganzen Welt der Töne ihresgleichen nicht hat, ihren ersten Gang über die Bühne beendigt. Der lebenstolle Heide, der Gott und allen seinen Engeln getrotzt, war in sein ewiges Flammengrab hinabgefahren. Eine Welt von Lust, Übermuth, Schrecken, Klage, Verzweiflung, wie sie nur Mozart malen konnte, war dem Zuhörer vorgeführt worden und grenzenloser Beifall der Lohn. An diesem Abend sprach Mozart die berühmt gewordenen Worte: ‚Meine Prager verstehen mich', ein Wort, das jener Generation stets zur Ehre gereichen wird."

Alfred Meissner, *Rococobilder*

„‚Don Juan ist für Prag geschrieben' – mehr braucht man nicht zu sagen, um zu beweisen, welchen hohen Begriff Mozart von dem musikalischen Sinne der Böhmen hatte. Es gelang ihm auch vollkommen diesen Sinn zu treffen und zu rühren; denn keine Oper hat sich hier in einem gleichen Wohlgefallen so lange auf dem Theater gehalten, als Don Juan. Es sind nunmehr zehn Jahre, seit sie gegeben wird – und noch immer hört man sie gern, noch immer lockt sie zahlreiche Versammlung in das Parterre. Kurz Don Juan ist die Lieblingsoper des bessern Publikum in Prag. Als Mozart bey der ersten Vorstellung derselben an dem Klavier im Orchester erschien, empfing ihn das ganze bis zum Erdrücken volle Theater mit einem allgemeinen Beyfallklatschen. Überhaupt bekam Mozart in Prag bey jeder Gelegenheit große und unzweydeutige Beweise der Hochachtung und Bewunderung, welche gewiss ehrenvoll waren, weil nicht Vorurtheil oder Mode, sondern reines Gefühl seiner Kunst daran Theil hatte. Man liebte und bewunderte seine schönen Werke; wie konnte man gegen die Person ihres großen Schöpfer gleichgültig bleiben?"

Franz Xaver Niemetschek, *W. A. Mozart's Leben*

„Montags den 29. wurde von der italienischen Operngesellschaft die mit Sehnsucht erwartete Oper des Meister Mozard Don Giovani, oder das steinerne Gastmahl gegeben. Kenner und Tonkünstler sagen, daß zu Prag ihres Gleichen noch nicht aufgeführt worden. Hr. Mozard dirigirte selbst, u. als er in's Orchester trat, wurde ihm ein dreymaliger Jubel gegeben, welches auch bey seinem Austritte aus demselben geschah.

1787. Nro. 88.

von Schönfeldsche

k. k. Prager Oberpostamtszeitung.

Montags den 29ten wurde von der italienischen Operngesellschaft die mit Sehnsucht erwartete Oper des Meisters Mozard Don Giovani, oder das steinerne Gastmahl gegeben. Kenner und Tonkünstler sagen, daß zu Prag ihres Gleichen noch nicht aufgeführt worden. Hr. Mozard dirigirte selbst, u. als er ins Orchester trat, wurde ihm ein dreymaliger Jubel gegeben, welches auch bey seinem Austritte aus demselben geschah. Die Oper ist übrigens äußerst schwer zu exequiren, und jeder bewundert dem ungeachtet die gute Vorstellung derselben nach so kurzer Studierzeit. Alles, Theater und Orchester bot seine Kräften auf, Mozarden zum Danke mit guter Exequirung zu belohnen. Es werden auch sehr viele Kosten durch mehrere Chöre und Dekorazion erfordert, welches alles Herr Guardasoni glänzend hergestellt hat. Die außerordentliche Menge Zuschauer bürgen für den allgemeinen Beyfall.

Bericht der *k. k. Prager Oberpostamtszeitung* vom 3. November 1787 über die erfolgreiche Premiere von Mozarts *Don Giovanni*.

Die Oper ist übrigens äußerst schwer zu exequiren und jeder bewundert dem ungeachtet die gute Vorstellung derselben nach so kurzer Studierzeit. Alles, Theater und Orchester, bot seine Kräfte auf, Mozarden zum Danke mit guter Exequirung zu belohnen. Es werden auch sehr viele Kosten durch mehrere Chöre und Dekorazion erfordert, welches alles Herr Guardasoni [der Regisseur der Oper] glänzend hergestellt hat. Die außerordentliche Menge Zuschauer bürgen für den allgemeinen Beyfall."

Prager Oberpostamtszeitung

Die neue Oper wurde erwartungsgemäß ein durchschlagender Erfolg. Anders als die Wiener erkannten die Prager Musikfreunde gleich am ersten Abend die alles überragende Schönheit und den unvergleichlichen künstlerischen Wert des *Don Giovanni.*

Bereits die Ouvertüre hatte dem Publikum ein „lautes Lobjauchzen" entlockt, und selbst Mozart, der die Oper aus der handschriftlichen Partitur dirigierte, soll zufrieden gewesen sein und gemeint haben: „Es

Szenenbilder aus *Don Giovanni* (19. Jahrhundert).

sind zwar viele Noten unter die Pulte gefallen, aber die Ouvertüre ist doch recht gut von Statten gegangen." Mozart genoß den Erfolg des Abends und den „lautesten beyfall" sicherlich mit großer Genugtuung. Nach dieser gelungenen Aufführung soll er, wenn Meissners Bericht stimmt, die Worte „Meine Prager verstehen mich" gesagt haben. Voller Stolz berichtete er am 4. November 1787 seinem Wiener Freund Gottfried von Jacquin von dem Triumph:

„Prag den 4:^{t} nov^{bre} 1787
liebster, Bester freund! –
Ich hoffe Sie werden mein Schreiben erhalten haben; – den 29:^{t} ockt^b: gieng meine oper D: Giovanni in scena, und zwar mit dem lautesten beyfall. – gestern wurde Sie zum 4^t: Male (und zwar zu meinem Benefice) aufgeführt; – Ich gedenke den 12^t: oder 13ten: von hier abzureisen; bey meiner zurückkunft sollen Sie also die Aria gleich zu Singen bekommen; *NB unter uns;* – Ich wollte meinen guten freunden (besonders bridi und ihnen) wünschen, daß Sie nur einen einzigen Abend hier wären, um antheil an meinem vergnügen zu nehmen! – vieleicht wird sie doch in Wienn aufgeführt? – ich wünsche es. – Man wendet hier alles mögliche an um mich zu bereden, ein paar Monathe noch hier zu bleiben, und noch eine Oper zu schreiben, – ich kann aber diesen antrag, so schmeichelhaft er immer ist, nicht annnehmen. [...]"

Mozart, *Briefe und Aufzeichnungen*

Die Originalpartitur nahm Mozart später mit nach Wien, wo sie sich dann in seiner Hinterlassenschaft fand. Constanze verkaufte sie an den Musikverleger Johann Anton André in Offenbach, der sie an seine Tochter Augusta vererbte. Alle Versuche, das 575 Seiten starke Konvolut nach Wien oder London zu veräußern, wo man Interesse von offiziellen Stellen erwarten konnte, schlugen fehl. Stattdessen erwarb es die gefeierte französische Operndiva Pauline Viardot-Garcia, die das Werk schließlich der Pariser Musikakademie zueignete. Kaum weniger bedeutend als die Originalpartitur ist die erste, 1787 angefertigte Abschrift der Partitur – Mozart dirigierte aus ihr die Reprise und 1791 die neuerliche *Don Giovanni*-Aufführung im Vorfeld der Krönungsfeierlichkeiten Leopolds II. Mozart selbst dürfte in diese Abschrift noch einige über die Originalpartitur hinausgehende Anmerkungen eingefügt haben, und später kamen noch Bemerkungen von František Škroup und Bedřich Smetana hinzu. Die Prager Mozartgemeinde konnte dieses bedeutende Musikdokument 1934 bei einer Versteigerung erwerben.

Diese erste Prager Inszenierung des *Don Giovanni* ging in italienischer Sprache über die Bühne, ganze zwanzig Jahre sollten noch vergehen, ehe die Prager das Werk in der Sprache des Tondichters – deutsch – zu hören bekamen. Und beinahe noch einmal so lange mußten die tschechischen Musikfreunde warten, ehe sie die Oper in ihrer Muttersprache erleben konnten. Erst 1825 erschien im Prager Verlag Haase eine tschechische, von Jan Nepomuk Štepánek besorgte Übertragung des *Don Giovanni.* Zeitgleich veröffentlichte der Dichter Šimon Karel Macháček eine weitere Übersetzung des Librettos. Als sich der Vorhang am 9. April 1825 für die erste tschechische Aufführung hob, und zwar als Benefizveranstaltung zugunsten eines neuen Armenhauses, war die Oper in Prag bereits mehr als zweihundertfünfzigmal in italienischer und deutscher Sprache über die Bretter gegangen.

. . .

Während dieses zweiten Aufenthaltes in Prag verfasste Mozart die große Konzertarie *Bella mia fiamma.* Diese Abschiedsarie gilt als ein besonders anspruchsvolles Werk und ist nicht einfach zu singen, obwohl sie nahezu frei ist von komplizierten Koloraturen. Die am 3. November 1787, also nur wenige Tage nach der Premiere des *Don Giovanni* zu Papier gebrachte Arie trägt die Widmung: „Für Mad. Duschek in Prag". Wir wissen aus dem Brief Karl Mozarts an Adolf Popelka bereits, mittels welcher „euspieglerie" Josepha Duschek diese Arie förmlich erzwungen haben soll. Hören wir dazu Paul Nettl: „In der Tat zeigt diese Arie besondere harmonische Kühnheiten und Intonationsschwierigkeiten, vor allem bei der Stelle ‚quest affanno, questo passo' [...] mit ihren übermäßigen Quartschritten und den unerwarteten harmonischen Rückungen. Kein Zweifel, auch die Art der Orchesterbegleitung erschwert die Intonation und es war die Kunst einer außerordentlich sattelfesten Sängerin nötig, um die Arie a vista zu bewältigen. Dabei ist sie der Eigenart Josephas minutiös angepaßt: Koloraturen werden vermieden, dagegen romantische Expression und dramatische Durchschlagskraft gefordert. Wieder, wie bei der schon in Salzburg für Josepha Duschek komponierten Arie ‚Ah lo previdi' erkennen wir an der Komposition das warme Gefühl Mozarts für die Sängerin. Aber es schwingt auch die

Autograph zur am 3. November 1787 in der Bertramka für Josepha Duschek geschriebenen Konzertarie *Bella mia fiamma.*

Dämonik der eben durchlebten Don Giovanni-Periode mit. Abert bezeichnet die Arie als eine der bedeutendsten ihrer Art. Das Rezitativ ist infolge der refrainartig wiederkehrenden Begleitungsphrasen, die eine Art Leitmotiv-Charakter haben, besonders konzis und voll Spannung. Die Arie selbst, aus Andante und Allegro bestehend, beginnt zuerst in ruhiger lyrischer Stimmung, steigert aber den Schmerz bis zu jener chromatischen Stelle. Der Allegro-Teil ist der verhältnismäßig konventionellste nach italienischer Art den Todesentschluß des Helden verkündend. Die Wiederholungen der Worte aus dem ersten Teil ‚quest' affano' knüpfen in der Stimmung an den ersten Teil an und tragen zu dem einheitlichen Gepräge dieser einzigartigen Arie bei."

An dieser Stelle seien zwei weitere Lieder für eine Singstimme erwähnt, die ebenfalls zur musikalischen Ausbeute Mozarts zweiter Pragreise zählen. Das am 6. November in das von ihm selbst geführte Werkverzeichnis eingetragene, nach Art der Wiener Singspiellieder verfaßte und einfach gehaltene Stück *Des kleinen Friedrichs Geburtstag* war vermutlich die Auftragsarbeit eines uns nicht näher bekannten Prager oder Wiener Aristokraten. Anders das zweite Lied, *Das Traumbild*, nach einem Gedicht von Ludwig Christoph Hölty. Mozart hat das Lied für seinen Freund Gottfried von Jacquin geschrieben und ihm das unsignierte Stück wohl mit der Post zugeschickt. Es fand sich später in dessen Nachlaß.

· · ·

12 Im November 1787 hat Mozart die Prämonstratenserabtei Strahov auf dem Laurenziberg besucht. Aus einem 1818 verfaßten Brief des Strahover Chorherrn Norbert Lehmann an Franz Niemetschek erfahren wir, daß Mozart eines Nachmittags um die dritte Stunde in Begleitung seiner Gastgeberin Josepha Duschek in der Abtei erschien. Nachdem er die Stiftskirche besichtigt hatte, präludierte er auf der erstklassigen Orgel aus dem Jahr 1727. Der Musikdirektor am Kloster

Strahov, Johann Lohelius Oehlschlegel, hatte das Instrument einst in desolatem Zustand vorgefunden und schließlich über zwölf Jahre lang restauriert. Auch eine detaillierte Beschreibung der Orgel stammt aus seiner Hand. Oehlschlegel war während Mozarts Darbietung zugegen, die freilich nicht im Juni stattfand, wie Lehman nach mehr als 30 Jahren fälschlich angab:

„An den Wohledlgebornen und Hochgelehrten H. Herrn F. Nemečzeck würdigsten Dekan und Professor der Logick und praktischen Philosophie bei der Karl-Ferdinandeischen Universität zu Prag.
    Meinem hochgeehrtesten Gönner
    Wohledlgeborner
    Hochgelehrter Herr Herr!
    Dekan und Professor!
    Hier überliefere ich auf hohes Begehren das Mozzartische Thema sammt der Geschichte. Dieser Virtuos beehrte anno 1787 in Monate Junij die Stadt Prag mit einem Besuche, um mit den Tonkünstlern dieser Hauptstadt bekannt zu werden und Merkwürdigkeiten zu sehen. Er kam in einem Tage um 3 Uhr nachmittags mit der Frau v. Duscheck auch in die Strahöfer

Die Klosterkirche Mariä Himmelfahrt am Strahov, rechts das zu Mozarts Zeiten neue Bibliotheksgebäude.

Der Regens chori von Strahov Johann Lohelius Oehlschlegel hat sich neben seiner geistlichen Tätigkeit auch als Orgelbauer und Komponist sakraler Musik hervorgetan. Kupferstich von J. Berka, um 1770.

Kirche und äusserte sein Verlangen, die Orgel zu hören. Ich als Supplent des Organisten wurde vom gn. H. Prälaten Wentzl Mayer dazu bestimmt, diese Arbeit auf mich zu nehmen. Der Auftrag gefiel mir freylich nicht, mich vor einem so großen Meister und Compositor hören zu lassen; doch gieng ich, um mich meines Auftrages zu entledigen. Mozzart saß in navi ecclesiae nahe beym Predigtstuhl. Ich ließ ihm die ganz Stärke der Orgel wahrnehmen und führte ein Patetisches Thema aus. Als dieses geendiget war, fragte dieser Virtuos, wer da die Orgel geschlagen habe. Einige von den Geistlichen, welche ihn begleiteten, sagten: ‚ein Geistlicher unseres Stiftes.' Nun fragte er: ‚gibt es auch Organisten unter den Geistlichen?' ‚Ja', antwortete H. Matthias Ehrlich, dermalen Gymnasial Patri...[82] auf der Kleinseite. Nun bekam er Lust, die Orgel selbst zu schlagen. Er bestieg den Sitz und machte pleno choro durch beiläufig 4 Minuten meisterhafte Accorde und ließ durch diese ...[83] jedem Kenner wahrnehmen, daß er mehr als ein gemeiner

[82] Die letzte Silbe ist unleserlich.
[83] Unleserliches Wort.

Organist sey. Nach diesem wollte er das Manual ohne Brust- und Rückpositiv spielen. Alle 4 Zungenwerke waren ihm zu stark. Er wählte nebst dem gewöhnlichen Pedal ohne Mixtur den achtfüßigen Posaunpaß. Nun fieng er ein 4stimmiges Fuga Thema an, welches um so schwerer auszuführen war, weil es und die Verfolgung desselben aus lauter Mordanten[84] bestund, welche auf einer so schwer zu drückenden Orgel außerordentlich hart auszudrücken sind. Allein der 4te und 5te Finger sowohl in der rechten als linken Hand war dem ersten (Daumen), zweyten und dritten an Kraft gleich, worüber schon jeder staunen mußte. Ich heftete meine ganze Aufmerksamkeit auf die Ausführung des Thema und wäre im Stande gewesen, es bis zu Ende aufzusetzen; allein nun kam der sel. Regens chori P. Lohelius auf das Chor. Dieser hinderte mich mit seinen Fragen so sehr, daß ich den ganzen Faden verloren habe, und zwar da, wo die Aufmerksamkeit am nothwendigsten war. Mozzart hatte sich vom g-moll mit dem Pedal und Organo

[84] Unter einem Mordenten versteht man einen raschen, trillerartigen Wechsel eines Tones (mit seiner unteren Nebennote).

Die Orgel der Strahover Klosterkirche Mariä Himmelfahrt.

Baß so hoch hinaufgeschwungen, daß er in H-moll fortsetzen konnte. Nun störte mich der sel. Lohelius, daß ich nicht wußte, wie er so geschwind in Dis-dur hineingekommen. Nun wollte er in diesem Ton endigen und machte ein Tasto. Er hielt B als die Quint im Pedal aus, fuhr mit allen beiden Händen auf die zwey obersten Octaven der Claviatur hinauf, nahm dort so viele Töne und häufte dergstalt Ligaturen und Resolutionen, daß er im H-dur so herrlich spielte, als hätte er im Pedal fis zum Tasto liegen. Alle Finger waren theils wegen den Mordanten, theils wegen den Mittelstimmen in Bewegung, so zwar, daß keiner auch nicht einen Augenblick ruhen konnte. Dieß geschah in der Absicht, daß von den Pedali nichts möchte zu hören sein. Kaum hatte ich die ersten Fragen des sel. Lohelius beantwortet, als itzt die Menge anderer zu beantworten waren. Er sagte: ‚Herr Bruder.' (Antwort): ‚Was denn' – (Frage): ‚Er hält das Pedal in B aus.' – (Antwort): ‚Nu ja.' (Frage): ‚Er will in Dis einfallen.' – (Antwort): ‚freylich.' – (Frage): ‚Er spielt aber aus H-Dur.' – (Antwort): ‚Dieß weiß ich.' – (Frage): ‚Wie kann das klingen?' – (Antwort): ‚Es klingt aber!' (weil nämlich so viele Töne in den zwei oberen Octaven so einen erbärmlichen Lärm machten, daß man auch alle 4 Schnurrwerke nicht würde gehört haben. Die 10 Finger hupften in jenen 2 Octaven so geschäftig herum, als die Ameisen herumlaufen, wenn man ihren Haufen zerstört.) Durch jene so viele Fragen wurde ich um das Beste und Künstlichste gebracht, wodurch Mozzart seine Stärke im Satze verrieth.

Dann führte er das Thema einer Fuga aus dem Brixischen Requiem ex C-moll zwar auf eine ganz andere Art so künstlich auf, daß man wie versteinert dastund. Er gab jeder Stimme, wenn sie das Thema in einem andern Tone widerholte, ihr Recht, welches hauptsächlich beim Tenor zu bewundern war. Wenn der Baß zu tief war und der Tenor mit der linken Hand nicht konnte bestritten werden, so mußte die Rechte mit einigen Tönen und Fingern aushelfen.

Wenn durch diese Wenigkeit Ew. Wohledlgeborn ein Gefallen geschieht, so mache ich mir das größte Vergnügen daraus, mit derselben aufzuwarten.

Ich habe die Ehre zu seyn
Ew. Wohledlgeborn
ergebenster geistl. Diener
Norbert Lehman,
Chorherr des Stiftes Strahof.
Am 1. Maji 1818."

Lehmann konnte immerhin 57 Takte festhalten, die Ludwig Köchel unter der Nummer 528 a als *Phantasie für Orgel* in sein Verzeichnis aufgenommen hat. Seit 1987 erinnern eine Gedenktafel und eine -büste aus Bronze an den Besuch Mozarts in der Strahover Abtei.

Im Oktober 1787 soll Mozart auf Einladung von Franz Anton Graf Nostitz-Rieneck auch dessen imposanten Palast auf dem Kleinseitner Malteserplatz besucht und bei dieser Gelegenheit auf einem Klavicembalo Motive aus *Don Giovanni* gespielt haben. Dieses Instrument, ein Werk des Dresdner Klavierbauers Johann Heinrich Gräbner aus dem Jahr 1722, ist seitdem als „Mozartklavier" in die Prager Musikgeschichte eingegangen. Graf Nostitz verfügte, daß niemand mehr auf dem von Mozart nobilitierten Instrument spielen dürfe, was vermutlich ein frommer Wunsch blieb. Sein Enkel vermachte es dem Prager Konservatorium, und schließlich gelangte es nach mancherlei Umwegen in die Bertramka.

Ein Täfelchen auf einem Spinett in der Bertramka meldet anachronistisch: „W. A. M. spielte im Januar 1787 auf diesem Clavier Arien aus dem Don Juan, bei Gfin. Louise Sternberg, Stiftsdame, bei den Heil. Engel zu Prag." Diese Worte beziehen sich auf das
28 ehemalige Neustädter adelige Damenstift auf dem Areal des nachmaligen Allgemeinen Krankenhauses am Karlsplatz, wo Mozart im Januar 1787 ebenfalls zu Gast gewesen sein soll. Die zu Beginn des 18. Jahrhunderts gegründete Anstalt war einst Anlaufstelle für mittellose Adelstöchter und steht heute im Dienst der Universitätskliniken.

. . .

Keine verläßlichen Belege gibt es für jenen Besuch, den Mozart im Herbst 1787 dem Kloster und Kran-
13 kenhaus „Zu den Barmherzigen Brüdern"[85] unweit des Altstädter Moldauufers abgestattet haben soll. Auf einem Spinett habe er präludiert, und auch auf der Orgel der Klosterkirche soll sich Mozart hören lassen haben, zumindest will es die Prager Stadtsage so wissen.

[85] Aus dem 17. Jahrhundert stammender ausgedehnter Baukomplex: „U Milosrdných" [Barmherzigengasse] 1/847 (etc.).

Das ehemalige adelige Damenstift (U nemocnice [Beim Krankenhaus]), gesehen vom Neustädter Viehmarkt, dem heutigen Karlsplatz aus. Nach F. B. Werner gestochen von M. Engelbrecht.

Die Prager lagen Mozart zu Füßen, vom Erfolg des *Don Giovanni* sollte er die letzten Jahre seines Lebens zehren. Und selbst in Wien, wo die Theaterkritik der *Prager Oberpostamtszeitung* von der Wiener Zeitung übernommen wurde, nahm man den Triumph Mozarts wohlwollend zur Kenntnis. Kaiser Joseph II. lobte den Abbé da Ponte, den er zu sich hatte rufen lassen, schenkte ihm hundert Zechinen und bekundete sein Interesse an einer baldigen Aufführung in Wien. Nichts dergleichen wiederum für Mozart.

Gleich nach seiner Rückkehr übergab er die Partitur dem Kopisten, aber es dauerte bis zum 7. Mai des folgenden Jahres, ehe sich im Burgtheater der Vorhang für *Don Giovanni* hob. Zum Einstudieren war mehr als genug Zeit gewesen, einem Erfolg stand nichts im Wege, aber die Wiener waren nicht für das Werk zu begeistern. Die Ovationen der Prager noch im Ohr, bemerkte Mozart schließlich trotzig: „Für die Wiener ist die Oper nicht, für die Prager eher, aber am meisten für mich und meine Freunde geschrieben." Damit hatte er nicht ganz unrecht, die Musik war für seine Landsleute zu sperrig, schwierig und ungefällig. An der blauen Donau flogen die Herzen dem Höfling Salieri zu, dessen Erfolgsoper *Axur* allein im ersten Jahr nach der Uraufführung am 8. Januar 1788 neunundzwanzigmal über die Bühne ging.

In seinen *Denkwürdigkeiten* kommentierte Lorenzo da Ponte die erste Wiener Aufführung des *Don Giovanni*: „Es kam zur Vorstellung ... und soll ich es sagen? Der ‚Don Juan' gefiel nicht! – Alle – Mozart ausgenommen – glaubten, es fehle etwas daran. Man machte Zusätze, man veränderte ganze Arien, man brachte ihn neuerdings in Szene. – Und der ‚Don Juan' gefiel nicht! Und was sagte der Kaiser dazu? ‚Die Oper ist köstlich, ist göttlich, vielleicht selbst besser noch, als der *Figaro*, aber sie ist keine Speise für die Zähne meiner Wiener.' Ich erzählte dem Mozart diesen Ausspruch, der mir ohne unruhig zu werden, erwiderte: ‚Man soll ihnen nur Zeit lassen, sie zu kauen.'"

So wie die Wiener mit *Don Giovanni* zunächst wenig anfangen konnten, so reagierten auch die Opernfreunde in anderen Städten zurückhaltend, ob es nun 1789 in Frankfurt war oder 1790 in Berlin. Nirgends war der Oper in den ersten Jahren ein nennenswerter Erfolg beschieden, überall mußte die Zeit erst heranreifen, ehe das Werk sich endlich durchsetzen konnte. Die Musikfreunde an der Moldau hatten ihren Musikverstand unter Beweis gestellt, außerhalb Böhmens aber merkten nur wenige, daß Mozart mit *Don Giovanni* die Tagesgrößen seiner Zeit hinter sich gelassen hatte. Zu diesen wenigen gehörte der Altmeister Joseph Haydn. Nach der enttäuschenden Erstaufführung in Wien berichtete die *Allgemeine Musikzeitung* von einem Disput, den Joseph Haydn mit einem Bekenntnis zu Mozart beendete:

„Don Juan gefiel anfänglich in Wien nicht besonders. Als er ein- oder zweimal dort aufgeführt war, hatte der bekannte kunstliebende Fürst R. eine zahlreiche

Ausschnitt aus dem unvollendeten Ölbild *Mozart am Klavier*, gemalt vermutlich 1789 von seinem Schwager Joseph Lange.

Gesellschaft bei sich. Die meisten Musikkenner der Kaiserstadt waren gegenwärtig, auch Joseph Haydn. Mozart war nicht gekommen. Man sprach viel über dieses neue Product. Nachdem die schönen Herren und Damen sich darüber ausgeschwatzt hatten, nahmen einige Kenner das Wort. Sie gestanden sämmtlich, es sei ein schätzbares Werk eines reichen Genies, einer unerschöpflichen Phantasie, aber dem Einen war es zu voll, dem Anderen zu chaotisch, dem Dritten zu unmelodisch, dem Vierten ungleich gearbeitet u.s.w. Man wird im allgemeinen nicht leugnen können, daß irgend etwas Wahres an allen diesen Urtheilen war. Alle hatten nun gesprochen, nur – Vater Haydn nicht. Endlich forderte man den bescheidenen Künstler auf, sein Urtheil zu sagen. Er sagte mit seiner gewöhnlichen Behutsamkeit: ‚Ich kann den Streit nicht ausmachen, aber das weiß ich – setzte er sehr lebhaft hinzu – daß Mozart der größte Componist ist, den die Welt jetzt hat!‘ Da schwiegen die Herren und Damen.“

Allgemeine Musikzeitung

Ludwig Guttenbrunn: *Joseph Haydn*. Öl auf Leinwand, um 1770.

In einem Schreiben Haydns vom Dezember 1787 an den Prager Provinzialoberverwalter Rott[86], der als erklärter Freund der Tonkunst einen musikalischen Kreis um sich versammelt hatte und als Mäzen hervortrat, ist ebenfalls die Wertschätzung verbürgt, die Haydn für den jüngeren Kollegen Mozart hegte:

„Sie verlangen eine Opera buffa von mir; recht herzlich gern, wenn Sie Lust haben von meiner Singkomposition etwas für sich allein zu besitzen. Aber um sie auf dem Theater zu Prag aufzuführen, kann ich Ihnen diesfalls nicht dienen, weil alle meine Opern zu viel auf unser Personale (zu Esterhaz in Ungarn) gebunden sind, und außerdem nie die Wirkung hervorbringen würden, die ich nach der Lokalität berechnet habe. Ganz was anders wär es, wenn ich das unschätzbare Glück hätte ein ganz neues Buch für das dasige Theater zu komponieren. Aber auch da hätte ich noch viel zu wagen, in dem der große Mozart schwerlich jemanden andern zur Seite haben kann.

Denn könnt ich jedem Musikfreunde, besonders aber den Großen die unnachahmlichen Arbeiten

[86] Nach anderen Quellen Oberverpflegsverwalter Franz Roth.

Mozarts, so tief und mit einem solchen musikalischen Verstande, mit einer so großen Empfindung in die Seele prägen, als ich sie begreife und empfinde: so würden die Nationen wetteifern ein solches Kleinod in ihren Ringmauern zu besitzen. Prag soll den theuren Mann fest halten – aber auch belohnen; denn ohne diese ist die Geschichte großer Genien traurig, und giebt der Nachwelt wenig Aufmunterung zum fernern Bestreben; weßwegen leider! so viel hoffnungsvolle Geister darnieder liegen. Mich zürnet es, daß dieser einzige Mozart noch nicht bey einem kaiserlichen oder königlichen Hofe engagiert ist. Verzeihen Sie, wenn ich aus dem Geleise komme: ich habe den Mann zu lieb.

Ich bin etc.
Joseph Haydn.

PS. An das Prager Orchester und die dasigen Virtuosen mein ergebenstes Kompliment."

Auch Joseph Haydn hatte ja als junger Musiker einige Zeit in Böhmen verlebt. Er war 1759 als Kapellmeister des Grafen Karl Josef Franz von Morzin nach Westböhmen gekommen und hatte im Schloß Lukavec bei Pilsen seine erste *Symphonie in D-Dur* komponiert.

Mozart verehrte den älteren Haydn aufrichtig. In dem Rohrauer Komponisten, dem er sechs seiner schönsten Quartette[87] zueignete, sah er den größten Tondichter seiner Zeit. Mozarts Wertschätzung für Haydn geht auch aus der nachfolgenden, von Georg Nikolaus von Nissen in seiner *Biographie W. A. Mozart's* erzählten Anekdote hervor: „Ein gewisser, damals erst bekannt werdender, nicht ungeschickter, fleissiger, aber ziemlich geniearmer Componist, der erst später nach Mozart's Tode mehr Ruf gewonnen, nagte immer nach Möglichkeit an Haydns Ruhme,

[87] KV 387, KV 421b, KV 428, KV 458, KV 464, KV 465.

und that es wahrscheinlich noch später auch. Dieser Mann überlief Mozarten oft, brachte ihm z. B. Symphonien, Quartetten von Haydns Composition, hatte sie in Partitur gesetzt, und zeigte nun Mozarten im Triumph jede kleine Nachlässigkeit im Style, welche jenem Künstler, wiewohl selten, entwischt war. Mozart wendete immer so ein Gespräch ab. Endlich wurde es ihm aber zu arg. – Herr – sagte er äußerst heftig – und wenn man uns Beyde zusammenschmilzt, wird doch noch lange kein Haydn daraus!"

Am 15. November 1787 starb in Wien Christoph Willibald Gluck, und während sich Mozart auf der Heimreise von seinem Prager Aufenthalt befand, schickte sich die Stadt zu einem feierlichen Begräbnis an.

Durch Glucks Tod war bei Hof unerwartet eine Stelle frei geworden, und diesmal sollte Mozart nicht ganz vergebens hoffen. Zwar wurde er nicht zu Glucks Nachfolger bestellt, doch immerhin erhielt er am 7. Dezember das Ernennungsdekret zum „k. k. Kammermusicus", einer Funktion, die mit einem Jahresgehalt von achthundert Gulden verbunden war. Die Begeisterung, die *Don Giovanni* in Prag hervorgerufen hatte, dürfte den Sinneswandel mitverursacht haben. Freilich war das „in Ansehen seiner in der Musik besitzenden Kentniß und Fähigkeit, und sich hierdurch erworbenen Beifall" erlassene Dekret nicht nur eine Auszeichnung, sondern im gleichen Atemzug auch eine Zurücksetzung: Gluck hatte für die gleichen Aufgaben noch ein Salär von 2.000 Gulden erhalten und darüberhinaus den Titel „Capellmeister in wirklichen Diensten seiner k. k. Majestät" führen können. Zum Kaiserlichen Hofkapellmeister wurde am 1. März 1788 Antonio Salieri ernannt.

Am St. Nikolaus-Tag 1787, dem Vorabend der Ernennung Mozarts zum Hofkompositeur, brachten die Prager Freunde in der Kleinseitner St. Niklas-Kirche eine seiner Messen zu Gehör. Die *Prager Oberpostamtszeitung* kommentierte: „Alles gestand, daß er auch in dieser Kompositionsart ganz Meister sei". Zwei bedeutende Dichter haben sich von dieser zweiten Pragreise Mozarts inspirieren lassen: Ein bezauberndes Prosawerk ist die poetische *Mozart-Novelle* des böhmischen Dichters Louis Fürnberg, in der W. A. Mozart mit dem Abenteurer Giacomo Casanova zusammentrifft.

Um einiges bekannter ist Eduard Mörikes letzte große Novelle *Mozart auf der Reise nach Prag*. Der Romantiker hatte dieses „historische Genrebild" schon 1847 geplant und schließlich 1855 in Cottas *Morgenblatt für Gebildete Stände* veröffentlicht, rechtzeitig vor Mozarts hundertstem Geburtstag. Obgleich Mörike nie in Böhmen war, geriet ihm nicht nur das Charakterbild Mozarts vortrefflich, sondern auch die Schilderung des böhmischen Landeskolorits. Als Realien zur Bearbeitung des Stoffes dienten ihm vermutlich Tomascheks *Lebenserinnerungen* und die damals maßgebliche, dreibändige Biographie Alexander Oulibischeffs

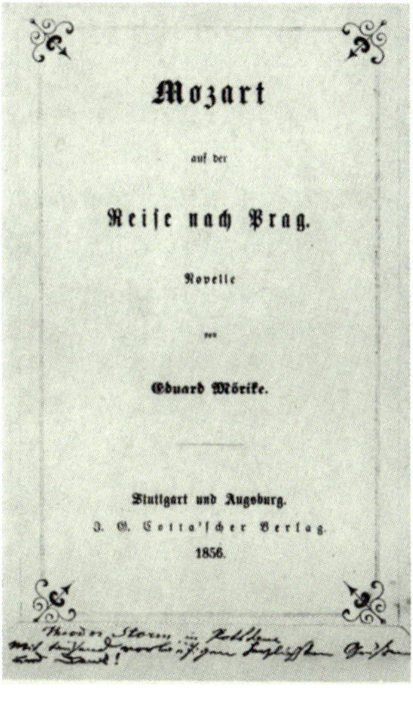
Mozart

auf der

Reise nach Prag.

Novelle

von

Eduard Mörike.

Stuttgart und Augsburg.
J. G. Cotta'scher Verlag.
1856.

Bild oben: Umschlag der *Mozart-Novelle* von L. Fürnberg. Bild unten: Titelblatt der Erstausgabe von Mörikes *Mozart auf der Reise nach Prag*.

Mozarts Leben, nebst einer allgemeinen Übersicht der allgemeinen Geschichte der Musik. Mörikes auf frei erfundenen Motiven beruhende Novelle wurde von manchen orthodoxen Mozartbiographen als Kunstprodukt zurückgewiesen, unter ihnen auch Rudolf Freiherr von Procházka: „Wir können nicht umhin dieses Buch an dieser Stelle auf das Entschiedenste zu verurtheilen. Die pietätlose Art und Weise, wie hier die menschlichen Schwächen des Meisters in realistisch sein sollender Weise behaglich ausgemalt werden, von anderen Unwahrscheinlichkeiten zu schweigen, läßt es schwer begreiflich erscheinen, wie ein sonst so feinfühliger Dichter wie Mörike, seiner Feder bei dieser Gelegenheit in solchem Maße vergeben konnte“.

Heute steht der Wert der Dichtung als Juwel romantischer deutscher Prosa außer Zweifel. Mörikes Dichtung schließt mit einem der schönsten volkstümlichen Gedichte innerhalb der deutschen Literatur:

Ein Tännlein grünet wo,
Wer weiß, im Walde;
Ein Rosenstrauch, wer sagt,
In welchem Garten?
Sie sind erlesen schon,
Denk es, o Seele,
Auf deinem Grab zu wurzeln
Und zu wachsen.

Zwei schwarze Rößlein weiden
auf der Wiese,
Sie kehren heim zur Stadt
In muntern Sprüngen.
Sie werden schrittweis gehn
Mit deiner Leiche;
Vielleicht, vielleicht noch eh'
An ihren Hufen
Das Eisen los wird,
Das ich blitzen sehe!

Auf der Durchreise in Prag

Die großen Erfolge in Prag hatten Mozarts finanzielle Lage nur kurz verbessert, bald schon sah er sich wieder gezwungen, bei seinem Gönner und Gläubiger Johann Michael Puchberg um Geld vorstellig zu werden. Das Salär eines k. k. Hofkompositeurs war zu gering, als daß es Mozart materiell hätte absichern können. Wieder spielte er mit dem Gedanken, sein Glück in der Ferne zu suchen und sich an einem der europäischen Fürstenhöfe um eine Anstellung oder zumindest einen lukrativen Auftrag zu bemühen. Nur aus dem lieben Böhmen traf gelegentlich eine gute Nachricht ein, dort wußte man seine Arbeit auch weiterhin zu schätzen. In Karlsbad etwa, dem aufstrebenden Kurort an der Tepl, wurde am 22. Juli 1788 ein neues Theater eröffnet, und für den Festakt hatten die Verantwortlichen seinen *Figaro* ausgewählt. Das war ehrenvoll und wert, in den Annalen verzeichnet zu werden, aber in pekuniärer Hinsicht konnte das freilich nichts ändern.

Im Frühjahr des Jahres 1789 – die Mozarts bewohnten zu diesem Zeitpunkt wieder eine Wohnung in der Wiener Innenstadt[88] – bot sich unerwartet die Möglichkeit zu einer bequemen Reise nach Berlin. Mozarts Schüler Fürst Carl Lichnowsky, ein Schwiegersohn der Gräfin Wilhelmine Thun, hatte ihm eine Mitfahrgelegenheit in seinem Reisewagen angeboten. Der Fürst mußte sich von Zeit zu Zeit in Berlin sehen lassen, da seine Besitzungen in Schlesien sowie sein Offiziersrang in der preußischen Armee mit mancherlei Pflichten in der preußischen Hauptstadt verbunden waren.

Fürst Carl Lichnowsky, ein glühender Verehrer und Wohltäter Beethovens sowie ein „freundlicher, feiner

[88] Die Wohnung im Haus „Zur Mutter Gottes", Innere Stadt Nr. 245, jetzt Judenplatz Nr. 4.

Fürst Carl Lichnowsky, Wiener Aristokrat, Begleiter Mozarts auf seiner Reise nach Berlin im Jahr 1789. Ölgemälde von Gödel.

Herr", war eine denkbar angenehme Reisebegleitung.[89] Beethoven hat diesem interessanten Mann später einige seiner bedeutendsten Kompositionen zugeeignet, etwa die drei *Trios für Violine, Violoncello und Klavier op. 1.*

Mozart faßte die Gelegenheit beim Schopf und sagte gerne zu, Lichnowsky an die Spree zu begleiten. In Berlin wußte er in König Friedrich Wilhelm II. einen verständigen Musikliebhaber, und auf der Reise gab es mehrere Möglichkeiten, sich etwa im Rahmen einer Akademie hören zu lassen und so dem Publikum den Namen Mozart wieder in Erinnerung zu rufen.

Constanze befand sich in anderen Umständen[90] und mußte diesmal zu Hause bleiben. Mit dem scherzhaften Quartett *Caro mio Druck und Schluck* und einem sinnigen Vers verabschiedete sich Mozart von ihr:

[89] Das Verhältnis der beiden Männer erfuhr jedoch später eine Trübung, da Mozart dem Fürsten eine Summe Geldes schuldig blieb. Lichnowsky klagte gegen Mozart, verzichtete aber nach dessen Tod auf die weitere Verfolgung der Geldforderung und ließ die Witwe Constanze unbehelligt.
[90] Am 16. November 1789 kam Mozarts zweites Töchterchen Anna zur Welt. Sie starb noch am Tage der Geburt.

Constanze Mozart. Lithographie nach einer Zeichnung aus dem Frühjahr 1783 von Josef Lange.

Wenn ich werde nach Berlin ver – Reisen
Hoff' ich mir fürwahr viel Ehr und Ruhm
Doch acht' ich geringe alles – Preisen
bist du, Weib, bey meinem Lobe – stumm;
Wenn wir uns dann wieder sehen, küssen,
drücken, o der wonnevollen – Lust!
aber Thränen – Trauerthränen – fließen
noch ehvor – und spalten Herz und Brust.

In den Abendstunden des 7. April, es war der Dienstag vor Ostern, traten die Männer die Reise an. Schon am folgenden Tag hatten sie Znaim passiert und Mährisch Budwitz erreicht, eine kleine Stadt etwa auf halbem Weg zwischen Wien und Prag mit einer Pfarre, einem herrschaftlichen Schloß und einer Poststation. Von Budwitz aus erreichte Constanze ein erster Reisebrief:

„Liebstes Weibchen!

Unterdessen der Fürst im Pferd-Handel begriffen ist, ergreif ich mit Vergnügen diese Gelegenheit um Dir, Herzensweibchen, ein paar Worte zu schreiben. – Wie geht es Dir? – Denkst Du wohl so oft auf mich, wie ich auf Dich? – alle Augenblicke betrachte ich Dein Portrait – und weine – halb aus Freude, halb aus Leide!

Wenzel Tremls Gasthof „Zum (Weißen und) Goldenen Einhorn“ in der Badgasse 37 (Lázeňská), schräg gegenüber der Malteserkirche.

– erhalt mir Deine mir so werthe Gesundheit und lebe wohl, Liebe! – Habe keine Sorgen meinetwegen, denn auf dieser Reise weiß ich nichts von Ungemach – von Verdrüßlichkeit – nichts außer Deiner Abwesenheit – welches, da es nun nicht anderst seyn kann, nicht zu ändern ist; – mit thränenden Augen schreibe ich dieses; – adjeu – von Prag schreibe ich Dir schon mehr und lesbarer, weil ich nicht so zu eilen brauche – adjeu – ich küsse Dich Millionen mal auf das zärtlichste, und bin Ewig Dein
bis an Tod getreuester
stu – stu – Mozart.

Küsse Karln in meinem Namen, auch Hrn. und Frau von Puchberg alles Erdenkliche –
nächstens mehr.“

Mozart, *Briefe und Aufzeichnungen*

Am Karfreitag, dem 10. April des Jahres 1787, erreichte der Reisewagen nach etwa 315 Kilometern Fahrt (42 Meilen) gegen halb zwei Uhr nachmittags Prag, und die Reisenden begaben sich auf die Kleinseite, wo sie sich im Gasthof „Zum Einhorn“[91] einquartierten. Von diesem geräumigen Gasthof auf dem Malteserplatz berichten zeitgenössische Reisebücher, er sei „innwendig zum Empfang vornehmer Reisender wohl versehen“ gewesen. Einige Jahre nach Mozart sollte hier der junge Ludwig van Beethoven absteigen, als er im Gefolge desselben Fürsten Lichnowsky nach Prag kam. Auch Beethoven eroberte die Stadt im Sturm, doch konnte selbst er den Mozartenthusiasmus der treuen Prager Musikfreunde nicht auf Dauer erschüttern. Zu Beginn des 19. Jahrhunderts befehdeten sich beharrliche „Mozartianer“ und hitzköpfige „Beethovenianer“ um die jeweilige Vorherrschaft ihres Idols.

Nur für einen halben Tag machten die Reisenden Station in Prag, und die wenigen Stunden wollte Mozart für Bekanntenbesuche nützen. Aber Josepha Duschek war am Vortag nach Dresden abgereist, und auch die Grafen Canal und Pachta waren nicht zugegen. Der Opernunternehmer Domenico Guardasoni war jedoch in der Stadt, und so konnte Mozart mit dem geschäftstüchtigen Impresario über verschiedene Pläne verhandeln. Obschon Guardasonis Geiz hinlänglich bekannt war und selbst in der *Allgemeinen Musikzeitung* Erwähnung fand, gelang es Mozart, zweihundert Dukaten für eine neue Oper auszuhandeln, und fünfzig Dukaten stellte Guardasoni zur Deckung der Reisekosten in Aussicht. Mozart konnte nicht wissen, daß sein Auftraggeber bereits einen Vertrag mit dem polnischen Landtag in Warschau geschlossen hatte und es zu keiner Unterzeichnung eines neuen Opernkontraktes kommen würde.

[91] Maltézské náměstí (Malteserplatz) 11/285.

Wahrscheinlich hat Mozart bei dieser Gelegenheit auch den Kleinseitner Musikverleger und Instrumentenmacher Karl Hellmer aufgesucht und ihm einige Kompositionen in Kommission überlassen, denn nur wenige Tage später, am 18. April, erschien in der Beilage der *Prager Oberpostamtszeitung* ein Inserat, in dem Hellmer den Lesern „Neue musikalische Werke schön gestochen von Herrn Kapelmeister Mozart" anbot. Als Musikverleger hatte Hellmer in ganz Böhmen so gut wie keine Konkurrenz, und auch als Lautenmacher war er der Berühmteste im Land. Dazu war er ein geschätzter Virtuose auf der Laute und der Mandoline.

Bevor gegen neun Uhr abends der Wagen weiter nach Dresden rollte, schickte Mozart noch einen Brief an seine Frau:

„Prag am Charfreytage den 10. Aprill. 789.

Liebste bestes Weibchen!

Heute Mittage um ½2 Uhr sind wir glücklich hier angekommen; unterdessen hoffe ich daß du gewiß mein Briefchen aus Budwitz wirst erhalten haben. – Nun folgt der Rapport von Prag. – Wir kehrten ein beim Einhorn; – nachdem ich balbirt, frisirt und angekleidet war, fuhr ich aus in der Absicht beym Canal zu speisen; da ich aber bey Duschek vorbey mußte, frug ich erstens dort an – da erfuhr ich daß die Madame gestern nach Dresden abgereiset seye!!! – – – Dort werde ich sie also treffen. Er speiste bei Leliborn wo ich auch öfters speiste; – ich fuhr also gerade dahin. – ich ließ Duschek (als ob jemand etwas mit ihm zu sprechen hätte) herausrufen. nun kanst du dir die Freude denken. – ich speiste also bei Leliborn. – Nach Tisch fuhr ich zu Canal und Pachta, traf aber Niemand zu Hause an; – ich ging also zu Guardassoni – welcher es auf künftigen Herbst fast richtig machte mir für die Oper[92] 200

[92] Möglicherweise ist damit bereits *La clemenza di Tito* gemeint.

Ducaten, und 50 Ducaten Reisegeld zu geben. – dan ging ich nach Haus um dem lieben Weibchen, dieß alles zu schreiben – Noch was; – Ramm ist erst vor 8 Tagen wieder von hier wieder nach Hause, er kam von Berlin und sagte, daß ihn der König sehr oft, und zudringlich gefragt hätte, ob ich gewiß kommen und da ich halt noch nicht kam, sagte er wieder ich fürchte er kommt nicht. – Ramm wurde völlig bange er suchte ihn das Gegentheil zu versichern; – Nach diesem zu schließen, sollen meine Sachen nicht schlecht gehen. – Nun führe ich den fürsten zu Duschek, welcher uns erwartet, und um 9 Uhr Abends gehen wir nach Dresden ab, wo wir morgen abends eintreffen werden. – Liebstes Weibchen! ich sehne mich so sehr nach Nachrichten von dir – Vielleicht treffe ich in Dresden einen Brief an! – O gott! mache meine Wünsche wahr. Nach Erhaltung dieses Briefes mußt du mir nach Leipzig schreiben poste restante versteht sich; adieu – liebe ich muß schließen, sonst geht die Post ab. – Küsse tausendmal unsern Karl, und ich bin Dich von ganzem Herzen küssend Dein ewig getreuer Mozart

P.S. An H: und Fr: v Puchberg alles erdenkliche, ich muß es schon auf Berlin sparen ihm zu schreiben, um ihm auch schriftlich unterdessen zu danken. – Adieu, aimez moi et gardes votre santé si chere et precieuse a votre epaux.“[93]

Mozart, *Briefe und Aufzeichnungen*

Nach etwa 45 Stunden Fahrt langte die Kalesche am Ostersonntag, dem 12. April, in Dresden an. Man logierte im „Hotel de Pologne“ – auch in diesem Etablissement sollte Lichnowsky später mit Beethoven noch einmal Quartier beziehen. Mozart suchte sogleich das Haus jenes Sekretarius des geheimen Kriegsratskollegiums Johann Leopold Neumann auf, der im

[93] (franz.) – etwa: „Adieu, haben Sie mich lieb, und erhalten Sie Ihrem Gatten Ihre so teure und kostbare Gesundheit.“

Dresdner Musikleben wegen seiner Freundschaft zu dem kurfürstlichen Oberkapellmeister Johann Gottlieb Naumann eine wichtige Rolle spielte. Im Hause Neumanns in der Schloßstraße 36 wußte Mozart seine liebe Freundin aus Prag, Josepha Duschek:

„Wir glaubten Sammstags nach tisch in Dresden zu seyn, kammen aber erst gestern Sonntags um 6 uhr abends an; – so schlecht sind die Weege. – Ich gieng gestern noch zu Neumans, wo Mad:^{me} Duscheck wohnt, um ihr den brief von ihrem Manne zu übergeben. – es ist im dritten Stock auf dem gange: und man Sieht vom Zimmer Jeden der kömmt; – als ich an die thüre kamm, war schon H: Neumann da, und fragte mich, mit wem er die Ehre hätte zu Sprechen; – ich antwortete; gleich werde ich sagen wer ich bin, nur haben Sie die güte Mad:^{me} Duscheck heraus rufen zu lassen, damit mein Spass nicht verdorben wird; in diesem augenblick stund aber schon Mad: Duscheck vor meiner, denn sie erkannte mich vom fenster aus, und sagte gleich, da kömmt Jemand der aussieht wie Mozart – nun war alles voller freude; – die gesellschaft war gros, und bestund aus lauter meist hässlichen frauenzimmern, aber Sie ersezten den mangel der schönheit durch artigkeit; – heute geht der fürst und ich zum frühstücke hin, dann zu Naumann, dann in die kapelle. – wir werden morgen oder übermorgen von hier nach Leipzig abgehen; –“

Mozart, *Briefe und Aufzeichnungen*

Man blieb noch zu einem Konzert am Hof des Kurfürsten, bei dem auch Josepha Duschek mitwirkte, dann ging die Reise weiter nach Leipzig, wo Mozart mit Josepha Duschek noch eine Akademie ausrichtete, und schließlich nach Potsdam an den königlichen Hof. Die Ausbeute der Berlinreise war alles in allem dürftig: Friedrich Wilhelm II. hatte einige Quartette bestellt, die Mozart später hundert Friedrichsdor und ein huldvolles Schreiben einbrachten. Der Meister hatte schon gewußt, warum er Constanze noch vom

Reisewagen aus auf das magere Ergebnis vorbereitete: „Mein liebstes Weibchen, Du mußt Dich bey meiner Rückkunft schon mehr auf mich freuen als auf das Gelde."

Auf der Rückreise nach Wien machten Mozart und Lichnowsky am 31. Mai erneut in Prag Zwischenstation. Mozart dürfte versucht haben, den von Guardasoni in Aussicht gestellten Vertrag unter Dach und Fach zu kriegen, allein der Impresario war wohl schon in Warschau, der Kontrakt konnte nicht mehr unterzeichnet werden.

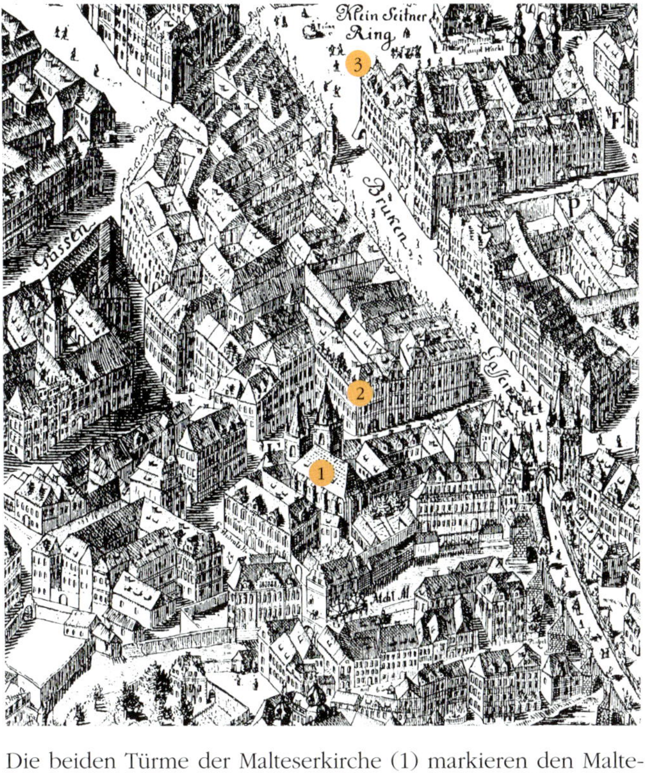

Die beiden Türme der Malteserkirche (1) markieren den Malteserplatz, auf dem sich der Gasthof „Zum Goldenen Einhorn" (2) befand. Neben Beethoven und vielen weiteren prominenten Reisenden stieg hier 1789 W. A. Mozart ab. Am oberen Bildrand sieht man den Kleinseitner Ring (3).

So nutzte Mozart die wenigen Stunden seines Aufenthaltes unter dem Hradschin dazu, seiner Frau Constanze einige Zeilen zu schreiben:

„Prag den 31. May 1789

liebstes, bestes Weibchen! –

den augenblick komme ich an. – ich hoffe Du wirst meinen lezten vom 23:t erhalten haben. es bleibt also dabey; – ich treffe donnerstag den 4:t Juny zwischen 11 und 12 uhr richtig auf der lezten oder ersten Poststation[94] ein, wo ich euch anzutreffen hoffe; vergies nicht Jemand mit zu nehmen, welcher dann anstatt meiner auf die Mauth fährt. adieu. gott wie freue ich mich dich wieder zu sehen; – in Eyle.

Mozart."

Mozart, *Briefe und Aufzeichnungen*

Am 4. Juni traf Mozart wieder in Wien ein. Nun sollte er die Stadt nur noch ein einziges Mal verlassen – zu seiner letzten Reise nach Prag. Die Wiener empfingen ihn freundlich, nach zweijähriger Pause ging ab Juni desselben Jahres wieder *Le nozze di Figaro* über die Hofopernbühne, und Mozart schöpfte neue Hoffnung. Ein halbes Jahr später, am 26. Januar 1790, jubelten die Wiener im Hoftheater der neuesten Oper ihres Hofkompositeurs zu: *Così fan tutte*. Kaiser Joseph II. hatte das Werk in Auftrag gegeben, konnte der Uraufführung jedoch wegen einer Erkrankung nicht beiwohnen.

Am 20. Februar 1790 starb der Kaiser, ohne sein ehrgeiziges Reformwerk abgeschlossen zu haben. Auch Mozarts neue Oper konnte ihm nicht mehr zu Gehör gebracht werden. Infolge der angeordneten Hoftrauer wurden die Wiener Theater geschlossen, für mehrere Monate schwiegen an der Donau die Musen. Mozart mußte sich auf einen neuen Dienstherren einstellen.

[94] Gemeint ist die Poststation Enzersdorf bei Wien.

Wolfgang Amadeus Mozart,
Silberstift-Zeichnung von Doris Stock, 1789.

Mozart spielt Klavier im Hause Duschek. Koloriertes Schattenbild als Andenken an die Uraufführung des *Don Giovanni*.

Mozarts dritte Reise nach Prag
Die Krönungsoper *La clemenza di Tito*

Im Sommer des Jahres 1791 befand sich Prag inmitten fieberhafter Vorbereitungen für einen wichtigen, festlichen Anlaß, einer Inkorunation mit der Krone des heiligen Wenzel. Nach dem Tod Josephs II. hatte dessen Bruder Leopold II. den kaiserlichen Thron bestiegen und den Wunsch bekundet, sich in Böhmen krönen zu lassen. Wichtige wirtschaftliche und dynastische Motive machten aus dem symbolischen Akt ein Ereignis von immenser politischer Bedeutung. Leopold II. war das Musterbild eines aufgeklärten Landesherrn, und als solcher hatte er auch ein Vierteljahrhundert in der Toskana regiert. In die Annalen der Geschichte ist er als Gegner der Todesstrafe und Folter eingegangen, beide Übel hatte er in der Toskana beseitigt und dazu auch manch andere Härte des verschärften josephinischen Strafgesetzbuches abgemildert. Noch bevor er zum König von Böhmen wurde, war es ihm im Frieden von Sistowa gelungen, den langwierigen und kostspieligen Türkenkrieg zu beenden, den ihm sein Vorgänger hinterlassen hatte.

Die festliche Krönungszeremonie war auf den 6. September angesetzt und sollte mit größtem Pomp begangen werden. Da mit entsprechendem Interesse der Öffentlichkeit gerechnet werden konnte, erschien im Verlag Albrecht sogar ein *Krönungsjournal für Prag*, das in insgesamt neun Ausgaben die Feierlichkeiten kommentierte und historische Aufsätze wie Huldigungsgedichte von Gottlieb August Meissner u. a. brachte.

Das Krönungsfest stand in einer Tradition, die mit der Krönung Ferdinands III. zum böhmischen König im Jahr 1627 ihren Anfang genommen hatte. Damals war in Prag zum ersten Mal eine Oper „in wälscher Sprach" gegeben worden.

Der deutschböhmische Schriftsteller Gottlieb August Meissner war ab 1785 Professor für Ästhetik an der Prager Karl-Ferdinand-Universität.

Nun sollte wieder eine Festoper einstudiert werden, eine prunkvolle Opera seria, welche geeignet war, die günstigen Eigenschaften des neuen Monarchen hervorzuheben.

Mit der Krönungsoper *Costanza e fortezza* hatten die Prager einst die Aufmerksamkeit der musikalischen Welt auf sich gezogen, und auch diesmal durften sie mit erheblichem Interesse am musikalischen Rahmenprogramm rechnen.

Der Impresario Bondini lebte zu dieser Zeit nicht mehr. Er hatte sich 1789 aus dem Geschäft zurückziehen und nach Italien heimkehren wollen, war aber auf der Rückreise unerwartet verstorben, vermutlich im südtirolischen Bozen oder Brunneck. Der Mann der Stunde war der seit 1789 in Warschau tätige Domenico Guardasoni. Er ließ sich die Gelegenheit nicht entgehen und kehrte unverzüglich nach Prag zurück, um an den Krönungsfeierlichkeiten teilhaben zu können. Man hatte ihm das Nostitztheater vertraglich zugesichert, und nun war es an ihm, das Haus dem Anlaß entsprechend zu nutzen.

Im Vertrag, den er am 8. Juli 1791 mit der ständischen Theaterkommission geschlossen hatte, waren einige berühmte Kastraten angeführt, die man sich als Mitwirkende für die Festoper wünschte. Erstaunlicherweise schwieg sich das Dokument über den Komponisten aus, Mozarts Name fand keine Erwähnung, man hatte dem Impresario offenbar freie Hand in der Auswahl des Tonkünstlers gelassen. Aus einem Brief Antonio Salieris wissen wir, daß Guardasoni diesem die Vertonung des *Titus* antrug, ihn jedoch trotz mehrmaliger Urgenz nicht zur Übernahme des Auftrages bewegen konnte. Mag sein, daß er aus Zeitgründen ablehnte – wie Salieri ausstreute. Ob Guardasoni tatsächlich Salieri für die Krönungsoper gewinnen wollte, muß offenbleiben. Für Mozart sprach ein gewichtiges Argument: Die Prager vergötterten ihn, seine neue Oper versprach zu einem erfolgreichen Unternehmen der Firma Guardasoni zu werden, lange über die Krönungstage hinaus. Und so trug er Mozart den Auftrag an.

Mozart hatte den ehrenvollen Auftrag ohne Zögern angenommen, obwohl die Zeit bis zur Aufführung mehr als knapp war und andere Werke wie etwa das geheimnisumflorte *Requiem* des anonymen Auftraggebers sowie die *Zauberflöte*[95] einstweilen zurückgestellt werden mußten. Guardasoni war Mitte Juli nach Wien gekommen, um mit Mozart die Einzelheiten der Bestellung abzusprechen. Aber was war das bei näherem Hinsehen für ein Auftrag! Eine altbackene Opera seria sollte er liefern, noch dazu in einem viel zu kurzen Zeitraum! Die Gattung empfand man um 1791 längst als Musik des Absolutismus, als eine Huldigung an das Ancien Regime, als etwas Rückständiges und Veraltetes. Gerne wüßten wir, ob er den Auftrag auch unter anderen Umständen angenommen hätte. Aber da Mozarts Lage auch nach dem Thronwechsel unklar war, so entschied er sich, den *Titus* zu vertonen.

[95] In Prag wurde die *Zauberflöte* auf Deutsch erstmals 1792 aufgeführt, auf Tschechisch 1794.

„Die Thronbesteigung Kaiser Leopolds II., der am 13. März 1790 in Wien eintraf, schien für die Pflege der Musik und der Oper nicht viel Gutes zu versprechen. Der neue Herr galt für keinen besonderen Freund und Kenner der Musik. Jedenfalls hörte unter ihm jener persönliche Zug auf, den Joseph II. dem Wiener Musikleben aufgedrückt hatte. Bewußt oder unbewußt führte er auch auf künstlerischem Gebiet eine scharfe Reaktion herbei: die alten Lieblinge der Fürstenhöfe, Ballett und opera seria, kamen wieder in Aufnahme. Es hieß, ein neues Opernhaus solle erbaut werden, dessen Logen gleich auch zum Kartenspiel eingerichtet werden sollten. Salieri sei aus Unzufriedenheit darüber entschlossen, seinen Abschied zu nehmen, und werde durch Cimarosa ersetzt werden. [...] Am 25. Januar 1791 erhielt Graf Rosenberg seine Entlassung und wurde durch den Grafen Ugarte ersetzt, dasselbe Schicksal traf die Ferraresi und da Ponte, der die Thronbesteigung des Kaisers noch mit gewohntem Pathos verherrlicht hatte. Salieri, dem Leopold II. besonders ungnädig gesinnt war, wartete ein weiteres Vorgehen gar nicht ab, sondern zog sich freiwillig von der Leitung der Oper zurück; an seine Stelle trat Joseph Weigl, wie es hieß, ‚um im Schüler den Meister zu ehren'.

Mozart hatte gewiß nicht zu den Günstlingen der alten Regierung gehört. Er durfte im Amte bleiben. Das war aber auch alles, im übrigen kümmerte man sich noch weniger um ihn als früher und behandelte ihn mitunter mit offener Geringschätzung."

Hermann Abert, *W. A. Mozart*

Man hatte sich auf Vorschlag Guardasonis oder des Grafen Thun für das Libretto *La clemenza di Tito* von Pietro Metastasio entschieden, ein Werk, das schon wegen seines Titels zur Krönungsoper prädestiniert schien. Die gewählte Opera seria aus dem Jahre 1734 kam dem Geschmack des Kaisers sicher entgegen, schließlich handelte es sich um ein erprobtes Werk

für offizielle Anlässe. Im *Titus* konnte sich Leopold II. als milder und vom Volk verehrter Regent wiedererkennen, zumal man in Böhmen die Nachrichten von der Französischen Revolution durchaus mit großem Interesse vernahm. Hinter vorgehaltener Hand wurde der Wunsch geäußert, „etwas Ähnliches möge auch in Böhmen stattfinden.“

Eine ganze Reihe von Komponisten, unter ihnen Johann Adolf Hasse, Georg Christoph Wagenseil, Johann Gottlieb Naumann oder Ignaz Jakob Holzbauer, hatte sich dieses Librettos bereits vor Mozart angenommen, als er sich im Juli 1791 an die Arbeit machte. Auch der verstorbene Christoph Willibald Gluck, mit dem der Siegeszug der deutschen Opernmusik seinen Anfang genommen hatte, war 1752 in Neapel mit einer Version von *La clemenza di Tito* an die Öffentlichkeit getreten. Er hatte seine Jugendjahre in Böhmen verbracht, zunächst als Zögling des Komotauer Jesuitengymnasiums und in der Folge als Student an der Prager Universität. Den Pragern hat er die längst vergessene Oper *Ezio* gewidmet.

Für die Neuvertonung von *La clemenza di Tito* nahm der Hofdichter Caterino Mazzolà eine Reihe von Veränderungen vor; so zog er etwa die ursprünglich drei Akte zusammen und veränderte den heroischen Charakter des Hauptheldens zugunsten eines freimaurerisch toleranten Titus. Von den fünfundzwanzig Arien Metastasios blieben nur sieben übrig, drei von ihnen erhielten einen neuen Text, und eine Arie wurde hinzugefügt. Nach seiner Zeit als Hofdichter in Dresden folgte Mazzolà im Frühjahr 1791 dem

Christoph Willibald Gluck am Spinett. Gemälde von Joseph-Siffred Duplessis, 1775. Der deutsche Musikdramatiker studierte u. a. in Prag bei Černohorsky. Zwei seiner Opern wurden in Prag uraufgeführt (*Ezio*, 1750, und *Issipile*, 1754).

scheidenden Lorenzo da Ponte als kaiserlicher Dichter an den Wiener Hof. Daß Guardasoni den Hofpoeten Mazzolà mit der Bearbeitung beauftragte, ist im Hinblick auf dessen quasi amtliche Stellung naheliegend. Als Mazzolà zur Krönung nach Prag reiste – von wo er am 13. September 1791 nach Dresden weiterfuhr –, hatte er diese ehrenvolle Funktion bereits an den berühmteren Librettisten Giovanni Bertati weitergegeben. Im Juli befand sich Mazzolà jedenfalls in Wien, was nähere Absprachen mit Mozart, der eben mit dem Auftrag betraut worden war, naturgemäß erleichterte.

Die nach der Bearbeitung zweiaktige Oper wurde lange als Rückschritt in Mozarts Schaffen gesehen, ein Kompromiß, ein Auftrag, den es aus Vernunftgründen zu erfüllen galt. Mozart hatte sich vom Hofdienst befreit, was freilich noch nicht hieß, daß er vom Hof unabhängig war und höfische Belange außer acht lassen konnte.

Der politische Anlaß hatte die Verantwortlichen nach einer Vorlage und einem Musikstil greifen lassen, der 1791 anachronistisch wirken mußte, und sogar die schönen Arien Mozarts konnten an der verfehlten Anlage der Oper nichts ändern:

„*La Clemenza di Tito* ist ein sprechender Beweis, daß es einem Meister dieses Ranges verwehrt ist, zurückzuschauen; sein Weg führt ausschließlich zu Werken, die die Zukunft vorausnehmen. – Daß aber Mozart [...] hier noch einmal zurückgeblickt hat, führte in dieser Oper zu einem kulturgeschichtlichen Atavismus, der nicht durchaus nur ästhetisches und gelehrtes Interesse haben müßte; der Verlust einer Oper aus Mozarts letzter und reifster Zeit für das Theater ist allzu schmerzlich. – Die Textwahl stand hier nicht frei: Der Komponist mußte Metastasios schon mehrfach komponiertes Buch benützen, hier in der Bearbeitung von Mazzolà. Mozart sah sich einem dramatischen Aufbau gegenüber, der ihm gänzlich ferne lag: dem der opera seria seines Schaffensbeginnes, ja einer davorgelegenen Epoche. Das Stück ist die für die Gattung geradezu typische Zusammenziehung einer Staatsaktion und einer stark politisch gefärbten Liebesgeschichte; über beides ist etwas aufdringlich die übergroße Milde des Kaisers gesetzt, die den Anlaß mitfeiern sollte."

Joseph Gregor, *Kulturgeschichte der Oper*

La clemenza di Tito stand von Beginn an unter keinem guten Stern. Mozart wußte anfangs nichts Näheres über die Besetzung der Festoper, so gestaltete sich die Vertonung schwierig, zumindest wenn es sich nicht um Ensemblenummern mit geringeren Anforderungen an die Solisten handelte. Teile der Oper hat Mozart schon vor der eigentlichen Niederschrift komponiert: Dem Programmzettel einer musikalischen Akademie Josepha Duscheks ist zu entnehmen, daß schon am 26. April 1791, also lange vor der Auftragserteilung durch Guardasoni, „ein Rondo von Herrn Mozart mit obligatem Basset-Horn" existierte. Darunter könnte die Arie der Vitellia *Non più di fiori* zu verstehen sein. Neuere Forschungen bestätigen, daß diese Arie früher als der Rest der Oper entstanden ist.

Diesmal war die Reise nach Prag beschwerlich, Mozart fühlte sich müde und aus anderen Verpflichtungen herausgerissen. Von der freudigen Reisestimmung des Jahres 1787 war kaum etwas geblieben. Der unermüdlich arbeitende Kapellmeister hatte ja in den letzten Monaten nicht einmal Zeit gefunden, seine Frau im Kurbad nahe bei Wien zu besuchen – wie wenig muß ihm erst die beschwerliche Reise nach Prag behagt haben.

Constanze begleitete ihren Mann, obwohl sie erst am 26. Juli ein Söhnlein, Franz Xaver, entbunden hatte und für die Reise den Aufenthalt in Baden unterbrechen mußte. Der Freund des Hauses und Schüler Mozarts Franz Xaver Süßmayer kam ebenfalls mit nach Prag und vielleicht auch der Klarinettist Anton Stadler, der bei der Aufführung des *Titus* mitwirkte.

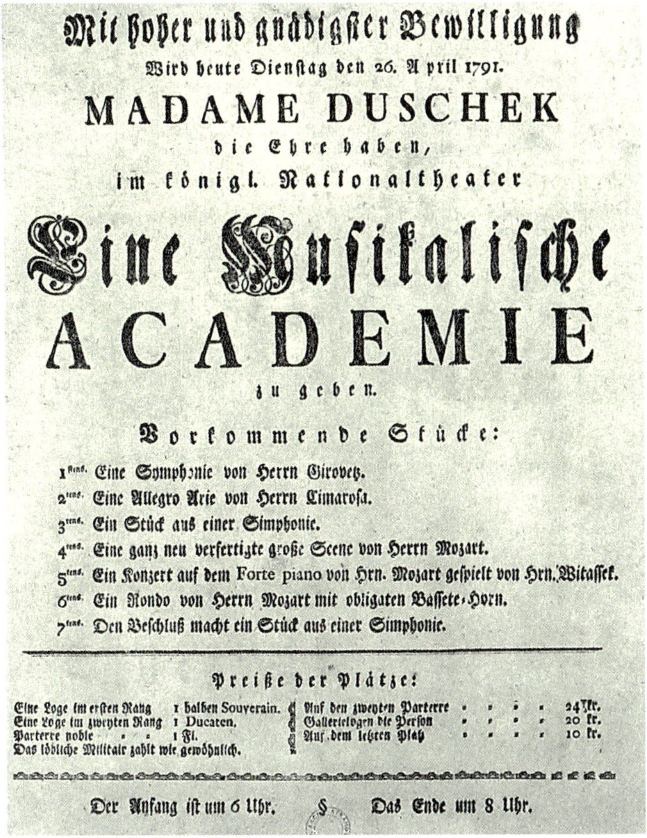
Mit hoher und gnädigster Bewilligung
Wird heute Dienstag den 26. April 1791.
MADAME DUSCHEK
die Ehre haben,
im königl. Nationaltheater
Eine Musikalische
ACADEMIE
zu geben.

Vorkommende Stücke:

1tens. Eine Symphonie von Herrn Girovetz.
2tens. Eine Allegro Arie von Herrn Cimarosa.
3tens. Ein Stück aus einer Simphonie.
4tens. Eine ganz neu verfertigte große Scene von Herrn Mozart.
5tens. Ein Konzert auf dem Forte piano von Hrn. Mozart gespielt von Hrn. Witassek.
6tens. Ein Rondo von Herrn Mozart mit obligaten Bassete-Horn.
7tens. Den Beschluß macht ein Stück aus einer Simphonie.

Preiße der Plätze:

Eine Loge im ersten Rang 1 halben Souverain.
Eine Loge im zweyten Rang 1 Ducaten.
Parterre noble 1 Fl.
Das löbliche Militair zahlt wie gewöhnlich.
Auf den zweyten Parterre 24 kr.
Gallerielogen die Person 20 kr.
Auf dem letzten Platz 10 kr.

Der Anfang ist um 6 Uhr. § Das Ende um 8 Uhr.

Mozart, mit dem *Titus* im Verzug, nützte die Zeit im Reisewagen und arbeitete die Fahrt über an der Oper. Abends im Quartier brachte er die tagsüber notierten Gedanken in Reinschrift zu Papier. Süßmayer soll Mozart geholfen haben, indem er einen Teil der Secco-Rezitative besorgte, was Niemetschek als sehr bedauerlich bezeichnete. Da die Autographen nicht erhalten sind, läßt sich Süßmayers Anteil an dem Werk weder abgrenzen noch nachweisen. Nach Mozarts Tod tat Süßmayer sich als Vollender des unfertigen *Requiems* hervor und leistete im Bereich der Opernkomposition noch Beachtliches.

Festatmosphäre am Vorplatz zur Prager Burg, 1791.

Die Reise mit der Postkutsche ging zuerst durch das spätsommerliche Niederösterreich, wo die Ernte in vollem Gange gewesen sein muß. Einundzwanzig Poststationen lagen zwischen Wien und Prag. Die vierspännige Kutsche rollte über Klosterneuburg, Stockerau, Sierndorf, Göllersdorf und Retz ins mährische Znaim, eine uralte, für ihren Wein bekannte Stadt. Durch weitere Ortschaften gelangte man nach Iglau, einer deutschen Sprachinsel im Grenzgebiet zu Böhmen, und von dort ging es nach Deutsch Brod, Tschaslau und der Handelsstadt Kolín an der Schnittstelle wichtiger Fernstraßen. Die Reisenden trafen in der zweiten Hälfte des Monats August, am Morgen des vierten Reisetages an ihrem Ziel ein. Der genaue Zeitpunkt ihrer Ankunft ist nicht bekannt. Die ersten Tage über werden Mozart und seine Begleiter wohl außerhalb der Stadt, vermutlich in der Bertramka, Unterkunft gefunden haben, denn Prag war in den Tagen vor der Krönung geradezu überfüllt von Fremden. Vielleicht ist das der Grund, warum die sonst so verläßliche *Prager Oberpostamtszeitung* die Ankunft des Kapellmeisters erst am 30. August mitteilte.

Von den Lustbarkeiten, denen sich die im Krönungsfieber liegende Stadt hingab, hat Mozart wenig mitbekommen: Zu sehr war er mit den Arbeiten am *Titus* beschäftigt:

„Die Hauptattraktion ist der ‚persianische Jahrmarkt' der Herren Massieri und Comp. auf der Marienschanze. Es wird ein eigenes, zweistöckiges Gebäude errichtet, im Hintergrunde befinden sich gegen hundert Boutiken. Zu seinen Vorstellungen benötigt Massieri 120 Paar Kinder, die von einigen Tanzmeistern unterrichtet werden, fast ebensoviel erwachsene Personen und mehr als hundert Pferde, die zum Teil als Kamele verkleidet sind. Im Saal zur ‚Eisernen Tür', in der Michaeler Gasse, wo zu Anfang des Jahrhunderts Graf Hartig die ersten öffentlichen Konzerte in Prag eingerichtet hatte, bieten die Herren Pierre und Degabriel besondere Überraschungen. Sie leisten alles, ‚was man von physikalischen Experimenten und mechanischen Wirkungen erwarten kann.' – Man sieht verschiedene Prospekte ‚merkwürdiger Gegenden, Länder und Städte ... und verschiedene Wirkungen der Natur z. B. Aufgang der Sonne ... verschiedene mechanische Kunststücke z. B. Automaten, die sich ganz nach dem Willen der Zuschauer bewegen und auf alle Fragen antworten,' ferner physikalische Experimente, Feuerwerke u. dgl. Der Zulauf in dieses Variété ist so groß, daß zweimal täglich um 4 und um 7 Uhr gespielt wird. Ein Zirkus, bestehend aus 24 Personen, dessen Leiter Monsieur Balp k. französischer und sardinischer Bereiter ist, ist auf der ständischen Reitschule am Tummelplatz in der Altstadt errichtet und Herr Franz Koch erbietet sich sogar ‚sich in Gesellschaften von zwölf bis zwanzig Personen mit der doppelten Mundharmonika (vulgo Brummeisen) hören zu lassen.' Er beruft sich wegen der Neuheit dieses noch unkultivierten Instruments auf den preußischen und kurfürstl. sächsischen Hof und auf alle in Karlsbad befindlichen hohen Badegäste, da er überall mit dem größten Beifall, wie er sagt, angehört wurde. Drei Musiker aus Siebenbürgen, zwei Waldhornisten und ein Klarinettist kommen nach Prag und erbieten sich ‚eine hohe Noblesse mit Früh – Abends – und Tafelmusik zu bedienen.‘

Herr Blanchard, der bereits im vorigen Jahr in Prag war, trifft ein und macht bekannt, daß er eine seiner berühmten Ballonfahrten, seine 42. Luftreise am 14. September in Bubenecz dem Prager Publikum vorführen werde. Die Sache mit dem persianischen Jahrmarkt klappt nicht recht. Das Krönungstagebuch beklagt sich am 5. September darüber, dass Herr Massieri bereits zweimal das Publikum mit seinen Ankündigungen getäuscht habe. Massieri kann seine großen Versprechungen nicht halten; außer dem ‚persianischen Jahrmarkt‘ hätten noch drei andere große Vorführungen dargebracht werden sollen: ‚Die Vermählung und der Triumph des Bacchus und der Ariadne‘, dessen Abschluß ein solemner Kontretanz der Götter sein sollte, ‚Die Belagerung und Erstürmung einer Schlaraffenburg‘ und schließlich noch ein ‚arkadisches Schäferspiel auf dem Parnass.‘ Indes schließt Massieri mit einem großen Defizit und reist als ‚Cridarius ohne Vorbewußt der Landesbaudirektion‘ von Prag ab. Seine Gläubiger verteilen das Mobilar untereinander und so endet die große Unternehmung des großen Faiseurs kläglich. Sie hatte Prag in atemloser Spannung gehalten. In der Altstädter St. Niklaskirche zeigt eine Gesellschaft polnischer Seiltänzer ihre Kunstücke im Springen und Fahnenschwingen. [...] Das sind aber bei weitem nicht alle Krönungsattraktionen, die Prag bietet. Man vergißt nicht an die zahlreichen Feuerwerke, Bälle, Freitafeln, von dem gewaltigen Zeremoniell der Königskrönung, bei der die Musik eine große Rolle spielt, ganz zu schweigen. Die Theater haben Hochbetrieb. Im Nationaltheater spielt man zweimal wöchentlich, auf der Kleinseite tritt die ‚Seconda'sche deutsche Gesellschaft‘ auf, die viermal wöchentlich wechselweise Trauer-, Lust- und Schauspiel aufführt, und ‚das vaterländische Theater‘

Kaiserin Marie Luise von Bourbon-Spanien, die Gemahlin Kaiser Leopolds II., traf am 29. August 1791 in Lieben bei Prag ein.

auf der Neustadt im ehemaligen Hybernerkloster hat unter der Direktion des Herrn Mihule eine deutsche und böhmische Schauspielergesellschaft, bei der sich manche geschickte Individuen befinden. Sie ist sehr zahlreich und führt nebst Trauer-, Lust- und Schauspielen in deutscher und böhmischer Sprache auch Operetten und Ballette auf. Sie spielen fast alle Tage und Sonntags zweimal."

Paul Nettl, *Mozart in Böhmen*

Am 29. August war der Kaiser, aus dem sächsischen Pillnitz kommend, glücklich in Prag eingetroffen. Nach einer einsamen Nacht auf dem Hradschin begab er sich am folgenden Tag in Begleitung seines Hofstaates nach dem vor der Stadt gelegenen Dorfe Lieben[96], wo er die Kaiserin Marie Luise von Bourbon-Spanien erwartete. Kurze Zeit später traf sie mit ihrem Troß ein. Nach einer weiteren Nacht im Schlößchen von Lieben zog das hohe Paar mit seinem Gefolge in die herausgeputzte Stadt ein, die den Gästen alle nur denkbaren Ehren bezeugte. Die Gassen waren voll

[96] Der tschechische Name lautet Libeň.

von feiernden Menschen, überall krachten Böller, dufteten gebratene Kapaune und tanzten bunte Harlekine. Zu den vielen Attraktionen fürs gemeine Volk gehörten musikalische und theatralische Darbietungen verschiedener Art, dazu kamen Bankette und Bälle, musikalische Soireen und prächtige Gartenfeste des Adels.

Am Mittwoch, dem 31. August, fand eine Festprozession zum Prager Veitsdom statt, an der alles mit Rang und Namen in festlicher Kleidung oder Gala-Uniform teilnahm. Von der Orgelempore schallten Chöre und Fanfaren, und die kaiserliche Hofmusik unter Salieri sorgte für die musikalische Umrahmung des Festgottesdienstes, der nach dem offiziellen Eintreffen des kaiserlichen Paares abgehalten wurde.

Aus einem Tagebucheintrag des Grafen Zinzendorf, der schon am Dienstag, dem 30. August, in Prag eingetroffen war, erfahren wir von einem festlichen Bankett im Thronsaal[97], bei dem über hundert Gäste zu Klängen aus Mozarts *Don Giovanni* tafelten. Die Ausführung oblag wohl einer der üblichen Harmonie-Musiken, die eine Instrumentation von jeweils zwei Klarinetten, Oboen, Fagotten und Hörnern aufwiesen.

Zur Einstimmung auf den großen Höhepunkt, die Krönung im Dom, wurde am 2. September in dem „stark mit Lustern beleuchteten“ Nationaltheater Mozarts Erfolgsoper *Don Giovanni* gegeben und vom Meister selbst dirigiert. Sein neues Werk *La clemenza di Tito* stand erst für den 6. September auf dem Programm. Dem Krönungstagebuch zufolge beliebten ihre „kais. kön. Majestäten mit Dero durchlauchtigsten Prinzen und Prinzessin“, von ihren drapierten und verzierten Logen aus der Aufführung des *Don Giovanni* beizuwohnen. Auch der sächsische Edelmann Franz Alexander von Kleist, eben aus Karlsbad

[97] Das Bankett fand am Donnerstag, dem 1. September 1791, statt.

eingetroffen, saß mit seinem Neffen – dem späteren Dichter Heinrich von Kleist – im Publikum. Franz Alexander von Kleist notierte über die Aufführung des *Don Giovanni*:

„Nie bin ich so belohnt aus einem Opernhause gegangen, als heut, wo ich in einem Saal soviel merkwürdige Menschen in so verschiedener Lage sah. Der Kaiser nebst seiner Familie sollte heute in die Oper kommen und der ganze Weg vom Schlosse bis zum Opernhause wimmelte von Menschen, die neugierig waren, einen Kaiser zu sehen, wie er nach einem Schauspiel fährt. Im Hause waren alle Logen und das Parterre mit Menschen angefüllt; und als endlich der Kaiser kam, empfing man ihn mit einem dreymaligen Händeklatschen und einem Vivat! wo man die Stimmen, ohne das Gehör eines Indiers zu haben, zählen und unterscheiden konnte. Einige wollen sogar behaupten, die Polizeybedienten hätten zum Vivat aufgemuntert. Der Kaiser schien mit seiner Bewillkommung zufrieden und verneigte sich einigemal gegen die Zuschauer. [...] Fort mit diesen Menschen, mir winkt zu schöneren Bemerkungen dort ein kleiner Mann im grünen Rocke, dessen Auge verräth,

Der Festumzug anläßlich der Krönung Leopolds II.

was sein bescheidner Anstand verschweigt. Es ist Mozart, dessen Oper, Don Juan, heut gegeben wird, der die Freude hat, selbst das Entzücken zu sehen, in welches seine schöne Harmonie die Herzen der Zuschauer versetzt. Wer im ganzen Hause kann stolzer und froher seyn, als er? Wem gewährt sein eigenes Selbst mehr Befriedigung, als ihm? Umsonst würden Monarchen Schätze verschwenden, umsonst der Ahnenstolz seine Reichthümer; er kann auch nicht ein Fünkchen dieses Gefühls erkaufen, mit welchem die Kunst ihren Geliebten belohnt! Freuden mit Gold erkauft, sind die leidlichen Minuten eines Kranken; der Schmerz stellt sich bald nur desto heftiger wieder ein. Wie anders des Künstlers Entzücken beym unsterblichen Werk? Auch seine Freude gleicht einem Rausch; aber sie ist dennoch ewig; Sie steigt immer in neuer Schönheit hervor, und beseligt mit Schöpfergefühlen den sterblichen Menschen. Alles muß den Tod fürchten, nur der Künstler fürchtet ihn nicht. Seine Unsterblichkeit ist ihm Hoffnung, sie ist Gewißheit! den schöneren

Krönungszug Leopolds II. im unteren Teil des Kleinseitner Rings 1791. Farbradierung von Caspar Pluth nach Philipp und Franz Heger.

Theil seiner Selbst, Denkmähler seliger Stunden, läßt er der Nachwelt zurück. Er würkt noch auf künftige Geschlechter, wenn längst die Gebeine der Könige vermodert sind. Und mit allen diesen Überzeugungen konnte Mozart dastehen, als tausend Ohren auf jedes Beben der Saite, auf jeden Lispel der Flöte lauschen, und hochwallende Busen, schnell schlagende Herzen die heiligen Empfindungen verriethen, die seine Harmonien weckten. – Sey es Schwärmerey, oder richtiges Menschengefühl, genug, ich wünschte in diesen Augenblicken lieber Mozart als Leopold zu seyn! Und wenn auch unsern deutschen Zuhörern die hohe Empfänglichkeit der Begeistrung fehlt, mit der der Britte einen Hendel, der Franzose einen Gluck bewundert, so muß doch auch schon die unwillkührliche Aeußerung weniger Fühlenden ein schöner himmlischer Lohn dem Künstler seyn, der den Sphären ihre Harmonien ablauschte und durch Töne Seelen zu entzücken versteht! – "

Franz Alexander von Kleist,
Phantasien auf einer Reise nach Prag

Die Titelrolle in dieser Aufführung sang Luigi Bassi, die Partie des Don Ottavio hatte Antonio Baglioni übernommen – beide Sänger waren schon bei der Uraufführung 1787 dabeigewesen. *Die Preßburger Zeitung* vom 10. September berichtete, daß die „italiänische Oper" auf höchstes Verlangen hin gegeben worden sei. War es da nicht allzu verständlich, wenn Mozart sich Hoffnungen auf eine gnädige Aufnahme seiner Krönungsoper machte?

Lassen wir noch Alfred Meissner zu Wort kommen, der ebenfalls einen Eindruck von dieser Vorstellung des *Don Giovanni* vermittelte:

„Am 2. September sollte der Kaiser mit der Kaiserlichen Familie im Opernhause erscheinen, der ganze Weg vom Hradschin bis zum Theater wimmelte von Neugierigen. Im Hause waren alle Logen besetzt, das Parterre war übervoll. Als endlich der Kaiser erschien, wurde er mit dreimaligem Vivat und Händeklatschen begrüßt, worauf er sich wiederholt gegen das Publikum verneigte, doch hatte dieser Auftritt trotz allen Lärms einfallender Trompeten und Pauken nicht im Geringsten einen enthusiastischen Charakter.

Im Parterre sah man drei Berühmtheiten des Legitimismus: den alten General Bouillé mit einer weißen Cocarde an dem Hut, den Herzog von Polignac und den Grafen Fersen. Letzterer, le beau Fersen, war jener junge, der unglücklichen Königin von Frankreich ritterlich ergebene Schwede, der vor blos elf Wochen, in jener denkwürdigen Nacht des 20. Juni, als Kutscher verkleidet, die königliche Familie aus Paris gebracht hatte. Hinter Bondy war seine Mission zu Ende gewesen, andere Postillone warteten, stumm hatte er sich in seinem Kutscheranzuge verbeugt, indes ihm eine kleine Hand unaussprechlichen Dank zuwinkte, war nordwärts gefahren und aus Frankreich verschwunden, wo er bald wieder auftauchen sollte, um den im Tempel Schmachtenden Linderung ihrer Leiden zu bringen. Aber ein Vierter, im Theater Anwesender war noch merkwürdiger als alle diese. Es war ein kleiner Mann, in einem grünsammtenen Rocke, der jetzt mit feurigen dunklen Augen um sich blickte und das Zeichen zum Anfang gab: Mozart, seit 7. Dezember 1787 kaiserlicher Kammer-Compositeur mit 800 Fl. Besoldung: es wurde sein ‚Don Juan' gegeben."

Alfred Meissner, *Rococobilder*

Aus seinem nordböhmischen Asyl Dux war der greise Abenteurer und Schriftsteller Giacomo Casanova in die Hauptstadt gekommen, um dem großen gesellschaftlichen Ereignis beizuwohnen. Dem Chevalier war das Glück hold: Er durfte Seiner Majestät die Hand küssen, was zweifelsohne eine große Ehre für den alten Mann war. Als Dank für diese Gnade widmete er dem Kaiser drei Sonette, die man später in Casanovas Nachlaß auffand.

Unterdessen gingen die Arbeiten am *Titus* mühsam, aber unter Hochdruck voran. Diesmal waren es nicht die Prager, für die Mozart komponierte und von denen er Verständnis hätte erwarten dürfen, sondern die Spitzen des Wiener Hofes, und schon deshalb waren überall Einschränkungen und Rücksichtnahmen erforderlich.

Auch diese Ouvertüre soll in letzter Minute niedergeschrieben worden sein. Hören wir die hübsche, aber vermutlich frei erfundene Anekdote eines unbekannten Autors: „Caroline Pichler, die mit der Familie Bischoff verkehrte, gedenkt in ihren Memoiren der schönen von Bischoffs bewohnten Villa ‚Bertramka', wo sie (1825) die Schriftstellerin Carolina von Woltmann kennen lernte, mit ihr das einst von Mozart bewohnte Zimmer und die Stelle, wo sein Instrument gestanden, besah. Sie ließ sich erzählen, wie der geängstigte Orchesterdirector, als er am nächsten Tage zu Kaiser Josephs (sic!) Empfang den ‚Titus' aufführen sollte, zu welchem die Ouverture noch fehlte, Boten um Boten danach ausgesandt hatte. Mozart ging im Zimmer auf und ab, als aber seine Freundin, die stets ihn mahnende Duschek, unter den den Hügel Heraufkeuchenden auch den ersten Violinisten erblickte und Mozart auf die erneuerte Mahnung ruhig erwiderte: ‚mir fallt aber nix ein', da meinte sie entschlossen: ‚so fang doch mit dem Reitermarsch an'! Er flog ans Spinett und nach den ersten zwei Takten, mit welchen auch wirklich die Ouverture beginnt, rauschten die Melodien dahin, die Ouverture war vollendet, ward rasch instrumentirt und mit den noch nassen Blättern enteilten die Boten."

Obwohl das offizielle Krönungstagebuch von einer Erkrankung Mozarts berichtete, über die wir jedoch keine genauen Angaben besitzen, war die Arbeit am 5. September glücklich vollbracht. Nach der endgültigen Fertigstellung vermerkte Mozart das Werk wie gewöhnlich in seinem thematischen Katalog. Wie der Meister, so fieberten auch die Sänger dem großen

Tag entgegen. Antonio Baglioni wurde mit der Rolle des Titus die größte Ehre zuteil. Die Vitellia sollte von der hübschen italienischen Sopransängerin Maria Marchetti-Fantozzi[98] verkörpert werden, die schon in Mailand und Neapel das Publikum begeistert hatte. Zum ersten Sesto in Mozarts *Titus* war der – laut Niemetschek – „elende", aber seinerzeit sehr gefragte Kastrat Domenico Bedini auserkoren.

Die Zeit der Vorbereitung war kurz, aber intensiv und ermüdend. Die beteiligten Künstler gaben ihr Bestes und Letztes, ehe schließlich der Tag der Krönung anbrach und mit ihm ein einziges rauschendes Fest. Höhepunkt des Geschehens war der Krönungsgottesdienst im Veitsdom. Antonio Salieri dirigierte eine Krönungsmesse (möglicherweise sogar Mozarts *C-Dur-Messe Nr. 14*) und vielleicht auch Mozarts *Piccolomini-Messe Nr. 15 in C-Dur.*

„Am 6. fand in der prachtvoll geschmückten Metropolitan-Kirche die Krönung statt. Es war eine leere Formalität. Der Erzbischof entblößte die linke Schulter des Kaisers und goß Öl darauf, welches nach vollendeter Einsegnung mit Semmel und Salz abgerieben wurde. Dann erhielt er die Krone des heiligen Wenzel aufgesetzt, man gab ihm Szepter und Reichsapfel in die Hand und umgürtete ihn mit dem Schwerte. Daß der Schall der Pauken und Trommeln und der Donner der Kanonen beim Schwur einfiel, daß der Kaiser das Abendmahl nahm und ein prachtvolles Hochamt celebriert wurde, versteht sich von selbst. Ebenso, daß der Heimzug der Reichswürdenträger und Garden prachtvoll war."

Alfred Meissner, *Rococobilder*

Für den Abend dieses großen Tages stand im Nationaltheater die Krönungsoper auf dem Festprogramm,

[98] Niemetschek charakterisierte die Sängerin im Jahre 1794 mit den Worten: „eine mehr mit den Händen als der Kehle singende Primadonna, die man für eine Besessene halten mußte".

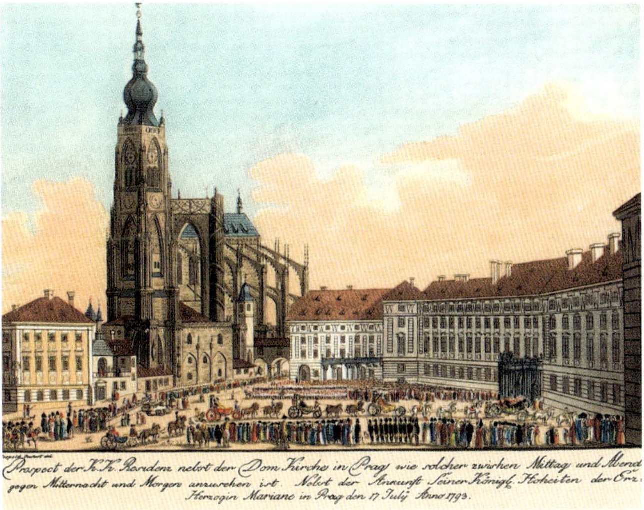

Ähnlich dürfte es 1791 ausgesehen haben: Die Parade vor der k. k. Residenz und dem noch unfertigen Veitsdom anläßlich der Ankunft der Erzherzogin Marianne am 17. Juli 1793.

endlich war die Stunde gekommen, in der sich dem vornehmen Publikum der Vorhang zu dem neuen Werk des Hofkompositeurs Mozart hob. Nur wenige Wochen, so die Legende, soll dieser an *La clemenza di Tito* gearbeitet haben, Wochen, in denen er sich krank und ausgelaugt fühlte. Und doch war ein Werk vollbracht, mit „Melodien darin, schön genug die Himmlischen herabzulocken", wie Meissner sich enthusiastisch äußerte.

„Für den Abend dieses festlichen Tages war eine große Opera seria von den Ständen vorbereitet. Schon am 3. September hatte man das Publicum durch eine gedruckte Ankündigung unterrichtet, auf was Art man die Eintrittsbillete vertheilen werde.

Die Vertheilung selbst geschah am 5. und Vormittags am 6. September. Man nahm hiebei vor allen auf die k. k. Hofsuite und den fremden Adel, dann erst auf den inländischen Adel und ungeadelte Fremde, endlich auf die inländischen Honoratioren Rücksicht. Der Adel überhaupt, ebenso fremde Beamte, Offiziere, Gelehrte und Negotianten wurden ersucht, die Billete in der Praesidialkanzlei des k. Guberniums gegen schriftliche Anzeige ihres Namens und Beidrückung des Siegels abholen zu lassen. Beamte der k. Ämter, Magistratsmitglieder, der Universitätslehrstand, das Collegium der Advokaten, der höhere Handelsstand, die Offiziere, Unteroffiziere, und vier Gemeine von jeder Bürgercompagnie erhielten die Billete, insoweit sie zureichten, für sich, ihre Gemahlinen, und eine erwachsene Tochter, durch den Präsidenten und Vorsteher. Auch für die Zu- und Abfahrt wurde schon am 3. September eine besondere Ordnung im Drucke herausgegeben.

Die Stände hatten das von dem bisher unerreichten italienischen Operndichter Abbate Metastasio, verfaßte Singspiel: La clemenza di Tito gewählet, und die Musik hiezu von dem Kompositor am k. k. Hofe Wolfgang Mozart, dessen Name jeder Musikkenner mit Ehrfurcht nennet, verfertigen lassen.

Die ersten drei Decorationen verdankte man der Erfindung des Peter Travaglia, welcher bei Sr. fürstl. Gnaden dem Herrn Anton Fürsten v. Esterhazy in Diensten stand, die vierte aber hatte Preisig aus Coblenz erfunden. Die Kleidung zeichnete sich durch Neuheit und Reichthum aus, und war von Cherubin Babini aus Mantua angegeben.

Um 7 Uhr ging die Aufführung dieses ernsthaften italienischen Singspiels vor sich. Die gewöhnliche Theaterwache war verdoppelt, eine Division Carabiniers besetzte die angemessenen Posten, und die Feuerlöschanstalten waren vermehrt.

Ihre Majestäten der König und die Königin sammt der k. Familie beehrten das Nationaltheater, das bis zur Vermeidung eines Gedränges ganz angefüllt war, und wo man aus Prags bekannter Gefälligkeit den Fremden die ersten Plätze überließ, mit ihrer Gegenwart, und wurden mit Jubel empfangen.

Das Singspiel selbst ward mit dem Beifalle, welchen Verfasser, Compositor und die Singstimmen, besonders die rühmlich bekannte Todi, aus vollem Grund verdienten, aufgenommen, und es schien, daß ihre Majestäten mit Zufriedenheit das Schauspielhaus verlassen haben."

Aus der Krönungsurkunde

Nein, die Majestäten hatten das Theater keineswegs zufrieden verlassen! Gegen Mozart, der den antiquierten Stoff auf höchstem Niveau vertont hatte und die Opera seria auf eine moderne und frische Art belebt hatte, bestand ganz offensichtlich eine vorgefaßte Meinung. Leopold II. hatte die erlauchte Nase gerümpft und sich abfällig über *La clemenza di Tito* geäußert, und seine Gemahlin Marie Luise soll sich sogar dazu verstiegen haben, die Musik „una porcheria tedesca" – eine „deutsche Schweinerei" also – zu schimpfen. Freilich entbehrt diese in der Mozartliteratur fest zementierte Behauptung jeglichen wirklichen Beweises. Graf Zinzendorf, der von einer Loge im ersten Rang aus der Aufführung beiwohnte, empfand die Oper als „überaus langweilig".

Noch am Abend der Uraufführung war unübersehbar geworden, daß die Wiener Höflinge Mozarts künstlerische Leistung auch diesmal nicht anerkennen würden. Ob Leopold Koželuch und Antonio Salieri, Mozarts ebenfalls in Prag weilende Konkurrenten, wohl ihren Teil dazu beigetragen haben, um dem an der Moldau allzu erfolgreichen Mozart eine Niederlage zu bereiten? Für diese wiederholt geäußerten Vermutungen vermissen wir die Beweise. Antonio Salieri war am 26. August mit fünf Kutschen und zwanzig Hofmusikern nach Prag gekommen. Ihm war im Zusammenhang mit dem Krönungszeremoniell eine bedeutende Rolle zugedacht worden, so kam ihm etwa die ehrenvolle Aufgabe zu, am Sonntag, dem 4. September 1791, bei der Erbhuldigung in der St. Veits-Kathedrale auf dem Hradschin eine neue Krönungsmesse des Prager Domkapellmeisters Johann Anton Koželuch zu dirigieren.

Die vermeintlichen Widersacher hatten jedenfalls mehr Glück als Mozart. Leopold Koželuch war schon am 2. August in Prag eingetroffen und im „Einhorn“ abgestiegen, er hatte demnach genügend Zeit, seine *Huldigungskantate* zu komponieren. Schon bald nach seiner Ankunft hatte er es verstanden, sich mit einem großen Konzert im Palais Czernin in den Vordergrund zu rücken. Höhepunkt des Festprogramms an diesem Abend waren seine Chorwerke, die in Begleitung eines hundertfünfzigköpfigen Orchesters zelebriert wurden. Koželuchs *Huldigungskantate*, die Vertonung eines Textes von August Gottlieb Meissner, erlebte dann im Zuge eines großen Volksfestes der böhmischen Stände am 12. September ihre festliche Uraufführung. Daß gerade seine Freundin und Vertraute Josepha Duschek in diesem Stück seines eifrigsten Widersachers mitwirkte, muß für Mozart bitter gewesen sein. Obwohl der Text von Gottlieb August Meissner schlicht einfältig war, wurde er zur Gänze im Tagebuch der Krönungsfeierlichkeiten widergegeben. Anders Mozarts *La clemenza di Tito*. Wurde die Aufführung des *Don Giovanni* im Krönungstagebuch immerhin verzeichnet, so schien am 6. September weder der Name der Krönungsoper selbst mit nur einem einzigen Wort auf noch der des Komponisten: „Gestern abends war Freyopera in welche sich Se. Majestät mit der durchlauchtigsten Familie und dem Hofstaate in die für Höchstdieselben zubereiteten Logen nach 8 Uhr begaben, wohin dieselben ein allgemeines freudiges Vivatrufen durch alle Gässen begleitete, mit welchem Höchstdieselben auch im Theater empfangen wurden“, vermeldete das Krönungstagebuch knapp. Die Oper hatte nicht gefallen, und man erwähnte sie, vielleicht auf Geheiß der allerhöchsten Herrschaft, mit keinem Wort. Nur im *Krönungsjournal* erinnerte man sich an Mozart: „Am 6ten als am Krönungstage gaben die Herren

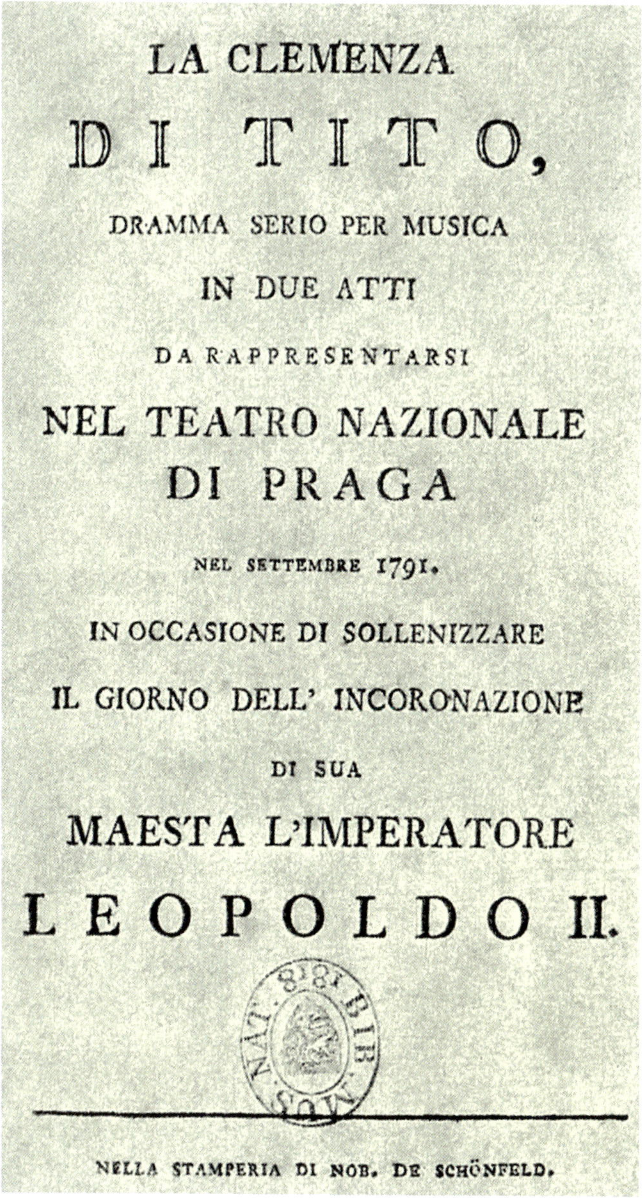
LA CLEMENZA

DI TITO,

DRAMMA SERIO PER MUSICA

IN DUE ATTI

DA RAPPRESENTARSI

NEL TEATRO NAZIONALE

DI PRAGA

NEL SETTEMBRE 1791.

IN OCCASIONE DI SOLLENIZZARE

IL GIORNO DELL' INCORONAZIONE

DI SUA

MAESTA L'IMPERATORE

LEOPOLDO II.

NELLA STAMPERIA DI NOB. DE SCHÖNFELD.

Die erste Librettoausgabe von *La clemenza di Tito*, 1791.

Stände, um diesen Tag Sr. Majestät zu verherrlichen, eine ganz neu komponierte Oper, deren Text zwar nach dem Italiänischen des Metastasio, von Hrn. Mazzola aber, Theaterdichter in Dresden, verändert worden. Die Komposition ist von dem berühmten Mozart, und macht demselben Ehre, ob er gleich nicht viel Zeit dazu gehabt und ihn dazu noch eine Krankheit überfiel, in welcher er den letzten Theil derselben verfertigen mußte.

An die Aufführung derselben hatten die Herren Stände alles gewandt, sie hatten den Entrepreneur nach Italien gesandt, der eine prima donna und einen

Der Ständeball anläßlich der Krönung 1791 in einem eigens zu diesem Anlaß aufgeführten Anbau zum Ständetheater. Kolorierter Stich von J. Qu. Jahn.

ersten Sänger mit sich gebracht [...] Der Eintritt war frey, und viele Billets waren ausgetheilt. Das Haus fasset eine große Anzahl Menschen, dennoch aber kann man sich denken, daß bei einer solchen Gelegenheit der Zulauf nach den Billets so groß ist, daß sie endlich ein Ende nehmen, daher auch manche Einheimische und Fremde, selbst Personen vom Stande wieder weggehen mußten, weil sie sich nicht mit Billets versehen hatten.

Se. Majestät erschienen um halb acht Uhr, und wurden mit lautem Zujauchzen der Anwesenden empfangen. Die Herren Stände Mitglieder nahmen selbst die Billets ein, und sahen auf die gehörige Ordnung, damit niemand auf sein Billet zurückgewiesen werden, und keiner ohne Billet eindrängen sich möge."

Krönungsjournal für Prag

Man ließ Mozart das ihm zugesicherte Honorar von zweihundert Dukaten zukommen, eine darüber hinausgehende Belohnung durfte er sich nicht erhoffen.

Nicht nur Mozart hatte damit wenig Grund zur Zufriedenheit, auch des Impresarios Erwartungen waren bei weitem nicht erfüllt worden. Guardasoni wandte sich kurzerhand mit der Bitte um Entschädigung an die Theaterkommission. Er habe viel investiert und fühle sich durch die Interesselosigkeit des Hofes geschädigt. Sein Gesuch wurde geprüft, und die Kommissionsmitglieder bestätigten, sozusagen amtlich, daß sich „bey Hof wider Mozarts Composition eine vorgefasste Abneigung" gezeigt habe und deshalb dem Gesuch um Entschädigung stattgegeben werden müsse. Guardasoni erhielt tatsächlich eine Entschädigung von hundertfünfzig Dukaten.

Es war ein schwacher Trost, daß das zugereiste Publikum ein ganz anderes war als jenes, das noch vor wenigen Jahren dem *Figaro* und dem *Don Giovanni* zugejubelt hatte. Freilich war das harte Urteil über *La clemenza di Tito* weder gerecht noch blieb es

Eine Eintrittskarte für den Ständeball im September 1791. Das Bild zeigt die älteste bekannte Ansicht des Nostitz-Theaters.

unwidersprochen. Dem Prager Publikum gefiel der *Titus* schließlich sogar so sehr, daß man diese Oper für die Abschiedsvorstellung wählte, als die italienische Opernbühne nach dem Tod ihres letzten Impresarios Domenico Guardasoni anno 1807 aufgelöst wurde. Heute erkennt man im *Titus* eine der großen Schöpfungen Mozarts, das Werk wird weltweit auf bedeutenden Bühnen in Szene gesetzt.

In bewegenden Worten brachte Niemetschek sein Wohlgefallen am *Titus* zum Ausdruck:

„La Clemenza di Tito wird in ästhetischer Hinsicht als schönes Kunstwerk, für die vollendeteste Arbeit Mozarts gehalten. Mit einem feinem Sinne faßte Mozart die Einfachheit, die stille Erhabenheit des Charakters des Titus, und der ganzen Handlung auf, und übertrug sie ganz in seine Komposition. Jeder Theil, selbst die gemässigte Instrumentalparthie trägt dieses Gepräge an sich, und vereinigt sich zu der schönsten Einheit des Ganzen. Da sie für ein Krönungsfest und für zwey ganz eigens dazu angenommene Sänger aus Italien geschrieben war, so mußte er nothwendig brillante Arien für diese zwey Rollen schreiben. Aber welche Arien sind das? Wie hoch stehen sie über dem gewöhnlichen Troß der Bravour-Gesänge?

Die übrigen Stücke verrathen überall den großen Geist aus dem sie gefloßen. Die letzte Scene oder das Finale des 1ten Aktes ist gewiß die vollkommenste Arbeit Mozarts; Ausdruck, Charakter, Empfindung, wetteifern darinn den größten Effekt hervorzubringen. Der Gesang, die Instrumentation, die Abwechslung der Töne, der Wiederhall der fernen Chöre bewirkten bey jeder Aufführung eine Rührung und Täuschung, die bey Opern eine so seltene Erscheinung ist. Unter allen Chören, die ich gehört habe, ist keiner so fliessend, so erhaben und ausdrucksvoll, als der Schlußchor im 2ten Akte; unter allen Arien, keine so lieblich, so voll süßer Schwermuth, so reich an musikalischen Schönheiten, als das vollkommene Rondo in F, mit dem oblig: Bassethorne, Non piu die Fiori im 2ten Akte. Die wenigen instrumentirten Rezitative sind von Mozart, die übrigen alle – was sehr zu bedauern ist, – von einer Schülerhand. Die Oper, die jetzt noch immer mit Entzücken gehört wird, gefiel das erstemal bey der Krönung nicht so sehr, als sie es verdiente. Ein Publikum, das von Tanz, Bällen und Vergnügungen trunken war, in dem Geräusche eines Krönungsfestes, konnte freylich an den einfachen Schönheiten Mozartscher Kunst wenig Geschmack finden!“

Franz Xaver Niemetschek, *W. A. Mozart's Leben*

Kurz nach der *Titus*-Aufführung wurde Erzherzogin Maria Anna zur Äbtissin des Königlichen Damenstifts geweiht, einer auf Kaiserin Maria Theresia zurückgehenden Institution für geistliche Kandidatinnen aus böhmischen adeligen Familien. Für das feierliche Zeremoniell am 8. September 1791 bildete vermutlich Mozarts *Piccolomini-Messe* den musikalischen Rahmen, aber auch das konnte nichts mehr daran ändern, daß für Mozart der Prager Aufenthalt mit einem unerfreulichen Beigeschmack zu Ende ging. Zwar hatte sich die Oper in seinem Prag später doch noch durchgesetzt, der erhoffte Lohn aber war ausgeblieben.

Der Auftrag war erledigt, Mozart konnte sich wieder seiner in groben Zügen bereits fertigen *Zauberflöte* zuwenden. Noch in Prag, vermutlich in der Bertramka, entstanden die Skizzen zum *Quintett Nr. 12*, vielleicht auch der Priesterchor *O Isis und Osiris* sowie die Papagenolieder. Von Georg Nikolaus von Nissen stammt die Mitteilung, daß Mozart das Motiv zum
23 *Quintett Nr. 12* im Kaffeehaus „Zur Blauen Traube“[99] notiert hätte, einem geräumigen Billardcafé, das durch einen gedeckten Gang mit dem Ständetheater verbunden war:

„Mozart, während er 1791 die Krönungs-Oper *La Clemenza di Tito* schrieb, besuchte fast täglich mit seinen Freunden ein unweit seiner Wohnung gelegenes Kaffeehaus, um mit Billardspielen sich zu zerstreuen. Man bemerkte einige Tage lang, daß er während dem Spielen ein Motiv ganz leise für sich mit ‚hm hm hm‘ sang, mehrmals, während der Andere spielte, ein Buch aus der Tasche zog, flüchtige Blicke hineinwarf und dann wieder fortspielte. Wie erstaunt war man, als Mozart auf einmal seinen Freunden in Duscheks Hause das schöne Quintett aus der *Zauberflöte* zwischen Tamino, Papageno und den drey Damen, das gerade mit demselben Motive beginnt, welches Mozarten während des Billardspielens so beschäftigt hatte, auf dem Klaviere vorspielte – nicht nur ein Beweiss von der immerwährenden Thätigkeit seines schöpferischen Geistes, die selbst

[99] Rytířská [Rittergasse] Ecke Havířská [Bergmannsgasse]. Die heutige Adresse lautet Ovocný trh [Obstmarkt] 2/580. Das traditionsreiche Kaffeehaus wurde 1805 zu einem noblen, mit großen Spiegeln geschmückten Lokal umgebaut, 1868 schloß es seine Pforten. Nachdem man das bis ins 14. Jahrhundert zurückgehende Gebäude 1899 abgetragen hatte, integrierte man das alte Hauszeichen in die Fassade des neobarocken Neubaus.

mitten in Vergnügungen und Zerstreuungen nicht unterbrochen wurde, sondern auch von der Riesenkraft seines Genies, das so verschiedenartige Gegenstände zu einer und derselben Zeit zu bearbeiten vermochte. Bekanntlich hatte Mozart die *Zauberflöte* schon unter der Feder, bevor er nach Prag reiste, um da *La Clemenza di Tito* zu componieren und aufzuführen."

Georg Nikolaus von Nissen, *Biographie W. A. Mozart's*

Am 10. September 1791 besuchte Mozart, selbst bereits seit sieben Jahren Freimaurer, die Prager Loge „Zur Wahrheit und Einigkeit zu den Drei Gekrönten Säulen" in der Bredauergasse. Die Bauhütte war eine der insgesamt drei Logen, die nach dem Freimaurerpatent Josephs II. in Prag noch zugelassen waren. Nur ein Jahr später wurden die letzten Prager Freimaurerbünde von Kaiser Franz II. aufgelöst.

„Als er das letztemal kam, hatten sich die Brüder in zwei Reihen aufgestellt, und der Eintretende wurde mit der Cantate ‚Maurerfreude', die er 1785 zu Ehren Borns komponirt, empfangen. Diese Aufmerksamkeit rührte Mozart tief und als er dafür dankte, äußerte er: er werde demnächst dem Maurerthume eine bessere Huldigung darbringen. Er meinte damit die ‚Zauberflöte', welche bereits in seinem Geiste reifte."

Alfred Meissner, *Rococobilder*

Am Montag, dem 12. September 1791, wurde schließlich noch Marie Luise zur Königin von Böhmen gekrönt. Wahrscheinlich ließ Salieri wieder die beiden Mozartschen Krönungsmessen aufführen, die schon am 6. September zur Krönung Leopolds erklungen waren. Den Schluß der vielen Feierlichkeiten bildeten das abendliche Galasouper, bei dem Josepha Duschek die bereits erwähnte Huldigungskantate von Leopold Koželuch zu Gehör brachte, sowie ein großer „Freyball" im Nationaltheater. Die „geschicktesten

Die Krönung von Marie Luise zur Königin von Böhmen am 12. September 1791. Kolorierter Stich.

Tonsetzer“ und beiläufig dreihundert Musikanten sorgten für die Musik – sie werden den Prager Tanzlustigen zum Kehraus so manchen *Deutschen Tanz* von Mozart gespielt haben. Dann kehrte wieder der Alltag ein und Prag versank in seinen Winterschlaf.

. . .

Nicht unähnlich der Situation des Jahres 1787, als Mozart für Josepha Duschek die große Szene *Bella mia fiamma* komponiert hatte, schrieb er gegen Ende seiner letzten Prager Tage in kurzer Zeit die einfache, aber wirkungsvolle Baßarie *Io ti lascio, o cara, addio.* Es heißt, Mozart habe diese Arie in letzter Minute niedergeschrieben. Vielleicht hat er sie für die Sänger Campi oder Bassi gedacht, wohl eher aber für seinen Wiener Freund Gottfried von Jacquin. Mag sein, daß er sie gar für Josepha Duschek schuf, was zumindest eine Erklärung für die Weigerung Constanzes wäre, die Echtheit des Werkes anzuerkennen. Auch der Arie *Non più di fiori* aus dem *Titus* wird nachgesagt, Mozart habe sie seiner Muse Duschek gewidmet. Tatsächlich nahm die Sängerin diese Arie immer wieder ins Programm und gab sie in Dresden, Weimar, Berlin oder Wien zum besten.

Mitte September war für den kränkelnden Mozart endgültig der Augenblick gekommen, von seinem lieben Prag Abschied zu nehmen. Laut Niemetschek geschah das mit Wehmut und Tränen in den Augen.

Als das Ehepaar Mozart in Begleitung von Franz Xaver Süßmayer aus Prag hinausrollte, war es für Mozart ein Abschied für immer. Alfred Meissner verdanken wir einen Eindruck von der poetischen Abschiedsszene:

„Mozarts Wagen stand schon in aller Frühe vor dem Hause zu den ‚drei Hackeln', nicht nur mit Koffern und Schachteln, sondern auch mit Körben bepackt, denn Frau Constanze pflegte nie die Rückreise nach Wien anzutreten, ohne sich mit dem zu versorgen, was das edle Böhmerland im Gebiet des Eßbaren, namentlich an Schinken, Fasanen und gestopften Gänsen Treffliches bietet. Die Duscheks kamen, die Kapellmeister Kucharz und Strohbach mit großen Blumenbouquets, die Direktoren Guardasoni und Bondini [sic!] – Letzterer mit Frau und Tochter – und noch manche andere standen im Hintergrunde. Ganz schüchtern näherte sich auch der kleine Harfenist Hofmann [...]. Nun sagte Alles einander Lebewohl und Mozart umarmte die Damen. Schon oft war er von Prag abgereist, aber noch nie hatte der Abschied einen Charakter wie heute. Mozart war nämlich eigenthümlich weich und wehmütig und vergoß zahlreiche Thränen. Trug er das Vorgefühl seines Todes bereits in sich?"

Alfred Meissner, *Rococobilder*

Der Herbst 1791 hielt Einzug, Mozart fühlte sich überarbeitet, müde und niedergedrückt. Die zurückliegenden Wochen waren alles andere als einfach gewesen, und die Strapazen standen ihm ins Gesicht

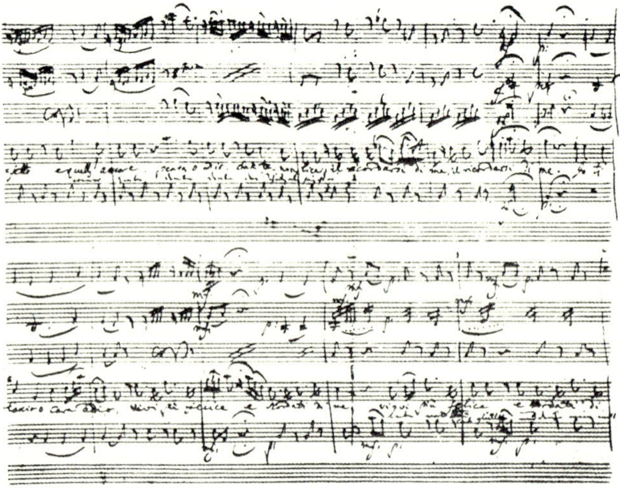

Autograph der Bassarie *Io ti lascio, o cara, addio,* von Mozart vor der Abreise 1791 komponiert.

geschrieben. Sein Biograph Niemetschek hielt für die Nachwelt fest: „Schon in Prag kränkelte und medizinierte Mozart unaufhörlich; seine Farbe war blaß und die Miene traurig, obschon sich sein munterer Humor in der Gesellschaft seiner Freunde doch oft noch in fröhlichen Scherz ergoß." Was Wunder, wenn nachfolgende Generationen bereits im Prag der *Titus*-Zeit den Keim jener Todeskrankheit ausmachen wollten, der Mozart wenige Monate später erlag.

Der aus dem Böhmerwald stammende sudetendeutsche Schriftsteller Hans Watzlik hat mit seinem sehr atmosphärischen und an Bildern reichen Mozartroman *Die Krönungsoper* jene letzten Prager Tage Mozarts heraufbeschworen. Auch heute noch kann der vergessene Roman des böhmischen Schriftstellers seine Leser in die Zeit Mozarts letzter Lebensjahre versetzen:

„Schon wartete der Wagen reisebereit im Hof. Zum letztenmal ging Mozart durch den Garten. Alles ruhte in trauriger, silberzitternder Frühe.

Er hörte die Fallfrucht dumpf auf den Rasen pochen. Am Brunnen nippte ein rotbrüstiger Vogel. Wandersüchtige Schwalben schrillten. Morgentrunken schwankten die Blumen.

Der nahe Herbst schwoll in unzähligen Früchten, in Apfel und Traube. Vor Fruchtbarkeit senkten sich die Äste tief zur Erde. Es war ein gesegnetes Jahr.

Zartbereifte Pflaumen rundeten sich. Mozart nahm eine vom Zweig und aß sie.

Der alte Apfelbaum an der Kegelbahn stand in fast erstickendem Überfluß, die Stützen seiner Äste drohten zu brechen. Mozart sah in den Baum hinein wie in ein verwandtes Gesicht. ‚Jetzt wirst du deine Fülle schenken, und dann ruhst du wieder drei Jahre', sagte er. ‚Der Mensch aber darf nicht rasten.'"

Hans Watzlik, *Die Krönungsoper*

Mozart hielt sich bereits wieder in Wien auf, da erklang an der Moldau wie ein später Nachhall eine weitere Erstaufführung eines seiner Werke: Der Klarinettist Anton Stadler war über die Krönungsfeier hinaus in Prag geblieben und gab am 16. Oktober anläßlich einer musikalischen Akademie in der Altstadt ein Klarinettenkonzert, möglicherweise handelte es sich dabei um das *Klarinettenkonzert KV 622*. Natürlich berichtete Stadler sogleich dem Freund aus Prag, in einem Brief Mozarts an Constanze findet dieses Schreiben Erwähnung:

„... in dieser zwischenzeit kamm ein brief von Prag vom Stadler; – Die Duscheckischen sind alle wohl; – mir scheint Sie

muß gar keinen brief von dir erhalten haben – und doch kann ich es fast nicht glauben! – genug – Sie wissen schon alle die herrliche aufnahme meiner teutschen Oper[100]. – das sonderbareste dabei ist, das den abend als meine neue Oper mit so vielen beifall zum erstenmale aufgeführt wurde, am nemlichen abend in Prag der Tito[101] zum letztenmale auch mit ausserordentlichen beifall aufgeführet worden. – alle Stücke sind applaudirt worden. – der Bedini sang besser als allezeit. – das Duettchen *ex A*[102] von die 2 Mädchens wurde wiederhollet – und gerne – hätte man nicht die Marchetti geschonet – hätte man auch das Rondó[103] repetirt. – dem *Stodla*[104] wurde (O böhmisches wunder! – schreibt er) aus dem Parterre und so gar aus dem Orchestre bravo zugerufen. ich hab mich aber auch recht *angesetzt*, schreibt er; – auch schrieb er (der stodla) daß ihn ...[105] und nun einsehe daß er ein Esel ist – ...[106] versteht sich, nicht der stodla – – der ist nur ein bissel ein Esel, nicht viel – aber der ...[107] – Ja der, der ist ein rechter Esel. –"

Mozart, *Briefe und Aufzeichnungen*

[100] *Die Zauberflöte.*
[101] *La clemenza di Tito.*
[102] *A perdona al primo affetto.*
[103] Mozart meint hier das Hornsolo im Rondo *Non, più di fiori.*
[104] Anton Stadler.
[105] Von Nissen gestrichene Passage.
[106] Von Nissen gestrichener längerer Name.
[107] Von Nissen gestrichener Name.

Übers Grab hinaus

Zurück in Wien widmete sich Mozart mit allem Eifer der *Zauberflöte* und dem bestellten *Requiem.* Enttäuscht, schwermütig und zerstreut war er von der Reise heimgekehrt. Wochen rastloser Unruhe folgten, Ende September war die *Zauberflöte* fertig, sechs Wochen später vollendete er noch seine *Freimaurerkantate.*

Jetzt war Mozart ernsthaft krank, er konnte sich kaum noch auf den Beinen halten. Mit letzter Kraft versuchte er das unter so merkwürdigen Umständen bestellte *Requiem* fertigzustellen, doch sein Gesundheitszustand verschlimmerte sich so dramatisch, daß Mozart die letzten fünfzehn Tage seines Lebens ans Bett gefesselt verbrachte.

In der Nacht vom 4. auf den 5. Dezember 1791, wenige Monate nach der Aufführung der Prager Krönungsoper, erlag der k. k. Kapellmeister und Kammer-Compositeur Wolfgang Amadeus Mozart einem akuten rheumatischen Fieber oder „hitzigen Frieselfieber", wic es im Totenschein vermerkt wurde.

Am 13. Dezember erfuhren die Prager die Todesnachricht aus der *Prager Oberpostamtszeitung:* „In der nacht vom 4. zum 5. d. M. verstarb allhier der k. k. Hofkammercompositor Wolfgang Mozart. Von seiner Kindheit an durch das seltenste musikalische Talent schon in ganz Europa bekannt, hatte er durch die glückliche Entwickelung seiner ausgezeichneten Natursgaben und durch die beharrlichste Verwendung die Stuffe der größten Meister erstiegen; davon zeigen seine allgemein beliebten und bewunderten Werke und diese geben das Maaß des unersetzlichen Verlustes, den die edle Tonkunst durch seinen Tod erleidet."

Mozarts Prager Freunde dürften indes schon früher von dem Todesfall unterrichtet worden sein, denn unter Leitung von Joseph Strobach, dem Leiter des

Opernorchesters und zugleich Musikdirektors bei St. Niklas, unternahmen sie unverzüglich[108] alle erforderlichen Schritte, um dem Verstorbenen ein feierliches Seelenamt auszurichten. Mit gedruckten Einladungskarten wurden Adel und Publikum davon unterrichtet: „Das Orchester des Prager Nationaltheaters gibt die geziemende Parte, daß für den am 5. December Früh sanft im Herrn zu Wien entschlafenen Capellmeister und Kammercomponisten Wolfgang Gottlieb Mozart zur Bezeugung seiner unbegrenzten Verehrung und Hochachtung in der Kleinseitner Niclasser Hauptpfarrkirche Mittwochs, das ist den 14. um 10 Uhr ein feyerliches Seelenamt wird gehalten werden. Wozu an eine hohe Noblesse und das verehrungswürdigste Publicum die höflichste Einladung geschieht."

Mozarts Messen waren schon vor seinen legendären
4 Pragreisen in der Kleinseitner Hauptpfarrkirche zu St. Niklas aufgeführt worden, nun strömten die trauernden Freunde zu seiner Seelenmesse in die schöne Barockkirche auf dem Kleinseitner Ring. Die besten Prager Sänger hatten sich zu einem Chor zusammengeschlossen, um dem Verstorbenen das *Requiem* eines Meisters aus ihren Reihen darzubringen.

Über dreitausend Trauergäste aus allen Ständen waren gekommen, sich von Mozart zu verabschieden. Das intonierte *Requiem* stammte von dem Leitmeritzer Symphoniker Anton Rößler-Rosetti, einem Freund Joseph Strobachs.

„Am Tage der Feyerlichkeit selbst wurden eine halbe Stunde lang alle Glocken an der Pfarrkirche geläutet. Fast die ganze Stadt strömte hinzu, so daß weder der wälsche Platz die Kutschen, noch die sonst für beynahe 4000 Menschen geräumige Kirche die

[108] Die erste Trauerfeier in Wien fand erst fünfzig Jahre später statt, am 5. Dezember 1841.

Verehrer des Verklärten fassen konnte. Das dabey aufgeführte Requiem war von dem berühmten Kapellmeister Rosetti (Rösler). Es wurde unter der Direction des braven Strobach von 120 der ersten Tonkünstler, an deren Spitze unsere beliebte Sängerin Duschek sich befand, so herzlich executirt, daß Mozart's Geist in Elysium sich darüber freuen mußte. In der Mitte der Kirche stand ein herrlich beleuchtetes Trauergerüst, und acht Chöre mit Pauken und Trompeten ertönten in dumpfem Klange. – Das Seelenamt hielt der Pfarrer Fischer mit Assistenz. Zwölf Schüler des Kleinseitner Gymnasiums trugen Kammerfackeln mit quer über die Schulter hangenden Trauerflören und weißen Tüchern in der Hand. Festliche Stille war umher, und tausend Thränen flossen um den Seligen, der so oft durch seine himmlische Harmonie unsere Herzen zu den zärtlichsten Gefühlen stimmte.“

Georg Nikolaus von Nissen, *Biographie W. A. Mozart's*

Nur zwei Wochen nach der Trauerfeier in der St. Niklas-Kirche veranstalteten Musikfreunde mit hoher und gnädigster Bewilligung im „Königl. Nationaltheater“ eine große musikalische „Academie“ zu Ehren des Verstorbenen. Dabei sang Josepha Duschek eine Arie aus dem in Prag noch unbekannten *Idomeneo*, und Johann Nepomuk Vitásek gab ein Klavierkonzert von Mozart:

Die erste Trauerfeier für Mozart in Prag fand in der St. Niklas-Kirche auf der Kleinseite statt.

„Etwas später, den 28ten Dezember 1791 unternahm eine Gesellschaft wahrer Verehrer des Verstorbenen, zur Unterstützung der hinterlassenen

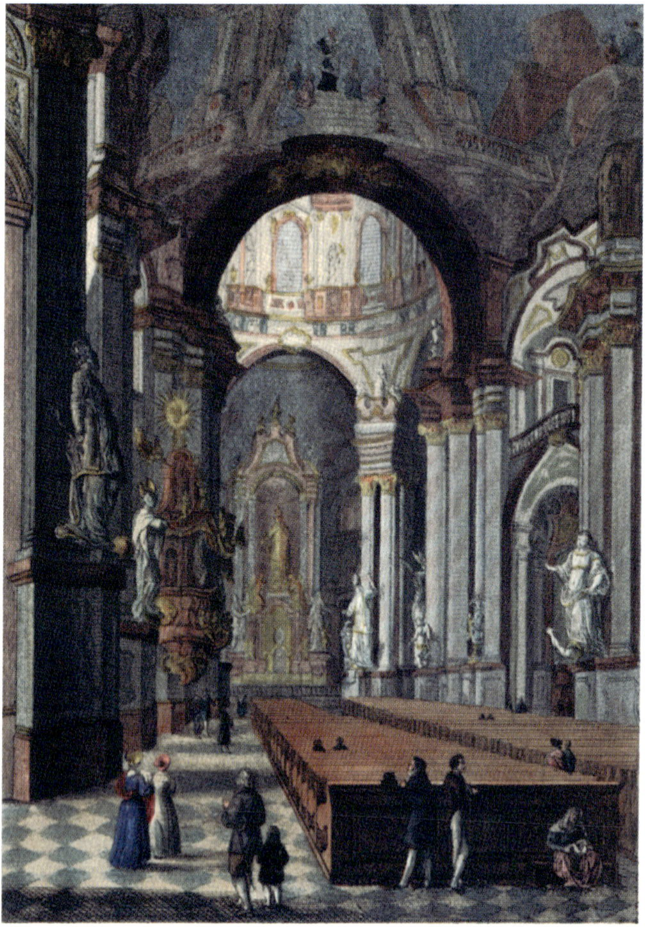

Im Inneren der Kleinseitner St. Niklas-Kirche. Kolorierter Stahlstich nach einer Zeichnung von Wilhelm Kandler.

Waisen und Wittwe ein öffentliches Konzert in dem Nationaltheater; man führte einige der besten, weniger bekannten Kompositionen Mozarts auf. Eine so edle Todtenfeyer unterstützte das Prager Publikum aus allen Kräften, um so mehr, da es die Gelegenheit fand den Tribut seiner Hochachtung dem Genie Mozarts in der großmüthigen Unterstützung der hilflosen

Waisen zu zollen. Das Theater war voll, und die Einnahme beträchtlich. Wie glücklich ist ein Künstler, dessen Talent solche Freunde erwirbt!"

Franz Xaver Niemetschek, *W. A. Mozart's Leben*

Am 13. Januar 1792 veranstalteten Mozarts Freunde, unter ihnen wieder Vitásek, eine weitere, ebenfalls gutbesuchte Akademie, die erneut viele Mozartianer anlockte. Der Theaterhistoriker Oskar Teuber berichtete davon: „Graf Franz Sternberg und Dr. v. Vignet standen an der Spitze der Arrangeure, der Adel erschien fast vollzählig, das Publicum massenhaft und nahm mit Andacht und stürmischem Beifall das aus Mozart'schen Compositionen bestehende Programm auf. Die Gesangsstücke waren der in Prag noch nicht aufgeführten Oper *Idomeneo* entnommen. Neben Madame Duschek wirkten Frl. von Vignet, Frl. Mariani und Herr Ramisch mit; Wittassek, ein würdiger Schüler Duscheks, spielte ein neues großes Mozartsches Concert auf dem Fortepiano."

Auch an der Juristischen Fakultät der Karl-Ferdinand-Universität richtete man dem verstorbenen Mozart mit einiger Verspätung am 7. Februar 1794 im Rahmen einer musikalischen Akademie im Konviktsaal[109] eine Trauerfeier aus. Wieder wirkte Josepha Duschek mit, sie hatte das Rondo der Vitellia aus *La clemenza di Tito* ausgewählt. Johann Vitásek spielte in Anwesenheit Constanzes sowie Mozarts Sohn Karl Thomas das *Klavierkonzert in d-moll*.

---

[109] Der Konviktsaal (Konviktská 24/291) diente im ausgehenden 18. und im 19. Jahrhundert als Veranstaltungsort für Bälle, Konzerte, Ausstellungen, Theatervorstellungen etc. Er ging zurück auf das 1660 gegründete jesuitische Konvikt, einen ausgedehnten Baukomplex, der vor allem jesuitischen Zöglingen aus aristokratischen Familien als Herberge diente. Nach der Auflösung des Jesuitenordens (1773) wurden die einzelnen Gebäude verkauft und zu Werkstätten und Gewerberäumen umgewandelt. Das ehemalige Refektorium aber wurde zu dem erwähnten Veranstaltungs- und Konzertsaal, in dem 1798 auch Beethoven spielte. 1840 wurde hier ein erster „Tschechischer Ball" veranstaltet.

Weitere Gedächtnisfeiern folgten, etwa 1797, als Karl Cannabichs Kantate *Mozarts Gedaechtnis Feyer* aufgeführt wurde.

Neben diesen einzelnen Veranstaltungen besuchten die treuen Musikfreunde unermüdlich Mozarts Opern, die bald schon zum unverzichtbaren Repertoire der Prager Bühnen wurden. Noch war Mozarts letzte große Oper in Prag unbekannt – *Die Zauberflöte*! Für den 25. Oktober 1792 war die Premiere im „Altstädter Nationaltheater" angesetzt, und Direktor Mihule, Guardasonis Unterpächter für das deutsche Schau- und Singspiel, hielt es für eine Ehrenpflicht, das Werk mit besonderer Sorgfalt zur Aufführung zu bringen. Den Pragern gefiel's: Laut *Oberpostamts-Zeitung* erhielt die *Zauberflöte* vor vollem Haus den „lautesten Beyfall aller Kenner". Allein in den Jahren 1792 und 1793 gab man die *Zauberflöte* etwa zwanzigmal deutsch, dann italienisch, und schließlich, ab 1794, wurde sie in einer tschechischen Übersetzung von Václav Thám ebenfalls zu einem Dauerbrenner.

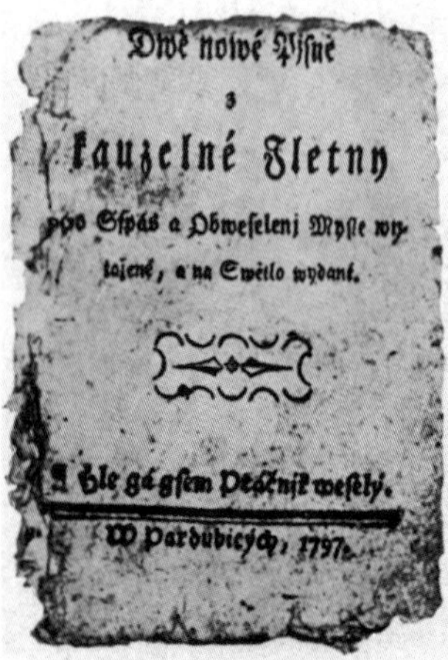

Bild links: Lieder aus der *Zauberflöte*, herausgegeben für tschechische Bänkelsänger, Pardubice 1797. Bild rechts: Einladungskarte zu einem Bretfeldball mit einem Motiv aus der *Zauberflöte*.

Anno 1796 hörte das Prager Publikum dann im k. k. privilegierten vaterländischen Theater in der Neustadt erstmals Mozarts Jugendoper *Die Gärtnerin aus Liebe*, und 1803 erklang anläßlich der Trauerfeierlichkeiten für den Hornisten Johann Wenzel Stich alias Giovanni Punto das Mozartsche *Requiem* in Prag.

Auch Mozarts Witwe Constanze trug das ihrige bei, ihres Mannes Prager Nachruhm zu fördern. Dazu gehörte natürlich auch der Vertrieb seiner Werke bzw. Noten. So kündigte die Witwe im Mai 1795 einen Klavierauszug der Oper *Idomeneo* an, die von dem Organisten der Prager Metropolitankirche Johann Wenzel angefertigt worden war. Subskribieren konnte man das Werk sowohl im Ausland als auch in Wien und natürlich auch in Prag „bei Fr. Duschek, auf dem welschen Platze, im fürstl. Lichtensteinischen Hause; beim Hrn. Organisten Wenzel, auf dem Roßmarkte, beim goldenen Lamm; beim Hrn. Buchhändler Kalve, in der Jesuitengasse". Für Constanze Mozart war Prag also – neben Wien – ein nicht unbedeutender Ort für den Handel mit Notenabschriften und Drucken von W. A. Mozarts Werken.

Dreißig Jahre nach der Mozartbiographie von Niemetschek erschien 1828, zeitgleich mit Nissens Mozartbuch, eine zweite Lebensgeschichte W. A. Mozarts auf Prager Boden. Der Verfasser, Johann Aloys Schlosser, ein Mitglied des Gremiums der Prager Buchhändler und ein ausgewiesener Musikenthusiast, trat damit in die Fußstapfen Franz Xaver Niemetscheks. Wie dieser konnte auch er noch aus der Erinnerung von Zeitgenossen schöpfen, die mit Mozart Umgang hatten. Die in einer kleinen Prager Offizin erschienene Publikation war wenig erfolgreich und erfuhr nur geringe Verbreitung. Allerdings ist sie für die Mozartforschung als frühes Lebenszeugnis von einigem Interesse, zumal für die Epoche vor dem ersten großen wissenschaftlichen Standardwerk zu Mozarts Leben, dem vierbändigen Werk von Otto Jahn aus den Jahren 1856/59.

Im Jahr 1837 kam eine Sammlung Mozartscher Werke an die Prager kaiserliche Universitätsbibliothek, die in einem kleinen, geschmückten Saal, dem „Mozartsaal", aufbewahrt wurde. Im Laufe der Zeit kamen wertvolle Autographen, Drucke und Notenausgaben hinzu, die noch heute in der Nationalbibliothek bewahrt werden. Der einstige Mozartsaal wurde irgendwann in eine Schreibstube umgewandelt, der Raum ist nicht mehr öffentlich zugänglich. Auch die erwähnten Mozartiana befinden sich nicht mehr hier.

Die einst im Mozartsaal und dann in einem Lesesaal aufgestellte Mozartstatue von Emanuel Max steht heute ein wenig abseitig am Eingang zur Spiegelkapelle und begrüßt hier die Besucher der Konzerte, die in dieser rokokoverzierten Kapelle ausgerichtet werden. Von dieser Büste aus dem Jahr 1837 wurde behauptet, daß sie Mozart näherkomme als jedes andere bekannte Bildnis. Es sei nicht der „sattsam gewohnte, unnötig idealisierte und frisierte Mozartkopf", dafür aber eine der wenigen Darstellungen „nach der Natur", wie der Bildhauer wissen ließ. „Es ist nicht eine, es ist die Mozartbüste." Vom Mozartsaal und der Mozartbüste lesen wir in Rudolf Freiherr Procházkas *Romantischem Musik-Prag:* „[Man beschloß], das mittlerweile im Modell fertige Denkmal ‚in einem Seitenraume der k. k. Universitätsbibliothek provisorisch aufzustellen'. Dies geschah denn im Sommer 1837. Am 16. September besuchte der blinde Proksch – es ist rührend zu vernehmen – das Denkmal. Damals bestand es, wie er beschreibt, aus einer überlebensgroßen Gipsbüste des edlen Tondichters, ruhend auf einem an sechs Schuh hohen granitfarbig angestrichenen Holzpiedestal, dessen Vorderseite in vergoldeten Lettern Namen, Geburts- und Sterbejahr des Meisters zeigte. Im Hintergrunde eine schwarze Widmungstafel, rechts und links ‚an den Seitenwänden des Kabinetts in großen verglasten Schränken die Werke Mozarts.' Zu jener Zeit war etwa der vierte Teil derselben eingereiht. ‚Die Büste' – sagt Proksch

‚ist von unserem tüchtigen Emanuel Max und wird von Kennern als vorzüglich gelungen erklärt.‘

Dieses Denkmal wurde jedoch später in gar feinsinnig gewähltem edlen Material wirklich schön und vornehm ausgeführt – die Büste aus Salzburger, der hohe Sockel aus böhmischem Marmor! – und mitten im drittgrößten Saale der Bibliothek aufgestellt. Die Werke des Meisters, teils in älteren und neueren Drucken, teils in Handschriften haben in hohen, reichgeschnitzten Regalen würdig Platz gefunden. Das ganze ist ein Denkmal, wie es vornehmer nicht gedacht werden kann, das in seiner eigenartigen ich möchte sagen aristokratischen Schönheit den Eindruck auf den Besucher nie verfehlen wird. Aber – wie selten betritt ein Fremder diesen Mozartsaal! Ja, wie wenig Musikfreunde, Mozartverehrer selbst, wissen überhaupt von ihm! Und so kann ich eigentlich nur bedauern, daß dieses interessante Denkmal, zugleich das Werk eines hervorragenden deutschböhmischen Künstlers, nicht seine Erlösung aus den vier Wänden gefunden hat, hinaus ins Freihe, ins lauschige Grün.“

Die Mozart-Büste von Emanuel Max im Klementinum.

Mozarts Grab auf dem St. Marxer Friedhof in Wien. Lithographie eines anonymen Künstlers, 1856.

Während der ersten Hälfte des 19. Jahrhunderts blieb Mozart den Pragern, Tschechen und Deutschen eine unantastbare musikalische Majestät. Seine Prager Oper wurde nahezu pausenlos gespielt, es gab kaum eine Spielzeit ohne *Don Giovanni.* Bis zur Auflösung der Guardasonischen Operngesellschaft italienischer Virtuosen im Jahr 1806 wurde die Oper in Prag weit über hundertmal gespielt, und allein von 1807 bis 1825 gingen 106 deutsche Aufführungen über die Bühne.

Erst nachfolgende Generationen huldigten auch anderen Meistern, etwa Richard Wagner, für dessen „Zukunftsmusik" die Herzen der deutschen Prager schlugen. In der tschechischen Musikwelt ging neben Smetana die neue Sonne Dvořák auf, begleitet von leuchtenden Sternen: Josef Suk und Zdeněk Fibich etwa, Vitězslav Novák und Leoš Janáček. Der Mozartkult blieb, verzweifelt, ja trotzig als deutscher Besitzstand verteidigt, die Domäne der politisch immer weiter zurückgedrängten Prager Deutschen. Fremd mutet uns das nationale Pathos in den Schriften Rudolf Procházkas an, Irrungen und Wirrungen hüben und drüben. Der über diesen Mißhelligkeiten stehende Komponist blieb trotzdem ein Fixstern im musikbegeisterten Prag, unerreichbar wie sein Standbild auf der Zinne des Rudolfinums[110] am Moldauufer. Die Begeisterung für ihn entzündete sich bei den Jubelfeiern anläßlich der Wiederkehr seines Geburtstages oder der Erstaufführung des *Don Giovanni* immer wieder aufs neue. Schon 1837 begingen die Prager feierlich die 50. Wiederkehr der Uraufführung mit einer Festvorstellung des *Don Giovanni* im Ständetheater, zu diesem Anlaß wurde auch die erwähnte Mozartbüste in der Universitätsbibliothek enthüllt. Am 50. Todestag Mozarts im Jahr 1841 pilgerten die Prager erneut ins Ständetheater zur Gedenkvorstellung des *Don Giovanni*. In erheblich größerem Maßstab wurde dann 1856 der hundertste Geburtstag Mozarts begangen, und die Prager Zeitungen widmeten dem Anlaß gebührenden Raum. Ein junger Musiker, gerade erst 32 Jahre alt, spielte am 27. Januar 1856 eines der Klavierkonzerte Mozarts – Bedřich Smetana. Über den hundertsten Jahrestag der Uraufführung des *Don Giovanni* anno 1887 hat Rudolf Procházka einen authentischen Bericht hinterlassen, der freilich die Bemühungen tschechischer Mozartenthusiasten unerwähnt läßt: „Die deutschen Vereine Prags eröffneten die Feier, indem sie auf Anregung der deutschen Gesangsvereine und des Vereines deutscher Schriftsteller und Künstler „Concordia" am 29. October um 2 Uhr Nachmittags vom Deutschen Hause aus einen Festzug auf die Bertramka veranstalteten, woselbst bereits früher ein zahlreiches, distinguiertes Publicum versammelt war. Am Zuge betheiligten sich der

---

[110] Palachovo náměstí [Palach Platz] 1/79 (etc.). Das Rudolfinum oder Künstlerhaus [Dům umělců] am Moldauufer ist ein von den Prager Architekten Josef Schulz und Josef Zítek unter dem Patronat des Kronprinzen Rudolf zwischen 1875 und 1881 erbautes Konzertgebäude. Zwischen 1918 und 1939 versammelte sich hier das Parlament der ČSR. Auf der Balustrade des Neorenaissancegebäudes sind die Standbilder berühmter Komponisten aufgestellt, darunter auch Mozarts Statue aus der Werkstatt des Wiener Bildhauers E. Klotz.

deutsche Turnverein, Männergesangsverein und der Universitätsgesangverein mit ihren Fahnen, Deputationen der einzelnen Studentenverbindungen, sowie die Mitglieder sämmtlicher übriger deutscher Vereine Prags. Gegen 3 Uhr hatte der Zug die Bertramka erreicht. Vor dem Denkmale brachten die Abordnungen sämmtlicher Gesangvereine unter Leitung des Chormeisters des Smichower Gesangvereins Hrn. Schaffer die erste Strophe von Mozarts ‚Bundeslied' zum Vortrage, worauf Dr. Schebek nachstehende Gedenkrede hielt [...]. Unter lauten Beifallskundgebungen endigte der Redner, worauf die zweite Strophe des ‚Bundesliedes' gesungen ward, und die Feier mit der Niederlegung zahlreicher Kränze am Sockel der Mozartbüste ihren Abschluß erhielt.

Am Abend des 29. October fand im deutschen Landestheater, dem ehemaligen ‚Nationaltheater' die fünfhundertvierunddreißigste Vorstellung des ‚Don Giovanni', u. z. in italienischer Sprache statt; das Haus war bis auf den letzten Platz gefüllt, die Prager deutsche Gesellschaft vollzählig versammelt. Die Jubelvorstellung erschien seitens der Direktion durch originell ausgestattete Theaterzettel, die scheinbar eine

Straßenszene in der Prager Altstadt anno 2000.

Imitation des Originals vor 100 Jahren bildeten und zugleich die ursprüngliche Besetzung vorführten".

Ähnliche Feierlichkeiten wurden in den Jahren 1891 und 1906, 1937 und 1941, 1956 und 1987 nach dem Zeitgeschmack der jeweiligen Epoche begangen und fallweise auch von widrigen politischen Umständen umwölkt. Die Jubelfeiern der Jahre 1991 und 2006 fanden zwar unter demokratischen Verhältnissen mit weniger politischem Pathos statt, dafür erlebte der Mozartkult eine nie zuvor gekannte Kommerzialisierung und damit Profanierung.

Aus dem Jahr 1887, als man zum hundertsten Jahrestag der Uraufführung *Don Giovanni* inszenierte, ist ein kurioser Frevel bekannt. Der legendäre Direktor des Neuen Deutschen Theaters, Angelo Neumann, hatte einen alten, „originalen" Theaterzettel in italienischer Sprache setzen und drucken lassen, womit er einige Verwirrung stiftete. Dabei war ihm kein Geringerer als Friedrich Adler behilflich, der ebenfalls ohne jegliche unlautere Fälschungsabsicht die italienische Vorlage erstellt hatte. Das Falsifikat[111] wurde als sensationelle Entdeckung gewertet, fand Aufnahme in die biographische Mozartliteratur und erzielte bald stolze Preise auf dem Antiquariatsmarkt.

Daß der Mozartnachruhm vor hundert Jahren die seltsamsten Blüten trieb, erfahren wir aus Rudolf Freiherr von Procházkas Bändchen *Das romantische Musik-Prag*: „Der Führer der Mozarteaner selber fand eines Tages, in der ‚Don Juan'-Ouverture wären die Blas-Instrumente zu wenig beschäftigt (!). Flink setzte er sie denn anders und teilte ihnen zu, was seines Dafürhaltens die – Violinen zu viel hatten! Überdies wurden die Pausen durch Noten ersetzt und ‚auch

[111] In einer Stellungnahme bat Friedrich Adler: „Wenn Sie auf die Sache zurückkommen, bitte ich gerechter Weise nicht von einem Falsifikat zu sprechen, denn alle Beteiligten, Neumann, ich und der Buchdrucker sind durchaus redlich vorgegangen und haben niemanden täuschen wollen."

Mozarts Söhne Franz Xaver und Karl. Ölgemälde von Hans Hansen, um 1789.

noch die türkische Trommel hinzugetan. Und er hörte, daß es so gut sei'. In einem ähnlichen Anfalle von Pietät fügte Dionys Weber der Mozartschen Es-Dur-Symphonie drei Posaunen zu und bissig bemerkt Proksch: jene Verbesserung sei bedeutsamerweise ,den eben hier tagenden Naturforschern und Ärzten zu Mitgehör gebracht' worden. Solcher Humor ist hier entschieden besser am Platze als überflüssiges Gezeter [...]"

Es ist ein liebenswertes Detail aus Mozarts Prager Nachleben, daß er als Ritter „Don Juan" auch in den Reichen der „Schlaraffia" Verehrung fand. Die von deutschen Künstlern und Kunstfreunden in Prag gegründete „Gesellschaft der Schlaraffen" pflegte seit 1859 Geselligkeit, Kunst und Humor unter einem genau vorgeschriebenen Zeremoniell und ist heute als „Allschlaraffia" über den ganzen Erdball verbreitet.

. . .

Ein merkwürdiger Zufall wollte es, daß auch die Lebensläufe der beiden Söhne Mozarts eng mit Prag verbunden blieben.

Da war zunächst der 1784 geborene Karl, Mozarts älterer Sohn. Nach dem so unerwartet frühen Tod ihres Mannes wußte sich Constanze mit dem Knaben

Mozarts älterer Sohn Karl beschritt den Weg eines Kaufmanns.

nicht zu helfen, obschon Baron van Swieten sich bereit erklärt hatte, „bey den Verwaisten die Vaterstelle zu vertreten, und für sie zu sorgen“. Da bot im fernen Prag der Junggeselle Franz Niemetschek an, für den Knaben zu sorgen. 1794 brachte Constanze – sie reiste in Begleitung von Franz Xaver Süßmayer – den nun zehnjährigen Knaben nach Prag. Er wurde in das
Kleinseitner Gymnasium eingeschrieben, wo sein nun- 5
mehriger Ersatzvater als Professor unterrichtete. Die Sommermonate verbrachte er bei Niemetscheks Bruder Jakob Johann, der als Kirchenorganist im einige Stunden außerhalb von Prag gelegenen Städtchen Sadská sein Auskommen hatte. Unterricht, Aufsicht und Wohnung erhielt Karl Thomas von Franz Niemetschek – „ohne die geringste Entgeltung“, und der im gleichen Haus wohnende Franz Duschek sorgte für die Verköstigung und die musikalischen Anweisungen am Klavier. Am 15. November 1797 gab Constanze Mozart ein Benefizkonzert im „Nationaltheater“, und bei dieser Gelegenheit dürfte sie dann den Buben Karl Thomas wieder abgeholt und nach Wien zurückgeholt haben, wo er wenige Monate später in den Schülerlisten des Piaristengymnasiums geführt wurde. Karl Mozart hat seine Prager Zeit in einem Brief an

Adolf Popelka, den Besitzer der Bertramka, Revue passieren lassen:

„Was werden Sie dazu sagen, mit so kleinlichen Details von mir gelangweilt zu werden, zum Beweise, wie so vollkommen sich auf den Sohn die Vorliebe des Vaters für das Land Böhmen und dessen merkwürdige, majestätisch, anmuthsvolle Hauptstadt fortgepflanzt habe.

Ich kam nach Prag als noch nicht 8jähr. Knabe anno salutis 1792 und blieb daselbst bis Ende 1797.

Unterricht und Wohnung erhielt ich von Herrn Franz Niemetschek, damals Professor bei dem Kleinseitner Gymnasium, welches auch ich besuchte, später Professor der philosophischen Studien – intimer Freund des bei dem Fürsten Lobkowitz in Bedienstung stehenden Claviervirtuosen Witassek, sowie auch des – damals Advokaten Herrn Pinkas – letzterer, wie Niemetschek, in dem kleinen, unfern von Podiebrad gelegenen Städtchen Sadska geboren, allwo ich jährlich, seligst vergnügter Weise, die Schulferien zubrachte. Bei dem gleichfalls wie wir, im Lichtenstein'schen Palais, vis-á-vis der Nicolaus-Kirche wohnenden, oben erwähnten Herrn Duschek erhielt ich Kost und einige Anweisung im Clavier – doch bloß als Nebenbeschäftigung – da es schon durch einen Machtspruch meiner Mutter beschlossen war, daß nicht ich, sondern mein damals zweijähriger Bruder in diese Bahn eintretten sollte, worüber ich zwar nicht in jener Zeit, wohl aber in der Folge, bei reiferer Einsicht sehr zufrieden war, von der festen Überzeugung ausgehend, daß Söhne eines Vaters, der sich ausgezeichnet hat, nie dieselbe Bahn betreten sollen, da, wenngleich im Besitze größerer Talente, als die welche ich in mir erkannte, sie doch niemals den an sie gerichteten Forderungen würden entsprechen können. – Diese Überzeugung hatte bei reiferem Alter sich leider auch bei meinem guten, nunmehr dahingeschiedenen Bruder eingewurzelt – ihn mißvergnügt – mißtrauend gegen sein eigenes, wahrlich nicht gewöhnliches Talent gemacht – sein Leben verbittert und vielleicht auch verkürzt. Im 15ten Jahr meines Alters ward ich nach Livorno in Toscana geschickt, um mich dem Handelsstande zu widmen, aber die günstigen Aussichten, die sich mir eröffneten, wurden durch die Zeitumstände vereitelt – worauf ich dann hier in Mailand Zuflucht im Staatsdienste fand und gegenwärtig eine Pension genieße, die bei meinen mäßigen Wünschen – und auch Bedürfnissen – weil unverheiratet – mich vor eigentlichem Mangel schützt."

Mozarts jüngerer Sohn, der am 26. Juli 1791 geborene Franz Xaver Wolfgang, von Constanze „Wolfgang Amadeus" genannt, ruht gar in böhmischer Erde. Der Knabe war in einer auffälligen Analogie zu seines Vaters Schicksal, allerdings ohne mit dessen Gaben gesegnet zu sein, von der Mutter zum Musiker bestimmt worden. Schon als Fünfjähriger hatte er der Frau Mama als Wunderkind auf Konzertreisen zu folgen. In Prag etwa, wo ihm ein Tisch als Bühne diente, gab der zarte Knabe Anfang 1796 aus Mozarts letzter Oper die Arie *Ein Vogelfänger bin ich ja* zum besten. Er war im November 1795 von Constanze nach Prag gebracht worden und blieb, da die Mutter zu einer Konzertreise nach Deutschland weiterfuhr, zunächst bei den

Mozarts jüngerer Sohn Franz Xaver ist in Böhmen begraben.

Karlsbad: Sprudel, Dampfbad und Kirche um 1825. Nach einem Kupferstich von Gurk.

Duscheks zur Pflege. Nach einem halben Jahr fand er Aufnahme bei Niemetschek, wo er im Hause der späteren Gattin Niemetscheks, Therese geb. Schnell[112], in der Brückengasse[113] einquartiert wurde. Als die Mutter von ihrer Reise nach Norddeutschland zurückkehrte, nahm sie den Buben wieder zu sich.

Franz Xaver Wolfgang kehrte in seinen reiferen Jahren mehrmals nach Prag zurück und konzertierte auch in der Stadt[114], die seinem Vater so unverbrüchlich die Treue hielt. Auch die westböhmische Badestadt

[112] Der Vater von Therese Schnell, Andreas Schnell, besaß unter anderem eine Spezereiwarenhandlung im Haus „Zur Hilfreichen Jungfrau Maria“ in der Thomasgasse sowie das benachbarte Haus „Zum Goldenen Storch“, Thomasgasse [Tomášská] 2/27. Die Weinstube „Beim Schnell“ [U Schnellů] erinnert bis heute an den Schwiegervater Franz Xaver Niemetscheks.

[113] Haus „Zum Schwarzen Mohren“ oder „Zu den Drei Mohren“, Brückengasse [Mostecká] 5/282. Der hochbarocke Bau aus dem Jahr 1721 wurde noch vor Franz Xaver Mozarts Aufenthalt spätbarock umgebaut und besteht im wesentlichen bis heute unverändert.

Franz X. Mozarts Grab in Karlsbad (zeitgen. Lithographie).

Karlsbad hieß Mozarts Sohn willkommen, so etwa im Jahr 1835, als der „Tonkünstler aus Wien" unter dem Namen Wolfgang Amadé Mozart im Haus „Zur Goldenen Rose" in der Sprudelgasse zu Gast weilte. Am 17. Juli 1844 war er ein letztes Mal zur Kur gekommen, am 29. Juli selbigen Jahres starb er in der Kurstadt an der Tepl an einer „Magenverhärtung". Dort hat er auch seine letzte Ruhe gefunden. Der Entwurf einer Grabinschrift stammte von Franz Grillparzer, die endgültige Fassung lautete: „Wolfgang Amadeus Mozart, Tonkünstler und Tonsetzer, geb. 26. Juli 1791, gest. am 29. Juli 1844. Sohn des großen Mozart, ähnlich dem Vater an Gestalt und edlem Gemüte. Der Name des Vaters ist seine Grabschrift, so wie seine Verehrung des ersteren der Inhalt seines Lebens war." Im Jahr 1945 wurde das Grabmal vom Karlsbader Mozartpark, dem ehemaligen Andreasfriedhof, auf den zentralen Waldfriedhof übertragen, wo es bis heute von Musikfreunden als Mozartstätte besucht wird.

[114] So etwa am 31. März 1820 zusammen mit dem böhmischen Baß-Bariton Franz Hauser (* 1794 Krassowitz bei Prag, † 1870 Freiburg im Breisgau).

Literaturverzeichnis

Abert, Hermann: *W. A. Mozart.* Neu bearb. und erw. Ausgabe von Otto Jahns Mozart. 2 Bände. Leipzig 1919–1921.

Allgemeines Post- und Reisebuch nebst einer richtigen Anzeige aller in ganz Europa gangbaren Münzsorten, Gewichte und Ellenmaße [...]. o. J. [um 1785.]

Amtliches Verzeichnis der Straßen, Plätze und Freiungen der Hauptstadt Prag. Prag 1940.

Angermüller, Rudolph: *Mozart auf der Reise nach Prag, Dresden, Leipzig und Berlin.* Salzburg 1995.

Bahlcke, Joachim/Eberhard, Winfried/Polívka, Miroslav: *Handbuch der historischen Stätten. Böhmen und Mähren.* Stuttgart 1998.

Batka, Richard: *Die Musik in Böhmen.* Berlin o. J. (vor 1906).

Blažek, Vlastimil: *Bertramka.* Prag 1934.

Brandl, Bruno (Hg.): *Liebe zu Böhmen. Ein Land im Spiegel deutschsprachiger Dichtung.* Berlin 1990.

Braunbehrens, Volkmar: *Mozart in Wien.* München 1986.

Brauneis, Walther: *Franz Xaver Niemetschek. Sein Umgang mit Mozart – eine Legende?* Tutzing 1993.

Brechler, Otto: *Das geistige Leben Prags vor hundert Jahren.* In: Deutsche Arbeit, Heft 6, Prag 1911.

Buchner, Alexander: *Opera v Praze.* Prag 1985.

Buchner, Alexander/Koval, Karel/Mikysa, Karel/Čubr, Antonín: *Mozart and Prague.* Prag 1957.

Bücken, Ernst: *Musik des Rokokos und der Klassik.* Potsdam 1927.

Burney, Charles: *Carl Burneys der Musik Doktors Tagebuch seiner musikalischen Reisen.* Band 3: *Durch Böhmen, Sachsen, Brandenburg, Hamburg und Holland.* Hamburg 1773.

Čechy – Společnou prací spisovatelů a umělců českých. Díl III. Praha I a II. Prag vor 1900.

Da Ponte, Lorenzo: *Geschichte meines Lebens. Memoiren eines Venezianers.* Tübingen 1969.

Ditters von Dittersdorf, Karl: *Lebensbeschreibung seinem Sohne in die Feder diktiert.* Neuausgabe München 1999.

Dlabač, Joseph: *Allgemeines Künstlerlexikon für Böhmen.* Prag 1818.

Einstein, Alfred: *Mozart. Sein Charakter – sein Werk.* Frankfurt a. M. 1968.

Elias, Norbert: *Mozart. Zur Soziologie eines Genies.* Frankfurt a. M. 1991.

Fürnberg, Louis: *Mozart-Novelle.* Berlin 1978.

Genast, Franz Eduard: *Aus dem Tagebuch eines alten Schauspielers.* 4 Bde. Leipzig 1886.

Haas, Robert: *Wolfgang Amadeus Mozart.* Potsdam 1933.

Hanslick, Eduard: *Aus meinem Leben.* Berlin 1894.

Hemmerle, Rudolf: *Sudetenland Lexikon.* Würzburg 1992.

Herold, Eduard: *Malerische Wanderungen durch Prag.* Prag 1866.

Hildesheimer, Wolfgang: *Mozart.* Frankfurt a. M. 1977.

Hilmera, Jiří/Volek, Tomislav/Ptáčková, Věra: *Mozarts Opern für Prag.* Prag 1991.

Hoensch, Jörg K.: *Geschichte Böhmens.* München 1987.

Jahrbuch der Tonkunst von Wien und Prag. Wien 1796.

Janáček, Josef: *Das alte Prag.* Leipzig 1980.

Hroch, Miroslav: *Na prahu národní existence.* Praha 1999.

Kamper, Jaroslav: *Wanderungen durch Alt-Prag.* Prag 1932.

Kamper, Otakar: *Hudební Praha v XVIII. věku.* Prag 1935.

Klutschak, Franz: *Führer durch Prag.* Prag 1857.

Köchel, Ludwig Ritter von: *Chronologisch-thematisches Verzeichnis sämtlicher Tonwerke Wolfgang Amadé Mozarts.* Wiesbaden 1964.

Krasnopolski, Paul: *Joseph von Bretfeld. Ein Bild aus Akten und Kupfern.* Prag 1931.

Kraus, Gottfried (Hg.): *Musik in Österreich.* Wien 1989.

Leitmann, Albert: *Wolfgang Amadeus Mozarts Leben.* In seinen Briefen und Berichten der Zeitgenossen. Leipzig o. J.

Mahler, Gustav: *„Liebste Justi!". Briefe an die Familie.* Hg. von Stephan McClatchie, Redaktion der deutschen Ausgabe Helmut Brenner. Bonn 2006.

Masarykův slovník naučný. *Lidová encyklopedie všeobecných vědomostí.* Díl I-VII. Prag 1925.

Mörike, Eduard: *Mozart auf der Reise nach Prag.* Mit einem Nachwort von Hugo Rokyta. Prag 1998.

Mörike. Bilder aus seinem Leben. Hg. von der Landesanstalt für Erziehung und Unterricht. Stuttgart 1953.

Mozart: *Briefe und Aufzeichnungen.* Gesamtausgabe. Hg. von der Internationalen Stiftung Mozarteum Salzburg. Kassel 1962–1975.

Mühlberger, Josef: *Geschichte der deutschen Literatur in Böhmen 1900-1939.* München 1981.

Musil, Jiří František: *Hudební Praha. Průvodce po stopách skladatelů, instrumentalistů, pěvců, dirigentů a nástrojařů.* Bd. 1: *Hradčany, Malá Strana, Staré Město, Josefov.* Prag 2005.

Naumann, Erich: *Illustrierte Musikgeschichte.* Berlin o. J.

Nettl, Paul: *Casanova und seine Zeit.* Esslingen 1949.

Nettl, Paul: *Mozart in Böhmen.* Prag 1938.

Neumayr, Anton: *Musik und Medizin am Beispiel der Wiener Klassik.* Band 1. Wien 1987.

Niemetschek, Franz: *W. A. Mozart's Leben nach Originalquellen.* Faksimiledruck der ersten Ausgabe und der zweiten vom Jahre 1808. Prag/Leipzig o. J.

Nissen, Georg Nikolaus von: *Biographie W. A. Mozart's.* Leipzig 1828. Faksimile-Nachdruck Hildesheim/New York 1972.

Opitz, Johann Ferdinand: *Vollständige Beschreibung der königlichen Haupt- und Residenzstadt Prag, von der ältesten bis auf die ietzige Zeiten.* Teil 1 und 2. Prag und Wien, 1787.

Oulibischeff, Alexander: *Mozarts Leben, nebst einer Übersicht der allgemeinen Geschichte der Musik.* Stuttgart 1847.

Partisch, Hubert: *Österreicher aus sudetendeutschem Stamme. Tonkünstler, Musikwissenschaftler, Schauspieler der Bühne und des Films.* Wien 1964.

Patera, Jaroslav: *Bertramka v Praze. Mozartovo památné sídlo.* Prag 1948.

Paumgartner, Bernhard: *Mozart.* Berlin 1927.

Pečman, Rudolf: *Paul Nettls Prager Jahre.* In: *Der Jüdische Beitrag zur Musikgeschichte Böhmens und Mährens.* Regensburg 1994.

Peham, Helga: *Leopold II.* Graz 1987.

Perger, Brigitte: *Wolfgang Amadeus Mozarts Leben und Wirken im Jahre 1787* [...]. Wien 1991.

Pichler, Karoline: *Denkwürdigkeiten aus meinem Leben.* München 1915.

Poche, Emanuel: *Schritt für Schritt durch Prag.* Prag 1972.

Procházka, Rudolf Freiherr: *Das romantische Musik-Prag. Charakterbilder.* Saaz in Böhmen 1914.

Procházka, Rudolf Freiherr: *Mozart in Prag.* Prag 1892.

Procházka, Rudolf Freiherr: *Musikalische Streiflichter aus alten und neuen Tagen.* Dresden 1897.

Przedak, A. G.: *Geschichte des deutschen Zeitschriftenwesens in Böhmen.* Heidelberg 1904.

Reichardt, Johann Friedrich: *Briefe eines aufmerksam Reisenden, die Musik betreffend.* Frankfurt und Leipzig 1774.

Riemann, Hugo: *Musik-Lexikon.* 10. Auflage bearbeitet von Alfred Einstein. Berlin 1922.

Rokyta, Hugo: *Handbuch der Böhmischen Länder.* Band 1: *Prag,* Band 2: *Böhmen,* Band 3: *Mähren.* Prag 1997.

Rosenheim, Richard: *Die Geschichte der deutschen Bühnen in Prag.* Prag 1938.

Ruth, František: *Kronika královské Prahy a obcí sousedních.* Díl I–IV. Faksimileausgabe Prag 1995.

Rybár Ctibor: *Das Jüdische Prag*. Prag 1991.

Schenk, Erich: *Wolfgang Amadeus Mozart*. Zürich 1955.

Scherr, Johannes: *Deutsche Kultur- und Sittengeschichte*. Leipzig 1902.

Schlosser, Johann Aloys: *Wolfgang Amad. Mozart. Eine begründete und ausführliche Biographie desselben*. Prag 1828.

Schurig, Arthur: *Wolfgang Amadé Mozart. Sein Leben, seine Persönlichkeit, sein Werk*. Leipzig 1923.

Schürer, Oskar: *Prag*. München/Brünn 1930.

Stehlík, František: Historický a orientační průvodce ulicemi hlavního města Prahy. Praha o. J. [um 1925]

Štepánek, Vladimír/Karásek, Bohumil: *Zur Geschichte der tschechischen und slowakischen Musik*. 1. Teil: *Tschechische Musik*. Prag 1964.

Strebel, Harald: *Der Freimaurer Wolfgang Amadé Mozart*. Zürich 1991.

Sýkora, Václav Jan: *František Xaver Dušek*. Prag 1958.

Teichmann, Josef: *Z českých luhů do světa. Průkopníci české hudby*. Prag 1959.

Tschitscherin, Georgi: *W. A. Mozart. Eine Studie*. Leipzig 1975.

Vít, Petr: *Die Aufklärung in Prag und Mozart*. Wien 1991.

Vlček, Pavel (Hg.): *Umělecké památky Prahy. Malá Strana*. Prag 1999.

Volek, Tomislav: *Mozart a Praha*. Prag 1973.

Volek, Tomislav: *Mozart in Prag*. In: *Musik und Musikwissenschaft* Bd. 10. München 1989, S. 79-84 (= Schriften der Sudetendeutschen Akademie der Wissenschaften und Künste).

Volek, Tomislav/Bittner, Ivan: *[Auf] Mozartschen Spuren in böhmischen und mährischen Archiven*. Prag 1991.

Volek, Tomislav/Stanislav, Jareš: *Dějiny české hudby v obrazech*. Praha 1977.

Watzlik, Hans: *Die Krönungsoper*. Wien/Leipzig 1937.

Wenig, Jan: *Prahou za hudbou*. Prag 1972.

Werner-Jensen, Arnold: *Reclams Musikführer Wolfgang Amadeus Mozart*. Band 1: *Instrumentalmusik*, Band 2: *Vokalmusik*. Stuttgart 1989.

Wurzbach, Constant von: *Biographisches Lexicon des Kaiserthums Österreich, enthaltend die Lebensskizzen der denkwürdigen Personen, welche 1750 bis 1850 im Kaiserstaate und in seinen Kronländern gelebt haben*. Wien 1856-91.

Zach, Aleš: *Stopami pražských nakladatelských domů*. Praha 1996.

Zeman, Herbert (Hg.): *Wege zu Mozart* [...]. Wien 1991.

Zöllner, Erich: *Geschichte Österreichs. Von den Anfängen bis zur Gegenwart*. Wien 1984.

Verzeichnis der wichtigsten im Text verwendeten Abkürzungen

böhm.	böhmisch
bzw.	beziehungsweise
dän.	dänisch
dgl.	dergleichen
dt.	deutsch
ebd.	ebenda
etc.	et cetera
Hg.	Herausgeber
ital.	italienisch
k. k.	kaiserlich königlich
österr.	österreichisch
o. J.	ohne Jahresangabe
s.	siehe
tsch.	tschechisch
russ.	russisch
u. a.	unter anderem
u. ä.	und ähnliches
usf.	und so fort
u. v. w.	und viele weitere
verh.	verheiratet

Verzeichnis der im Text erwähnten Werke Mozarts

Vokalmusik

Instrumentalmusik

Ortsregister (ohne Böhmen und Mähren)

Ortsregister (Böhmen und Mähren)

Beneschau [Benešov] *212*
Brenditz [Přímětice] *32*
Böhmisch Budweis [České Budějovice] *211*
Brünn [Brno] *95, 111, 113ff., 118f., 123ff.*
Chrudim [Chrudim] *70*
Deutsch Brod [heute: Havlíčkův Brod] *87f., 278*
Dux [Duchcov] *286*
Gmünd [České Velenice] *212*
Gratzen [Nové Hrady] *212*
Iglau [Jihlava] *23, 70, 85, 170, 278*
Karlsbad [Karlovy Vary] *9, 95, 257, 279, 282, 323*
Kolin [Kolín] *170, 278*
Komotau [Chomutov] *274*
Königgrätz [Hradec Králové] *116, 129*
Leitmeritz [Litoměřice] *82, 307*
Mährisch Budwitz [Moravské Budějovice] *170, 259, 262*
Marienbad [Mariánské Lázně] *108*
Mirowitz [Mirovice] *86*
Neuhof (Schloss Rotlhotta) *79*
Olmütz [Olomouc] *9, 82, 111, 114ff., 119ff.*
Pilsen [Plzeň] *67, 253*
Radowitz [Radovice] *10*
Rotlhotta [Červená Lhota] *79*
Sadska [Sadská] *67, 127, 319, 320*
Schüttenhofen [Sušice] *127*
Skutsch [Skuteč] *76*
Sobeslau [Soběslav] *212*
Tabor [Tábor] *126, 212*
Teplitz [Teplice] *108*
Tschaslau [Čáslav] *170, 278*
Veseli [Veselí] *212*
Wischau [Vyškov] *115, 119*
Wittingau [Třeboň] *181, 211f.*
Wotitz [Votice] *212*
Znaim [Znojmo] *9, 32, 170, 259, 278*
Zwittau [Svitavy] *165*

Im Text erwähnte Bezeichnungen Prager Gassen, Plätze und Orte

Altstadt [Staré Město] *23f., 29, 37, 61, 94, 100, 110, 164, 171, 177, 181, 193, 196, 200, 203, 212, 279, 303, 316*
Altstädter Brückenturm *184*
Altstädter Ring [Staroměstské náměstí] *127, 205*
Annenpalais s. Palais Pachta
Annenplatz [Anenské náměstí] *193*
Aujezd [Újezd] *28, 30, 143f., 155*
Barmherzigengasse [U Milosrdných] *248*
Bergmanngasse [Havířská] *298*
Bertramka *1, 28, 36, 135, 139ff., 143-158, 204, 214ff., 241, 248, 278, 287, 298, 315f.*
Bredauergasse [Bredovská] *299*
Brückengasse [Mostecká] *215, 322*
Bubenecz [Bubeneč] *280*
Burgstadt [Hradčany] *29, 141*
Carolinplatz s. Obstmarkt
Canalscher Garten *182*
Deutsches Haus *315*
Deutsches Landestheater s. Ständetheater
Dombibliothek *181*
Eisengasse [Železná] *99*
Ferdinandstraße [heute Národní] *33*
Fleischmarkt [Masný trh] *177*
Fünfkirchengasse [Pětikostelní] *97*
Fünfkirchenplatz [Pětikostelní náměstí] *98, 164*
Gallusviertel *98*
Heinrichskirche *84*
Heuwaagsplatz [Senovážné náměstí] *29, 171*
Hibernergasse [Hybernská] *182*
Hibernerkloster *99, 281*
Hibernerplatz [Hybernské náměstí] *182*
Hradschin [Pražský hrad] *23, 39, 86, 90, 92, 94, 97, 150, 169, 176, 217, 266, 278, 281, 285, 291*
Jesuitengasse (heute Karlova) *311*
Jesuitengymnasium *86, 274*
Kampa *167*

Karlin [Karlín] *37*
Karlsbrücke [Karlův most] *30, 167, 214*
Karlsplatz [Karlovo náměstí] *248f.*
Karlsuniversität (zwischenzeitlich Karl-Ferdinand-Universität) *7, 37, 45, 67, 78, 100, 102, 178f., 243, 274, 309*
Karmelitergasse [Karmelitská] *216*
Karmelitergymnasium s. Kleinseitner Gymnasium
Kartäuserkloster „Zur Heiligen Maria“ *143*
Klaarsches Haus *76*
Kleiner Ring [Malé náměstí] *47*
Kleinseite [Malá Strana] *23, 28f., 38, 67f., 70, 72f, 82, 85, 97ff., 103, 137, 139, 141, 144, 164, 171f., 176f., 181, 214ff., 244, 248, 254, 262, 280, 284, 306ff., 319,*
Kleinseitner Brückenturm *38, 214*
Kleinseitner Friedhof 73, *141.*
Kleinseitner Gymnasium *67, 307, 319f.*
Kleinseitner Ring [Malostranské náměstí] *67, 68, 137, 139, 176, 265, 284, 306*
Klementinum *181f., 184, 312f*
Kloster „Zu den Barmherzigen Brüdern“ *248*
Kohlenmarkt [Uhelný trh] *212, 218*
Konviktsaal *177f., 309*
Koschirsch [Košíře] *143*
Kotzentheater *94, 95, 96, 97, 98, 99, 102, 103, 163, 164*
Kreuzherrengasse [Křižovnická] *181, 193*
Kreuzherrenkirche *85, 165, 184*
Künstlerhaus s. Rudolfinum
Kreuzherrenplatz [Křižovnické náměstí] *184*
Landtagsgasse [Sněmovní] *97, 140*
Laurenziberg [Petřín] *242*
Lieben [Libeň] *281*
Malteserkirche „Zur Heiligen Maria unter der Kette“ *260, 265*
Malteserplatz [Maltézské náměstí] *100, 248, 261, 265*
Marienschanze *279*
Melantrichgasse [Melantrichova] *61, 64*
Metropolitankirche s. St. Veitsdom
Michaeler Gasse [Michalská] *279*
Mozartkeller *202ff., 205, 214*

Personenregister

Abert, Hermann (* 1871 Stuttgart, † 1927 ebd.): Mozartbiograph. *43, 159, 194, 219, 233, 242, 272*

Adler, Friedrich (* 1857 Amschelberg in Böhmen, † 1938 Prag): Rechtsanwalt, Übersetzer und Schriftsteller (*Vom goldenen Kragen*, 1907). *317*

Albrecht V. (* 1528 München, † 1579 ebd.): Herzog von Bayern. *63*

Alliprandi, Giovanni Battista (* 1665 Verona, † vor 1721): Architekt in Prag, ab 1709 Bürgerrecht auf der Prager Kleinseite; Oberster Fortifikationsbaumeister der Prager Burgen. Zu seinen Werken zählt die Pestsäule zur hl. Dreifaltigkeit aus dem Jahr 1715 und das Schloß Liblice nördlich von Prag. *172*

Anakreon (* um 580 v. Chr. Teos, † nach 495): Altgriechischer Dichter. *13*

André, Augusta: Tochter von ⇨ Johann Anton André. *239*

André, Johann Anton (* 1775 Offenbach am Main, † 1842): Komponist, Musiktheoretiker (u. a. *Beiträge zur Geschichte des Requiems von W. A. Mozart*), bedeutender Musikverleger. A. führte die Lithographie in den Notendruck ein. Er erwarb den Nachlaß Mozarts von dessen Witwe. *239*

Attwood, Thomas (* 1765 London, † 1838 ebd.): Schüler Mozarts, Organist und Komponist in London. *163, 207*

Auersperg, Hans von *50, 83*

Babini, Cherubin *290*

Baglioni, Antonio: Komponist und Gesangslehrer, Tenorist in Prag, erster Darsteller des Ottavio in Mozarts *Don Giovanni*. *232f., 285, 288*

Ballabene, Elisabeth *149*

Barisani, Sigmund (* 1758 Salzburg, † 1787 ebd.): Jugendfreund Mozarts. *210*

Bassi, Luigi (* 1765 Pesaro, † 1825 Dresden): Zwischen 1784 und 1806 in Prag wirkender Bariton, erster Darsteller des Don Giovanni; gehörte bereits mit achtzehn Jahren der ⇨ Bondini-Operngesellschaft an; ab 1816 Regisseur der Dresdner Oper. *164, 222f., 230f., 285, 300*

Beaumarchais, Pierre-Augustin Caron de (* 1732 Paris, † 1799 ebd.): Frz. Schriftsteller; Hauptwerke sind seine beiden „Figaro“-Komödien *Der Barbier von Sevilla* und *Figaros Hochzeit. 19*

Bedini, Domenico (tätig um 1770 bis 1790): Kastrat, Erster Sesto in *La clemenza di Tito. 288, 304*

Beethoven, Ludwig van (* 1770 Bonn, † 1827 Wien): Dt. Komponist. B. weilte mehrfach in Böhmen. *43, 72, 78, 82, 105, 116, 135, 160, 162f., 180, 193, 229, 257f., 261, 263, 265*

Benda, Georg (tsch. Jiří Benda, * 1722 Altbenatek [Staré Benátky], † 1795 Köstritz): Böhm. Geiger, Klavierist, Oboist und fruchtbarer Komponist (*Melodramen, Singspiele, Kirchenkantaten, Messen, Symphonien, Konzerte, Klaviersonaten usw.)*, Sproß einer musikalisch bedeutenden Familie. *80ff.*

Berchtold zu Sonnenburg, Maria Anna: s. Mozart, Maria Anna.

Bertati, Giovanni (* 1735 Martellago, † 1815 Venedig): Dichter und Librettist in Venedig; Nachfolger ⇨ Da Pontes als Hoftheaterdichter in Wien. *275*

Bertrab, Franz von *144f.*

Bischoff, Familie *150, 287*

Blanchard, J. P.: Pionier der Ballonfahrt. *280*

Bondini, Catharina: Sängerin, Frau von ⇨ Pasquale Bondini. *164, 218, 219, 233*

Bondini, Pasquale (* vor 1740, † 1789 Südtirol): Ital. Theaterdirektor u. a. in Prag. *97f., 104, 147f., 163f., 172, 191, 270, 301*

Born, Ignaz Edler von (* 1742 Karlsburg/Siebenbürgen, † 1791 Wien): Mit Mozart bekannter Hofrat, Mineraloge, die „Seele der gesamten deutschen Freimaurerei“, Stifter und Meister vom Stuhle der Freimaurerloge „Zur Wahren Eintracht“, in der sich die angesehensten Persönlichkeiten des damaligen Wien trafen, darunter auch Mozart und Haydn. *183, 299*

Bouillé, François Claude Amour Marquis de (* 1739, † 1800): französischer General. *286*

Brechler, Otto (* 1885, † 1951 Wien) *177*

Bretfeld von Kronenburg, Franz Joseph Anton Baron (* 1730, † 1820): Böhmischer Aristokrat und Persönlichkeit des Prager Gesellschaftslebens, beeideter Landesadvokat, Beisitzer der ständischen Theateraufsichtskommission, Dekan der Juridischen Fakultät, Rektor der Karl-Ferdinand-Universität u. v. w. Funktionen. *178f.*

Brixi, Franz Xaver (* 1732 Prag, † 1771 ebd.): Bedeutender böhmischer Kirchenkomponist, Kapellmeister des Domkapitels zu St. Veit in Prag. 247

Brunian, Johann Joseph (* 1733 Prag, † 1781 Altona): Theaterunternehmer, Schauspieler, Seiltänzer, Puppenspieler. *96*

Buquoi, Georg Franz August Graf (auch Buqoi; * 1781, † 1851): Kaiserlicher Geheimrat. *172*

Buquoi, Johann Nepomuk Joseph Graf (auch Buqoi; * 1741 Prag, † 1803 Prag): Kaiserlicher Geheimrat. *132*

Burney, Charles (* 1726 Shrewsbury, † 1814 Chelsea/ London): Verdienter englischer Musikhistoriker, Verfasser bedeutender Reisetagebücher, Organist. *44, 59, 86, 88*

Burrian, Karl (tsch. Karel Burian; * 1870 Neuraußnitz [Rousínov] bei Rakonitz [Rakovník], † 1924 Senomaty bei Prag): Tenor. *107*

Bustelli, Giuseppe: Opernunternehmer in Prag (Bustelli-Gesellschaft) *95ff., 164*

Caldara, Antonio (* 1670 Venedig, † 1736 Wien): Ital. Komponist (74 Opern, 32 Oratorien, Kirchenmusik) und Kapellmeister am Wiener Hof. *90*

Calve, Johann Gottfried (* 1757, † 1805): Prager Buchhändler. *47, 311*

Campi *300*

Canal von Malabaila, Joseph Emanuel Graf (* 1745 Wien, † 1826 Prag): Prager Aristokrat, Offizier, Freimaurer (erster Aufseher der Loge „Zur Wahrheit und Einigkeit" in Prag). *50, 179, 182, 184, 186, 261f.*

Cannabich, Karl (* 1764 Mannheim, † 1806): Dirigent und Violinspieler; Sohn des ⇨ Stamitzschülers und -nachfolgers Christian Cannabich. *310*

Carl Christian Joseph Prinz von Sachsen (* 1733 Dresden, † 1796 ebd.): Herzog von Kurland. *131*

Casanova, Giovanni Giacomo de Seingalt (* 1725 Venedig, † 1798 Dux [Duchcov] in Nordböhmen): Abenteurer, Schriftsteller, Frauenheld. *146ff., 149, 178, 194, 255, 286*

Chopin, Frédéric (* 1810 bei Warschau, † 1849 Paris): Poln. Komponist und Klaviervirtuose. *147*

Cimarosa, Domenico (* 1749 Aversa/Neapel, † 1801 Venedig): Ital. Opernkomponist. *103, 272*

Clam-Gallas, Christian Philipp Graf (* 1748, † 1805): K. k. Kämmerer, Musikförderer und „vortrefflicher Klavierspieler", Mitglied in der Prager Freimaurerloge „Zu den Drei Gekrönten Sternen"; C. unterhielt eine enge Beziehung zu ⇨ Josepha Duschek, weshalb ihn ⇨ Leopold Mozart als einen „Anbetter der M:dme Duschek" bezeichnete, der ihr alle „Equipage" unterhalte. *135, 143, 155*

Colloredo(-Mannsfeld), Hieronymus Graf (* 1732 Wien, † 1812 ebd.): Letzter souveräner Fürsterzbischof von Salzburg; Reformer. C. floh 1800 vor den Franzosen und legte 1803 seine weltliche Herrschaft nieder. Fand durch seine Entlassung W. A. Mozarts aus seiner Kapelle unrühmlich Eingang in die Musikgeschichte. *51*

Cotta, Johann Friedrich Freiherr von (* 1764 Stuttgart, † 1832 ebd.): Dt. Verleger, Industriepionier und Politiker. *255*

Crux, Maria Anna Antonia (verh. Gilbert, * 1772 Mannheim, † nach 1807): Sängerin, Geigen- und Klaviervirtuosin. *169, 187*

Czernin von Chudenitz, Prokop Adalbert Graf (* 1726, † 1777): Böhmischer Adeliger, Schwager des Salzburger Fürsterzbischof ⇨ Hieronymus Colloredo, Auftraggeber Mozarts („der alte schernin"). *51*

Dante Alighieri (* 1265 Florenz, † 1321 Ravenna): Ital. Dichter. *209*

Da Ponte, Lorenzo (* 1749 Ceneda, heute Vittorio Veneto, † 1838 New York): Italienischer Lehrer, Priester, Buchdrucker, Dramatiker und Impresario jüdischer Herkunft; schrieb für Mozart mehrere Libretti; nach dem Tod Kaiser Josephs II. mußte D. Wien verlassen und ging nach London und New York, wo auch seine Memoiren erschienen. *147ff., 208f., 217f., 249f., 272, 275*

Denzio, Antonio (* ca.1690 Venedig, † nach 1763): Ital. Sänger (Tenor), Theaterunternehmer, Librettist und Komponist; ⇨ Franz Anton Sporck holte ihn 1724 aus Venedig nach Prag. *93f.*

Deodatus, Georgius: Aus Damaskus zugereister erster Prager Kaffeesieder und Inhaber eines Kaffeehauses; Verfasser diverser Schriften. *38*

Dequai, Blasius *143, 145*

Dequai, Theresia *143, 145*

Dingelstedt, Franz Frh. (* 1814 bei Kassel, † 1881 Wien): Dt. Schriftsteller, Satiriker und Ironiker (*Lieder eines kosmopolitischen Nachtwächters*, 1842). *72*

Ditters von Dittersdorf, Karl (* 1739 Wien, † 1799 bei Neuhaus [Jindřichův Hradec]): Erfolgreicher österreichischer Komponist u. a. von volkstümlichen Singspielen, Opern und Operetten (*Doktor und Apotheker; Betrug durch Aberglauben; Hieronymus Knicker, Rotkäppchen)*, Kammermusik- und Orchesterwerken (*Metamorphosen-Symphonien)* und Oratorien (*Esther; Isaak; Hiob)*, 1773 in den Adelsstand erhoben. *13, 79f., 209*

Diwisch, Prokop (* 1696 Senftenberg/Böhmen, † 1765 Brenditz/Znaim): Prämonstratenstermönch des Stiftes Klosterbruck bei Znaim, Mathematiker, Erfinder des Blitzableiters, Begründer der Elektroheiltherapie. *32*

Dobner, Gelasius (* 1719 Prag, † 1790): Tsch. Geistlicher und Gelehrter. *45*

Dobrovský, Josef (* 1753 Gyarmat/Ungarn, † 1829 Brünn): Tsch. Wissenschaftler und Schriftsteller, „Vater der Slawistik", Verfasser einer ersten vergleichenden Grammatik der slawischen Sprachen. *45, 67*

Dominicus, H. *8*

Draghi, Antonio (* 1635 Rimini, † 1700 Wien): Sänger, Librettist, Opern- und Oratorienkomponist, seit 1682 Kapellmeister der kaiserlichen Hofkapelle in Wien. *26*

Duschek, Franz Xaver (tsch. František Xaver Dušek; * 1736 Chotěbor, † 1799 Prag): Böhm. Komponist und Pianist, Mozarts Bekannter in Prag. *9, 23, 70, 76, 103, 127ff., 133, 135, 137ff., 141, 146f., 155, 161, 172, 176, 213, 215, 262f., 268, 301, 319f., 322*

Duschek, Josepha (tsch. Josefa Dušková; geb. Hambacher, * 1754 Prag, † 1824 ebd.): Tsch. Josefa Dušková; Sängerin, Mozarts Bekannte in Prag, Frau von Franz Xaver Duschek. *23, 63, 67, 70, 127ff., 130f., 133ff., 136, 139ff., 143, 145f., 148f., 155, 161, 173, 176, 213, 215, 241ff., 261, 264, 268, 276, 287, 292, 298ff., 301, 307, 309, 311, 322*

Dušek, František s. Duschek, Franz Xaver

Dušková, Josefa s. Duschek, Josepha

Dussek, Johann Ladislaus (tsch. Jan Ladislav Dusík, oder Dušek; * 1760 Tschaslau [Čáslav], † 1812 St. Germain en Laye bei Paris): Klaviervirtuose und Komponist (Konzerte, Violin- und Klaviersonaten). *85*

Dvořák, Antonín (* 1841 Mühlhausen [Milevsko], † 1904 Prag): Tsch. Komponist. *41, 42, 314*

Ebert, Karl Egon: Böhmischer pariotischer Dichter. *73*

Ebert, Wilhelmine: Tochter von Karl Egon Ebert, Frau von Wenzel Johann Tomaschek. *73*

Ehrlich, H. Matthias *244*

Elisabeth (* 1743 Wien, † 1808 Linz): Erzherzogin, erste Tochter ⇨ Maria Theresias von Österreich und ⇨ Franz I. *78, 118*

Esterhazy, Anton Fürst (* 1738 Wien, † 1794). *252, 290*

Ferdinand I. von Habsburg (* 1503 Alcolá des Heranes, † 1564 Wien): Kaiser und Begründer der Habsburger Donaumonarchie. *49*

Ferdinand II. von Habsburg (* 1578 Graz, † 1637 Wien): König von Böhmen und Ungarn. *54*

Ferdinand III. von Habsburg (* 1608 Graz, † 1657 Wien): Röm.-dt. Kaiser, König von Böhmen seit 1637. *54, 89f., 269*

Ferdinand IV. von Neapel (* 1751 Neapel, † 1825 ebd.): König von Neapel. *111*

Fiala, Josef (* um 1748 Lochovice, † 1816 Donaueschingen): Oboist, Cellist und Komponist im Dienste der „Fürstenberg“ in Donaueschingen. *83*

Fischer, Abraham: Brünner Turmkapellmeister *124*

Forman, Miloš (* 1932 Tschaslau [Čáslav]): Tsch. Filmregisseur (u. a. *Einer flog über das Kuckucksnest*, 1975), lebt seit 1968 in den USA. *110*

Franklin, Benjamin (* 1706 Boston, † 1790 Philadelphia): Amerikanischer Staatsmann. *32, 35*

Franz I. (* 1708 Nancy, † 1765 Wien): Röm.-dt. Kaiser, Gatte Maria Theresias. *121*

Franz I. (II.) von Habsburg (* 1768 Florenz, † 1835 Wien): Erzherzog, von 1792 bis 1806 als Franz II. röm.-dt. Kaiser, ab 1804 als Franz I. Kaiser von Österreich, seit 1792 König von Ungarn und Böhmen. *219, 299*

Freisauff *217*

Freystädtler, Franz Jakob (* 1761 Salzburg, † 1841 Wien): Österr. Komponist und Klavierlehrer, Schüler Mozarts. *169, 187*

Friedrich II., auch „der Große" (* 1712 Berlin, † 1786 Schloß Sanssouci bei Potsdam): Seit 1740 König von Preußen, Gegenspieler Kaiserin ⇨ Maria Theresias; unter F. stieg Preußen zur europäischen Großmacht auf. *28*

Friedrich August III. (* 1750 Dresden, † 1827 ebd.): Ab 1763 Kurfürst von Sachsen. *130*

Friedrich Wilhelm I. (* 1688 Cölln/Berlin, † 1740 Potsdam): Preußischer König. *35*

Friedrich Wilhelm II. (* 1744 Berlin, † 1797 Potsdam): Preußischer König. *258, 264*

Friedrich Wilhelm III. (* 1770 Potsdam, † 1840 Berlin): Preußischer König. *36*

Fürnberg, Louis (* 1909 Iglau, † 1957 Weimar): Deutschböhm. Schriftsteller. *147, 149, 255*

Fux, Johann Joseph (* 1660 Hirtenfeld bei St. Marein in der Steiermark, † 1741 Wien): Bedeutender Komponist, Verfasser eines grundlegenden Lehrwerks der Kontrapunktik (*Gradus ad Parnassum*, 1725). *90ff.*

Gabrielli, Catterina (* 1730 Rom, † 1796 ebd.): Zu ihrer Zeit weltberühmte Koloratursängerin, die in Wien, St. Petersburg, Venedig usf. wirkte; mit ihr nicht zu verwechseln ist die Sängerin Francesca Gabrielli (* 1755 Ferrara, † 1795 Venedig), die den Beinamen „la Ferrarese" bzw. „la Gabriellina" trug. *130*

Galli-Bibiena, Giuseppe (* 1696 Parma, † 1757 Berlin): Theaterarchitekt, Baumeister. *90*

Gauckerl, auch Gouckerl etc.: Mozarts Hund. *170, 172, 187*

Gazzaniga, Giuseppe (* 1743 Verona, † 1818 Crema): Ital. Komponist von Opern und Kirchenmusik. *103*

Genast, Franz Eduard (* 1797 Weimar, † 1831 Wiesbaden): Dt. Schauspieler und Bariton. *224*

Gluck, Christoph Willibald Ritter (* 1714 Erasbach/Oberpfalz, † 1787 Wien): Dt. Komponist. *95, 254, 274, 285*

Goethe, Johann Wolfgang von (* 1749 Frankfurt a. M., † 1832 Weimar): Dt. Dichter. G. weilte insgesamt siebzehnmal in Böhmen. *11ff., 72, 74f., 147*

Gräbner, Johann Heinrich (Dresdner Werkstätte): Klavierbauer. *248*

Gregor, Joseph (* 1888 Czernowitz, † 1960 Wien): Bibliotheksdirektor, Literatur- und Theaterwissenschaftler, Erzähler, Lyriker, Dramatiker, Verfaßer von Opernlibretti. *276*

Grillparzer, Franz (* 1791 Wien, † 1872 ebd.): Österr. Dichter. *323*

Grimm, Moritz (* 1669 Archdorf bei Landshut, † 1757 Brünn): Maurer- und Baumeister, Architekt, u. a. tätig in Prag und Brünn. *114*

Guardasoni, Domenico (um 1731 Modena, † 1806 Wien): Sänger, Regisseur, ab 1791 Impresario in Prag, ab 1798 selbständiger Theaterdirektor in Prag. *104, 222f., 233, 238, 261f, 265, 270ff., 275f, 295f., 301, 310, 314*

Habermann, Franz Johann d. Ä. (* 1706 Bad Königswart in Böhmen, † 1783 Eger): Chorregent verschiedener Prager Kirchen, Komponist von Messen, Litaneien, Symphonien und einer Oper anläßlich Maria Theresias Krönung in Prag. *60*

Haffenecker, Anton (* 1720 vermutlich Ehrenburg/Tirol, † 1789 Prag): Prager Architekt, Hofbaumeister; beteiligt am Umbau der Prager Burg 1756–1774. *100*

Hagenauer, Johann Lorenz (* 1712, † 1792): Kaufmann in Salzburg, ⇨ Leopold Mozarts Freund. *117, 122*

Hahnemann, Samuel Friedrich Christian (* 1755 Meißen, † 1843 Paris): Streitbarer Arzt und Begründer der „Homöopathie". *14*

Hambacher, Anton Adalbert († 1766): Prager Apotheker, Vater von ⇨ Josepha Duschek. *125f*

Hambacher, Maria Domenica Colomba (geb. Weiser): Mutter von ⇨ Josepha Duschek. *125*

Händel, Georg Friedrich (* 1685 Halle, † 1759 London): Dt. Komponist. *140, 285*

Hanslick, Eduard (* 1825 Prag, † 1904 Baden bei Wien): Berühmter Musikkritiker und Musikschriftsteller, legendärer Gegner ⇨ Richard Wagners. *72f.*

Hasse, Johann Adolf (* 1699 Bergedorf bei Hamburg, † 1783 Venedig): Komponist, Kapellmeister in Dresden. *95, 274*

Häusler, Josef: Prager Harfenist und Original, wahrscheinlich identisch mit einem in der historischen Mozartliteratur ebenfalls aufscheinenden Harfenisten „Hofmann". *196ff., 199f.*

Hay von Fulnek, Johann Leopold (* 1735, † 1794): Hofkaplan in Olmütz, ab 1780 Bischof von Königgrätz. *116*

Haydn, Johann Michael (* 1737 Rohrau in Niederösterr., † 1806 Salzburg): Bruder von ⇨ Joseph Haydn; Konzertmeister und Organist am Salzburger Dom, bedeutender Komponist. *79, 87*

Haydn, Joseph (* 1732 Rohrau in Niederösterreich, † 1809 Wien): Mit Mozart bekannter österr. Komponist; Joseph Haydn war von 1759 bis 1761 Kapellmeister bei Graf ⇨ Morzin im westböhm. Lukawitz [Lukavec] bei Pilsen. *3, 43, 78, 80, 87, 140, 160, 250ff., 253f.*

Hebelt, Wenzel: aus Mähren gebürtiger Violinist an der Salzburger Hofkapelle. *124*

Hellmer, Karl Josef (*1739, † 1811 Prag): Kleinseitner Musikverleger, Instrumentenmacher und Lautenvirtuose. *262*

Hennevogel, Franziska *145*

Hennevogel, Johann *145*

Herberstein, Johann Karl Joseph Graf von (* 1719 Graz, † 1787 Ljubljana) *123f.*

Herberstein, Maria Augusta von (* 1740, † 1791) *114, 119, 125*

Herder, Johann Gottfried von (* 1744 Mohrungen in Ostpreußen, † 1803 Weimar). Dt. Philosoph und Dichter *45*

Herold, Eduard (* 1820 Prag, † 1895 ebd.): Schriftsteller und Landschaftsmaler. *203*

Hilgartner *205*

Hofer, Franz de Paula (* 1755, † 1796): Geiger bei der Kirchenmusik am Wiener Stephansdom, Schwager Mozarts. *169, 184, 187f.*

Hofmann, Josef s. Häusler

Hölty, Ludwig Heinrich Christoph (* 1748 Mariensee bei Hannover, † 1776 Hannover): Dichter. *242*

Holzbauer, Ignaz Jakob (* 1711 Wien, † 1783 Mannheim): Komponist, Hofkapellmeister in Mannheim. *274*

Hummel, Johann Nepomuk (* 1778 Preßburg, † 1837 Weimar): Komponist und Virtuose, zwei Jahre lang Schüler Mozarts. *24, 146, 162*

Hummel, Johannes: Musikmeister am Militärstift zu Wartberg, Kapellmeister an Schikaneders Theater in Wien; Vater von ⇨ Johann Nepomuk Hummel. *24*

Jacquin, Emilian Gottfried von (* 1767, † 1792): Wiener Freund Mozarts, Sohn des Botanikers Nikolaus Joseph von Jacquin. *83, 188, 190, 225, 229, 239, 242, 300*

Jahn, Otto (* 1813 Kiel, † 1869 Göttingen): Philologe, Archäologe, Musikschriftsteller, Verfasser der ersten wissenschaftlich begründeten Mozartbiographie. *311*

Janauschek, Gabriel (tsch. Janaušek): k. k. Hofschlosser in Prag. *204f.*

Jefferson, Thomas (* 1743 Shadwell, † 1826 Monticello bei Charlottesville): Anwalt, Gutsbesitzer, Politiker; zwischen 1801 und 1809 war J. der dritte Präsident der Vereinigten Staaten von Amerika. *20*

Joseph II. (* 1741 Wien, † 1790 ebd.): seit 1765 Röm.-dt. Kaiser; zuerst Mitregent seiner Mutter, Kaiserin ⇨ Maria Theresia, schließlich Alleinherrscher im Sinne eines zentralistischen, aufgeklärten Absolutismus; seit 1780 (formal ungekrönter) König von Böhmen, *5ff., 18, 20, 22, 40, 44, 54, 84, 99f., 163, 181, 249, 266, 269, 272, 287, 299*

Kaiser *201*

Kalve s. Calve

Kammel, Anton (* 1730, † um 1788 London): Böhm. Violinist und Komponist. *83*

Kanka, Johann (tsch. Jan Kaňka; * 1772, † 1865): Advokat, Rechtswissenschaftler, Komponist. *180*

Kant, Immanuel (* 1724 Königsberg, † 1804 ebd.): Dt. Philosoph und Professor für Logik und Philosophie; mit seiner 1781 erschienene *Kritik der reinen Vernunft* überwand Kant die dogmatische Philosophie seiner Zeit. *12*
Karl IV. (* 1316 Prag, † 1378 ebd.): seit 1355 röm.-dt. Kaiser aus dem Geschlecht der Luxemburger; unter Karl IV., der u. a. die erste Universität in Mitteleuropa gründete, wurde Prag zur Residenz des Hl. Röm. Reiches ausgebaut. *26, 29, 215*
Karl VI. von Habsburg (* 1685 Wien, † 1740 ebd.): Seit 1711 röm.-dt. Kaiser; König von Böhmen seit 1723. K.s „Pragmatische Sanktion" sicherte seiner Tochter ⇨ Maria Theresia den Thron und damit den Fortbestand der Dynastie Habsburg. *90ff.*
Karl Albrecht VII. (* 1697 Brüssel, † 1745 München): Seit 1726 bayerischer Kurfürst, ließ sich 1741 in Prag zum böhmischen König krönen, 1742 zum röm.-dt. Kaiser; nach ⇨ Maria Theresias Erfolg im Ersten Schlesischen Krieg wurde K. aus Böhmen vertrieben. *28*
Karl Theodor von der Pfalz (* 1724 Schloß Drogenbusch bei Brüssel, † 1799 München): Seit 1742 Kurfürst von der Pfalz und seit 1777 von Bayern; Kunst-, Musik- und Theaterliebhaber. *87*
Katharina II., auch Katharina die Große (* 1729 Stettin, † 1796 Zarskoje Selo): Unter K., die 1762 ihren Gatten Peter III. stürzte und sich zur Kaiserin ausrufen ließ, stieg Rußland zur europäischen Großmacht auf. *22*
Kinsky von Wchinitz und Tettau, Franz Joseph (* 1739, † Prag 1805): Böhmischer Aristokrat. *46, 50*
Klaar, Johann August: *76*
Klein, Anton: Dramaturg in Mannheim. *40*
Klein, Wilhelm *204*
Kleist, Franz Alexander von (* 1769 Potsdam, † 1797 Ringenwalde): Dt. Dichter. *282f., 285*
Kleist, Heinrich von (* 1777 Frankfurt an der Oder, † 1811 Wannsee/Berlin): Dt. Dichter. *283*
Klopstock, Friedrich Gottlieb (* 1724 Quedlinburg, † 1803 Hamburg): Dt. Dichter, der seinen Ruf insbesondere mit dem Christus-Epos *Messias* begründete. *11, 88*

Köchel, Ludwig Alois Friedrich Ritter (* 1800 Stein/Wachau, † 1877 Wien): Österr. Musikwissenschaftler und Privatgelehrter; Hauptwerk: *Verzeichnis sämtlicher Tonwerke Mozarts*, 1862. *194, 247*

Konstantinová, Taťána *214*

Körner, Karl Theodor (* 1791 Dresden, † 1813 gefallen bei Gadebusch/Mecklenburg): Dt. Dichter der Freiheitskriege (*Leyer und Schwert*, 1814). *135*

Koželuch, Johann Anton (tsch. Jan Antonín Koželuh; * 1738 Welwarn [Velvary] in Böhmen, † 1814 Prag): Musikpädagoge und Komponist, Musikdirektor an der Kreuzherrenkirche, schließlich Domkapellmeister; Onkel ⇨ Leopold Koželuchs. *103*

Koželuch, Leopold (* 1748 Welwarn [Velvary], † 1818 Wien): Böhmischer Komponist (u. a. Opern, Arien, Kandaten), Widersacher Mozarts, nach Mozarts Tod kaiserlicher Hofkomponist in Wien. *77f., 146, 161, 291f., 299*

Krafft, Barbara (* 1764 Iglau, † 1825 Bamberg): Genremalerin; wirkte neben Wien und Salzburg u. a. auch in Prag (1798-1801), schuf z. B. Kirchenbilder und Portraits (außer dem berühmten Mozart-Bildnis etwa Portraits der Familie ⇨ Bretfeld). *206*

Kramerius, Václav Matěj (* 1753 Klattau [Klatovy], † 1808 Prag): tschech. Verleger und Redakteur. *47f.*

Kremsier, Fürst von *124*

Kucharcz, Johann Baptist s. Kuchař, Jan Křtitel

Kuchař, Jan Křtitel (* 1751 Choteč, † 1829 Prag): Tsch. Jan Křtitel Kuchař; böhm. Komponist. *84, 141, 103, 167, 207, 301*

Kurtz, Joseph von *163*

Lang, Ernst *205*

Lang, Karl *205*

Lange, Josef *251, 259*

Lanna, Albert von *205*

Laudon, Gideon Ernst Freiherr von (* 1717 Livland, † 1790 Neutitschein [Nový Jičín] in Mähren): Österr. Feldmarschall, Oberbefehlshaber im Kleinen Türkenkrieg. *20*

Laugier, Alexandre Louis (* 1719, † 1774): Arzt in Wien, Leibarzt Maria Theresias. *113*

Lehmann, Norbert (* 1750 Karbitz): Prämonstratenser im Stift Strahov, Pfarrer, Chorregent. *242, 247*

Leopold I. von Habsburg (* 1640 Wien, † 1705 ebd.): Seit 1656 König von Böhmen, seit 1658 röm.-dt. Kaiser. Während L.s Regierung wurden die Türken, die 1683 ein zweites Mal vor den Toren Wiens gestanden hatten, endgültig zurückgeschlagen. *26*

Leopold II. von Habsburg (* 1747 Wien, † 1792 ebd.): Röm.-dt. Kaiser, seit 1791 König von Böhmen; L. bereitete eine Koalition gegen die französische Revolution vor, starb allerdings vor deren Zustandekommen. *11, 17, 78, 240, 269, 272f., 281, 283ff., 291, 299*

Lessing, Gotthold Ephraim (* 1729 Kamenz/Oberlausitz, † 1781 Braunschweig): Dt. Dichter. *13, 102*

Lichnowsky, Carl Fürst (* 1756, † 1814): Böhmischer und preußischer Aristokrat, Schwiegersohn der Gräfin ⇨ Maria Wilhelmine Thun. *257f., 261, 263, 265*

Liebich, Karl (* 1773 Mainz, † 1816 Prag): Schauspieler, Prager Theaterdirektor. *104, 107*

Liechtenstein, Fürst Alois Joseph (* 1759, † 1805) *68*

Liechtenstein, Karl Fürst von (* 1576 Feldberg/Valtice, † 1627 Prag): Prager Aristokrat, Leiter der Außenpolitik Kaiser ⇨ Rudophs II. *67*

Liszt, Franz (* 1811 Raiding, † 1886 Bayreuth): Deutsch-westungarischer Komponist und Pianovirtuose, Schüler von ⇨ Antonio Salieri. *218*

Lobkowicz, Fürst *50, 231, 320*

Locatelli, Giovanni Battista: Italienischer Theaterunternehmer *95*

Lodgman von Auen, Wenzel Ritter: Kreiskommisär in Königgrätz. *178*

Lolli, Giuseppe († 1826): Erster Darsteller des Masetto und zugleich des Commendatore in Mozarts *Don Giovanni. 232, 234*

Loschek *103*

Loudon, Gideon Ernst Freiherr von s. Laudon, Gideon Ernst Freiherr von

Ludwig XIV. (* 1638 St.-Germain-en-Laye, † 1715 Versailles): Franz. König; genannt der Sonnenkönig. *33*

Ludwig XVI. (* 1754 Versailles, † 1793 Paris): Franz. König; verh. mit ⇨ Marie Antoinette von Habsburg. *18*
Luise, Großherzogin von Sachsen-Weimar-Eisenach (* 1757, † 1830) *134*
Lurago, Anselmo Martino (* 1701 Como, † 1765 Prag): In Prag tätiger Baumeister, Schüler von Kilian Ignaz Dientzenhofer (1689–1751). *172*
Macháček, Šimon Karel (* 1799 Prag, † 1846 Gitschen [Jičín]): Tsch. Dichter und Übersetzer. *240*
Mahler, Gustav (* 1860 Kalischt [Kaliště]], † 1911 Wien): Bedeutender österreichischer Kapellmeister, Dirigent und Komponist. *109*
Marchetti-Fantozzi, Maria (* 1767, † nach 1807): Ital. Sopranistin, erste Vitellia in *La clemenza di Tito*. *288*
Maria Josepha Gabriela von Habsburg (* 1751, † 1767): Erzherzogin von Österreich. *113*
Maria Theresia von Habsburg (* 1717 Wien, † 1780 ebd.): Seit 1740 röm.-dt. Kaiserin sowie Königin von Böhmen. *15, 18, 27f., 37, 91, 111, 113, 297*
Mariani, Frl. *309*
Marianne von Habsburg (* 1738 Wien, † 1789 ebd.): Österr. Erzherzogin, zweite Tochter ⇨ Maria Theresias und ⇨ Franz I., *289, 297*
Marie Antoinette (* 1755 Wien, † 1793 Paris): Tochter Kaiserin ⇨ Maria Theresias; Gemahlin ⇨ Ludwigs XVI. *18*
Marie Luise von Bourbon-Spanien (* 1745, † 1792): Röm.-dt. Kaiserin, Gemahlin ⇨ Kaiser Leopolds II. *281, 291, 299f.*
Maria Theresia Josepha von Österreich (* 1767 Florenz, † 1827 Leipzig): Erzherzogin von Österreich, Prinzessin von Toskana, Nichte Kaiser ⇨ Josephs II., Tochter des Großherzogs von Toskana (später Kaiser Leopold II). *219*
Martini, Giambattista (* 1706 Bologna, † 1784 ebd.): Franziskanermönch, genannt „Padre Martini"; ital. Komponist und Musiktheoretiker; eine der wichtigsten musikalischen Autoritäten im damaligen Italien. *62*
Martín y Soler, Vicente (* 1754 Valencia, † 1806 St. Petersburg): Ital. Organist und erfolgreicher Opernkomponist. *159, 207ff.*

Masaryk, Tomáš Garrigue (* 1850 Göding [Hodonín] in Mähren, † 1937 Lány bei Prag): Tsch. Philosoph, Politiker und Publizist, erster Staatspräsident der Tschechoslowakei. *76*

Maschek, Vinzenz (* 1755 Zwikowetz, † 1831 Prag): Tsch. Vincenc Mašek; Schüler ⇨ Franz Duscheks, Konzertpianist und vielseitiger Komponist insbesondere von Märschen und Kirchenmusik, zuletzt Musikalienhändler in Prag. *84f, 103, 138, 166*

Mašek, Vincenc s. Maschek, Vinzenz

Max, Emanuel (* 1810 Janov, † 1901 Prag): Prager Bildhauer. *312f.*

Mayer, Wenzel: Prälat im Kloster Strahov. *244*

Mayr, Andreas (* um 1731, † 1794): Violinist bei der Wiener Hofkapelle. *120*

Mazzolà, Caterino (* 1750 Longarone/Belluno, † 1806 Venedig): Theaterdichter, Poet v. a. am Dresdner Hof, Bearbeiter der Metastasiovorlage zu *La clemenza di Tito. 274f., 294*

Meissner, Alfred (* 1822 Teplitz [Teplice], † 1885 Bregenz): Böhm. Arzt und Schriftsteller *(Rococobilder)*, Enkel von ⇨ Gottlieb August Meissner. *98, 200, 231, 236, 285f., 288f., 292, 299, 301*

Meissner, Gottlieb August (* 1753 Bautzen, † 1807 Fulda): Dt. Schriftsteller und Erzähler, seit 1784 Professor für Ästhetik in Prag, Inhaber der Schönfeldschen Buchhandlung, Herausgeber der Zeitschrift *Apollo*, Großvater des Schriftstellers ⇨ Alfred Meissner. *179, 239, 269f., 292*

Mesmer, Franz Anton (* 1734 Iznang am Bodensee, † 1815 Meersburg): Mit Mozart bekannter Arzt und Theologe, Begründer der Lehre vom „animalischen Magnetismus", auch „Mesmerismus" genannt. *14*

Metastasio, Pietro (* 1698 Rom, † 1782 Wien): Berühmter und fruchtbarer ital. Librettodichter. Fast alle Werke M. wurden mehrfach bis sehr oft von verschiedenen Komponisten vertont. *11, 272, 274f., 290, 294*

Micelli, Caterina: Sopranistin in Prag, erste Darstellerin der Donna Elvira in Mozarts *Don Giovanni. 233, 235*

Mihule, Wenzel: Theaterdirektor. *99, 281, 310*

Mingotti, Gebrüder Pietro (* ca. 1702 Venedig, † 1759 Kopenhagen) und Angelo: Ital. Opernunternehmer des 18. Jahrhunderts. *163*

Möldner, Carl (* 1825 bei Reichenberg, † 1902 Karolinenthal/Prag): Bildhauer, Vater des gleichnamigen Bildhauers Carl Möldner junior (* 1853 Karolinenthal/Prag, † 1920 ebd.). *213*

Molinari, Gaetano: In Prag tätiger Opernimpressario. *163*

Mörike, Eduard (* 1804 Ludwigsburg, † 1875 Stuttgart): Dt. Lyriker und Erzähler (*Das Stuttgarter Hutzelmännchen, Maler Nolten, Gedichte* etc.). *211, 255f.*

Morstadt, Vincenz (* 1802 Kolín, † 1875 Prag): böhmischer Zeichner und Maler. *76*

Morzin, Karl Josef Franz (* 1717, † 1783): ⇨ Joseph Haydns böhmischer Dienstherr. *253*

Mozart, Anna (* 1789 Wien, † 1789 ebd.): Mozarts im Säuglingsalter verstorbene Tochter. *258*

Mozart, Anna Maria: Mozarts Mutter. *66*

Mozart, Constanze (geb. Weber, * 1763 bei Augsburg, † 1842 Salzburg): Mozarts Frau; heiratete als Witwe den späteren Biographen Mozarts ⇨ Georg Nikolaus von Nissen. *137, 169, 179, 193, 211, 216, 239, 258f., 264, 266, 276, 300f., 303, 309, 311, 318f., 321.*

Mozart, Franz Xaver Wolfgang (* 1791 Wien, † 1844 Karlsbad): Mozarts jüngerer Sohn. *276, 318, 321f.*

Mozart, Karl Thomas (* 1784 Wien, † 1858 Caversaccio): Mozarts älterer Sohn. *139, 154, 156, 160, 211, 241, 260, 263, 309, 318f., 320*

Mozart, Leopold (* 1719 Augsburg, † 1787 Salzburg): Österr. Komponist, W. A. Mozarts Vater. *24, 62, 64, 85, 87, 112ff., 116f., 122ff., 125, 130, 133ff., 160f., 163, 172, 189*

Mozart, Maria Anna (Marianne, genannt Nannerl, * 1751 Salzburg, † 1829 ebd.): Wolfgangs Schwester, später verh. von Berchtold zu Sonnenburg. Klavierlehrerin, Pianistin). *83, 112, 116, 123, 135, 161, 172*

Müller, Wenzel (* 1767 Trnavec/Mähren, † 1835 Baden bei Wien): Schüler von ⇨ Dittersdorf, Opernkomponist (*Die Schwestern von Prag; Das neue Sonntagskind)*, erster (dt.) Kapellmeister der Prager Oper (1806-1812). *105*

Mysliveček, Joseph (* 1737 Prag, † 1781 Rom): auch Misliweczek, Mysliwetschek u. dgl.; dt. etwa: „kleiner Jäger“, ital.: „Venatorini“; Erfolgreicher tschechischer Komponist. *10, 60ff., 63ff., 66f., 169, 192*

Nannerl s. Mozart, Maria Anna

Naumann, Johann Gottlieb (* 1741 Blasewitz/Dresden, † 1801 Dresden): Dt. Komponist (Opern, Oratorien, geistliche Musik), Kurfürstlich sächs. Kapellmeister. *133, 264, 274*

Navrátil, Josef (* 1798 Slaný, † 1865 Prag): Tschechischer Maler. *50, 205*

Nettl, Paul (* 1889 Hohenelbe im Riesengeb., † 1972 Bloomington, Indiana/USA): Bedeutender Musikschriftsteller (*Beethoven und seine Zeit, Goethe und Mozart, Mozart und der Tanz, Mozart und Böhmen, Musik und Tanz bei Casanova, Musikbarock in Böhmen und Mähren, Vom Ursprung der Musik* u. a.) und Mozartforscher, seit 1933 musikalischer Direktor des Deutschen Rundfunks in der Tschechoslowakei, ab 1946 ordentlicher Professor für Musikwissenschaft an der Indiana University in Bloomington. *7, 9, 145, 151, 164, 194, 202, 214, 241, 281*

Neugebauer, Gustav *8*

Neumann, Angelo (* 1838 Wien, † 1910 Prag): Sänger (Bariton), berühmter Operndirektor des *Neuen Deutschen Theaters* in Prag. *109, 317*

Neumann, Johann Leopold (* 1748, † 1813): Geheimer Kriegssekretär und Musikliebhaber in Dresden. *263f.*

Neumann, Ludwig *151*

Němeček, František Xaver s. Niemetschek, Franz Xaver

Niemetschek, Franz Xaver (tsch. František Xaver Němeček; * 1766 Sadská, † 1849 Wien): Gymnasialprofessor in Prag, Komponist und Musiker, Mozartenthusiast, früher Biograph Mozarts (*Leben des k. k. Kapellmeisters Wolfgang Gottlieb Mozart*, 1798). *51, 67ff., 70, 76, 78, 84, 103, 146, 167, 188f., 221, 233, 236, 242f., 277, 288, 296f., 301, 309, 311, 319f, 322*

Niemetschek, Jakob Johann: Bruder von ⇨ Franz Xaver Niemetschek. *319*

Niemetschek, Therese *70, 322*

Nissen, Georg Nikolaus von (* 1761 Hadersleben, † 1826 Salzburg): Dänischer Diplomat, zweiter Mann von ⇨ Constanze Mozart; Verfasser der ersten maßgeblichen Mozartbiographie (*Biographie W. A. Mozarts*), nach Nissens Ableben herausgegeben von der Witwe. *193f., 196, 217, 219f., 222, 253, 298f., 304, 307, 311*

Nostitz, Friedrich Graf *138*

Nostitz-Rieneck, Franz Anton Graf (* 1725, † 1794): Böhm. Aristokrat, Oberstburggraf, Kunstförderer. *45, 46, 57, 97, 99ff., 103f, 164, 248*

Oehlschlegel, Johann Lohelius (* 1724 Loosch bei Dux, † Prag 1788): Üblicherweise genannt Lohelius; Prämonstratenser in Strahov, Chorregent, Organist, Komponist. *243, 244ff.*

O'Kelly, Michael (* 1762 Dublin, † 1826 London): Irischer Freund und Schüler Mozarts. *207*

Opitz, Johann Ferdinand (* 1741): Schriftsteller *39*

Oulibischeff, Alexander (auch Ulibischew; * 1795 Dresden, † 1858 Nishnij Nowgorod): Russischer Staatsrat, Musikschrifsteller, Verfasser einer gründlichen und feinsinnigen Mozartbiographie. *255*

Ovid (* 43 v. Chr. Sulmo, † etwa 17 n. Chr. Tomi): Eigentl. Publius Ovidius Naso; röm. Dichter. *32*

Pachta-Reihofen, Johann Joseph Philipp Graf von († 1822 Prag): Prager Aristokrat, Generalmajor und Generalfeldwachtmeister, k. k. Kämmerer und Appellationsrat, ein „guter Musikus und Kompositeur". *23, 50, 57, 66, 192f., 194, 261f.*

Pachta-Reihofen, Josephine Gräfin von: Ehefrau von ⇨ Johann Philipp Joseph Graf von Pachta-Reihofen. *147, 193*

Paganini, Niccolò (* 1782 Genua, † 1840 Nizza): Ital. Komponist und Violinvirtuose. *108*

Paisiello, Giovanni (* 1741 bei Tarent, † 1816 Neapel): Fruchtbarer Komponist insbesondere ehemals sehr bekannter Buffo-Opern. *129, 183, 231*

Peisser von Werthenau, Franz Xaver (* 1724, † 1807): Freund der Familie Mozart, Bankier und Korrespondent der Firma ⇨ Hagenauer. *113, 122*

Pelcl, František Martin (* 1734 Rychnov, † 1801 Prag): Tsch. Gelehrter und Geschichtsforscher. *45, 60*
Pescetti, Giovanni Battista (* 1704 Venedig, † 1766 ebd.): Organist an der zweiten Orgel der Markuskirche in Venedig, Komponist von Opern und u. a. neun Klaviersonaten. *60*
Petrarca, Francesco (* 1304 Arezzo, † 1374 Arquà bei Padua): eigentl. Petrarcco; ital. Dichter und Humanist. *209*
Pichler, Caroline (geb. Greiner, * 1769 Wien, † 1843 ebd.): Österr. Schriftstellerin. *150, 287*
Pinkas: Advokat. *320*
Pixis, Friedrich Wilhelm (* 1786 Mannheim, † 1842 Prag): Professor für Geige am Prager Konservatorium, später Kapellmeister des Ständetheater-Orchesters. Bruder von ⇨ Johann Peter Pixis. *197f.*
Pixis, Johann Peter (* 1788 Mannheim, † 1874 Baden Baden): Konzertpianist, Komponist von romantischen Opern und Kammermusikwerken, Bruder von ⇨ Friedrich Wilhelm Pixis. *198*
Plateys von Plattenstein, Johannes (* 1586, † 1637): Bischof zu Olmütz. *218*
Podstatsky von Prusinowitz, Leopold Anton Franz de Paula (* 1717 Wien, † 1776 Olmütz): Domherr und Konsistorial-Präsident in Salzburg, seit 1764 Domdechant in Olmütz, Neffe des ehemaligen Salzburger Fürsterzbischofs Jakob Ernst Graf Liechtenstein. *115, 117, 120ff*
Ponziani, Felice: Sänger (Baß) (Prager *Figaro,* erster Leporello der Prager Uraufführung des *Don Giovanni*). *164, 231, 233*
Popelka, Adolph: Prager Großkaufmann, Mozartenthusiast, im 19. Jh. Eigentümer der Villa Bertramka. *150, 153, 155, 241, 320*
Popelka, Creszenz *150*
Popelka, Emma *150*
Popelka, Lambert *150*
Praupner, Wenzel Josef (* 1745 Leitmeritz, † 1807 Prag): Tsch. Václav Josef Praupner; auch Braupner bzw. Brautner. *85, 103, 146*
Preisig *290*

Procházka, Rudolf Freiherr von (* 1864 Prag, † 1936 ebd.): Statthalterei- bzw. Ministerialrat der Landesregierung für Böhmen, Mozartenthusiast und Musikwissenschaftler, Mitbegründer der Deutschen Musikakademie in Prag, Komponist von Liedern (*Aus alten und jungen Tagen*) und Chören, Opern, Melodramen (*Christus*) u. a., Musikhistoriker und -schriftsteller (*Mozart in Prag*, *Das romantische Musik-Prag* u. a.). *8f., 41, 136, 152, 202f., 227, 256, 313ff., 317*

Proksch, Josef (* 1794 Reichenberg, † 1864 Prag): Klavierpädagoge, Begründer einer Prager Klavierschule („Musikbildungsanstalt") Komponist, Autor einer *Allgemeinen Musiklehre* und weiterer Werke; seit seinem 13. Lebensjahr blind. *312, 318*

Puchberg, Johann Michael (* 1741, † 1822): Wiener Kaufmann, Freimaurer, Freund und Gönner Mozarts. *257, 260, 263*

Punto, Giovanni s. Stich, Johann Wenzel

Puschkin, Alexander S. (* 1799 Moskau, † 1837 St. Petersburg): Russ. Dichter. *161*

Qualenberg, Elisabeth Barbara (* um 1790). *169, 187*

Ramlo, Kaspar: Violinist der Münchner Hofkapelle. *169, 187*

Reichardt, Johann Friedrich (* 1752 Königsberg, † 1814 Giebichenstein bei Halle): Dt. Komponist, Musikschriftsteller, Hofkapellmeister am Hofe ⇨ Friedrich d. Gr.; R. war mit einer Tochter ⇨ Franz Bendas verheiratet. *104, 135*

Rejcha, Josef (* 1746 Klattau [Klatovy], † 1795 Bonn): Tsch. Violoncello-Virtuose, Konzertdirektor und Komponist. R. pflegte in Bonn Umgang mit ⇨ Ludwig van Beethoven und später in Wien mit ⇨ Antonio Salieri. *85*

Richter, Franz Xaver (* 1709 Holleschau [Holešov] in Mähren, † 1789 Straßburg): Mährischer Musiker und Komponist. *88*

Riesbeck, Johann Kaspar (* 1754 Höchst, † 1786 Aarau): Jurist, Schriftsteller, Schauspieler. *32*

Rimskij-Korsakow, Nikolaj Andrejewitsch (* 1844 Tíchwin, † 1908 Lubensk): Russ. Komponist. *161*

Ringhoffer, Franz († 1827): Böhm. Unternehmer, Begründer der Ringhofferschen Kupferwerke (1771) in der Prager Altstadt. *37, 154*
Ripota *205*
Robespierre, Maximilien de (* 1758 Arras, † 1794 Paris): Frz. Politiker, Advokat. *36*
Rochlitz *251*
Rokyta, Hugo (* 1912 Kamiensk, † 1999 Mährisch Budwitz): Tschechischer Kulturwissenschaftler und Denkmalpfleger, Stifterexperte. Verfasser eines dreibändigen „Handbuchs der Kulturbeziehungen in den Böhmischen Ländern". *211, 213*
Rosenberg-Orsini, Franz Xaver Wolf Fürst (* 1725, † 1796): Theaterdirektor in Wien. *162, 272*
Rosetti, Franz Anton (* 1750 Leitmeritz [Litoměřice], † 1792 Ludwigslust/Mecklenburg-Schwerin): Eigentl. Franz Anton Rösler, Komponist. *82, 306f.*
Rott (Roth), Franz: Provinzialoberverwalter in Prag. *252*
Rudolph I. (* 1284, † 1356): Kurfürst von Sachsen-Wittenberg. *215*
Rudolf II. von Habsburg (* 1552 Wien, † 1612 Prag): Von 1575 bis 1611 König von Böhmen, seit 1576 legendärer röm.-dt. Kaiser, der Prag zu einem bedeutenden Zentrum der Gelehrsamkeit und Kunst machte. *26, 54*
Ryba, Jan Jakub (* 1765 Přeštice, † 1815 Rosenthal [Rožmitál]): Tsch. Komponist (*Böhmische Weihnachtsmesse). 85*
Rychnovsky, Ernst (* 1879 Podersam, † 1934 Prag): Musikkritiker und Schriftsteller, Redakteur des Prager Tagblattes. *69*
Sacchini, Antonio (* 1730 Florenz, † 1786 Paris): Italienischer Opernkomponist (z. B. *Il gran Cid; Il gran Tamerlano; Lucio Vero). 98*
Sachsen-Hildburghausen, Prinz Joseph Friedrich (* 1702 Hildburghausen, † 1787 ebd.): Generalfeldzeugmeister, Reichsgeneralfeldmarschall u. ä. militärische Funktionen im alten Österreich, Ritter des Goldenen Vlieses, verschwenderischer Kunstmäzen im Wien ⇨ Maria Theresias. *79*

Salieri, Antonio (* 1750 Legnano, † 1825 Wien): Ital. Komponist, ab 1766 Zusammenarbeit mit ⇨ Gluck, seit 1774 Kammerkompositeur und einflußreicher Kapellmeister der ital. Oper in Wien; Lehrer von ⇨ Beethoven, ⇨ Liszt, ⇨ Schubert, Meyerbeer u. a.; Unerwiesen und unwahrscheinlich ist die von ⇨ Alexander S. Puschkin in seinem *Mozart und Salieri* verbreitete Behauptung, letzterer hätte Mozart vergiftet. *103, 160ff., 208f., 250, 254, 271f., 282, 288, 291, 299*

Santoro, Gaetano *64*

Saporiti, Teresa (* 1763 Mailand, † 1869 Mailand): Seit 1782 Mitglied der Bondinischen Truppe in Prag, erste Darstellerin der Donna Anna in Mozarts *Don Giovanni*. *232, 235*

Schack, Benedikt (tsch. Benedikt Žák; * 1758 Mirowitz, † 1826 München): Flötist, Opernkomponist und Tenorist (in Wien, Graz, Salzburg, Prag und München; Freund Mozarts, erster Tamino in Mozarts *Zauberflöte*. *86f.*

Schebek, Edmund (* 1819 Petersdorf/Petrovice, † 1895 Prag): Jurist und Historiker, Mozartenthusiast. *205, 215, 233, 316*

Schenk, Joseph Max: Prager Buchhändler. *199*

Scherr, Johannes (* 1817, † 1886): Deutsch-schweizerischer Historiker, Pädagoge und Schriftsteller. *36*

Schikaneder, Emanuel (* 1751 Straubing, † 1812 Wien): Eigentl. Johann Joseph Schickeneder; dt. Schauspieler, Librettist und u. a. in Wien tätiger Theaterimpresario *(Zauberflöte)*; Schikaneder war zwischen 1807 und 1809 Theaterdirektor in Brünn, seine Schauspieltruppe spielte in allen größeren Städten Österreich-Ungarns. *87*

Schiller, Friedrich von (* 1759 Marbach, † 1805 Weimar): Dt. Dichter. *11, 48, 134*

Schlosser, Johann Aloys: Prager Buchhändler und früher Mozartbiograph. *311*

Schmalecker, Gottfried Johann (* 1719, † 1782): Wiener Goldschmied, Gastgeber Mozarts. *112f.*

Schnell, Andrea *322*

Schönfeld, Johann Ferdinand Ritter von (* 1750 Prag, † 1821 Wien): Prager Verleger, Buchdrucker und Buchhändler. *47, 147*

Schrattenbach, Franz Anton Xaver Graf (* 1712, † 1783): Landeshauptmann von Mähren, Bruder des Salzburger Erzbischofs Siegmund Christoph von Schrattenbach. *113f., 119, 124*

Schrattenbach, Siegmund Christoph von (* 1698 Graz, † 1771 Salzburg): Salzburger Fürsterzbischof. *113*

Schröder, Sophie (* 1781 Paderborn, † 1868 München): Hamburger Schauspielerin, Mutter der Sängerin Wilhelmine Schröder-Devrient. *107*

Schubert, Franz (* 1797 Lichtental bei Wien, † 1828 Wien): Österr. Komponist. *160*

Schumann, Clara (* 1819 Leipzig, † 1896 Frankfurt): Pianistin. *108*

Sealsfield, Charles (* 1793 Poppitz bei Znaim, † 1864 Solothurn): Eigentl. Karl Anton Postl; zunächst Ordensgeistlicher bei den Kreuzherren in Prag, nach der Flucht aus dem Kloster österreichischer Staatsfeind und erfolgreicher amerikanischer Schriftsteller. *49*

Šedivý, Prokop František (* 1764 Prag, † 1810): Tschechischer Schauspieler und Dramatiker. *96*

Seger, Joseph Ferdinand Norbert (* 1716 Řepín bei Melnik [Mělník], † 1782 Prag): Komponist, Organist an der Theinkirche und an der Kreuzherrenkirche, wo ihn Kaiser ⇨ Josef II. hörte und den Ausspruch tat: „Ich habe nie einen so trefflichen Organisten gehört"; Seger verfaßte eine Reihe von Messen, Psalmen, Orgelwerken u. Litaneien; er hatte auch Bedeutung als Lehrer von ⇨ J. A. Koželuch, ⇨ Mysliveček, ⇨ Maschek, Fibich u. a. *29, 60, 84, 128*

Seidan, Thomas (* 1830 Prag, † 1890 Wien): Prager akad. Bildhauer, Lehrer des J. V. Myslbek. *142, 158*

Shakespeare, William (* 1564 Stratford-upon-Avon, † 1616 ebd.): Engl. Dramatiker und Dichter. *11, 88*

Škroup, František (* 1801 Osice/Pardubitz [Pardubice], † 1862 Rotterdam): Böhm. Komponist, Kapellmeister am Prager Ständetheater; Š. verfaßte u. a. drei deutsche und fünf tschechische Opern, tschechische Gesänge, Schauspielmusiken. *107f., 240*

Sliwenský, Lambert *151*

Sliwenský, Mathilde *150f.*

Smetana, Bedřich (* 1824 Leitomischl [Litomyšl], † 1884 Prag): Tsch. Komponist (*Die verkaufte Braut; Dalibor, Libussa, Die Brandenburger in Böhmen, Mein Vaterland [Má vlast]*), Kapellmeister am tsch. Nationaltheater. *41f., 240, 314f.*

Smith, Adam (* 1723 Kirkcaldy, † 1790 Edinburgh): Schott. Philosoph (*Theorie der ethischen Gefühle,* 1759, dt. 1770) und Nationalökonom (*Der Wohlstand der Nationen* 1776, dt. 1794); Begründer der „klassischen Nationalökonomie“, wonach die Quelle des nationalen Reichtums nicht der Geldvorrat (wie im „Merkantilismus“) und auch nicht in der landwirtschaftlichen Leistung liege, sondern in der Summe der geleisteten Arbeit eines Volkes. Als treibende Kraft aller wirtschaftlichen Betätigung erkannte er den Eigennutz. *12*

Sommerschuh, Wenzel Johann: Prager Unternehmer. *158, 205*

Sontag, Henriette Gertrude Walpurgis (* 1806 Koblenz, † 1854 Mexiko): Legendäre dt. Sängerin. *106f.*

Spohr, Louis (* 1784 Braunschweig, † 1859 Kassel): Dt. Geigenvirtuose und romantischer Komponist *(Faust)*, Hofkapellmeister in Kassel. *72, 105, 152*

Sporck, Franz Anton Graf: (* 1662 Lysá, † 1738 ebd.) *58, 92f., 95*

Sporck, Johann Wenzel Graf (* 1724, † 1804): Böhmischer Aristokrat, Oberstlandjägermeister, Grundherr und Gönner von ⇨ Franz Duschek. *128f., 138*

Stadler, Anton Paul (* 1753, † 1812): Klarinettist, Freund Mozarts. *169, 187, 276, 303f.*

Stamitz, Johann Wenzel Anton (* 1717 Deutsch Brod [Německý Brod], † 1757 Mannheim): Violinvirtuose, Orchesterleiter, Komponist (Orchestertrios, Symphonien, Violinkonzerte); wichtiger Mitschöpfer des modernen Stils der Instrumentalmusik, Begründer der Mannheimer Schule. Stamitz’ Kapelle galt als beste Kapelle der Welt. *87f.*

Steinitz, Wenzel: Prager Gastwirt und Cafetier auf der Kleinseite *214f.*

Štěpánek, Jan Nepomuk (* 1783 Chrudim, † 1844 Prag): Kapellmeister in Prag. *191, 240*

Sternberg, Louise Gräfin: Prager Stiftsdame. *248*

Sternberg-Manderscheidt, Franz Josef Graf (* 1763 Prag, † 1830): Freund der Wissenschaften und Künste, Sammler, Numismatiker, Mitbegründer des Böhmischen Landesmuseums. *37, 141, 173, 309*

Stich, Johann Wenzel (tsch. Jan Václav Štich; * 1746 bei Tschaslau [Čáslav], † 1803 Prag): Hornvirtuose und Komponist; S. floh 1768 aus der Leibeigenschaft des Grafen Thun und nannte sich dann Giovanni Punto. *82, 311*

Stock, Doris (* 1760, † 1832): „Reizende" und „geistvolle" Tochter eines berühmten Kupferstechers; S. fertigte 1791 eine berühmte Silberstiftzeichnung von W. A. Mozart. *267*

Storace, Ann Selina „Nancy" (* 1765 London, † 1817 bei Dulwich/England): Berühmte Koloratursängerin, erste Darstellerin der Susanne in Mozarts *Figaro. 202, 207*

Strobach, Johann Joseph (* 1731 Zwitte bei Bürgstein, † 1794 Prag): Geiger an der Prager Kreuzherrenkirche, Chordirigent u. a. an der St. Niklas-Kirche auf der Prager Kleinseite, Kapellmeister am Nationaltheater in Prag. *23, 141, 146, 165, 301, 305, 307*

Süßmayer, Franz Xaver (* 1766 Schwanenstadt, † 1803 Wien): Schüler Mozarts, Dirigent und Komponist; vollendete nach den Skizzen Mozarts dessen *Requiem*; nach Mozarts Tod wurde er Kapellmeister an der Wiener Hofoper. *276f., 301, 319*

Tartini, Guiseppe (* 1692 Piran, † 1770 Padua): Italienischer Geiger und Komponist. *83*

Tasso, Torquato (* 1544 Sorrent, † 1595 Rom): Italienischer Dichter. *209*

Teuber, Oskar (* 1852 Weckersdorf, † 1901): Journalist, Erzähler, Autor mehrerer kulturhistorischer Werke (*Geschichte des Prager Theaters; Ehrentage Österreichs* u. a.). *309*

Thám, Václav (* 1765 Prag, † um 1816 Halič/Galizien): Tschechischer Dichter und Schauspieler. *310*

Thun, Franz de Paula Johann Joseph Graf (* 1734 Tetschen, † 1800 Wien): Böhmischer Aristokrat, k. k. Kämmerer und geheimer Rat, Freimaurer, Ritter des toskanischen Stephansordens; Begründer der Linie Klösterle; Kunstförderer, Gönner Mozarts. *169, 174f., 272*

Thun, Guidobald Graf (* 1616 Südtirol, † 1668 Wien): Erzbischof in Salzburg. *172*

Thun, Johann Joseph Anton Graf (* 1711 Prag, † 1788 ebd.): K. k. Kämmerer, Freimaurer; Vater von ⇨ Franz de Paula Johann Joseph Graf Thun. Möglicherweise im Februar 1787 Mozarts Gastgeber in Prag. *82, 174, 184, 201f.*

Thun, Maria Wilhelmine Gräfin (geb. Uhlefeld bzw. Ulfeld oder Uhlenfeld, * 1744, † 1800): Gemahlin von Franz de Paula Johann Joseph Graf Thun, Schwiegermutter von Carl Fürst Lichnowsky, Musikliebhaberin. Mozart wirkte häufig bei ihren Musiksoireen mit, unterrichtete ihre drei Töchter und verkehrte in ihrem Haus: „bey der gräfin Thun habe schon 2 mal gespeist, und komme fast alle tage hin – das ist die chamanteste, liebste Damme die ich in meinem leben gesehen; und ich gelte auch sehr viel bey ihr." (Mozart an seinen Vater, 24. März 1781). *174f., 257*

Thun, Wenzel Joseph (* 1737, † 1796): Bruder von Franz de Paula Johann Joseph Graf Thun. *174*

Tomaschek, Wenzel Johann (* 1774 Skutsch [Skuteč], † 1850 Prag): Tsch. Václav Jan Tomášek; angesehener Prager Musiker, Komponist und Musikkritiker. *70ff., 73ff., 76, 141, 165, 255*

Tomášek, Václav Jan s. Tomaschek, Wenzel Johann

Treml, Wenzel: *260*

Tyl, Josef Kajetán (* 1808 Kuttenberg [Kutná Hora], † 1856 Pilsen): Tsch. Dichter, Dramatiker, Schauspieler. *108*

Ungar, Karl Raphael (* 1743 Saaz [Žatec], † 1807 Prag): Bedeutender böhm. Bibliothekar und Gelehrter. *146, 181, 183, 186*

Urzidil, Johannes (* 1896 Prag, † 1970 Rom): Böhm.-österr. Schriftsteller. *193*

Vanhal, Johann Baptist (tsch. Jan Křtitel Vaňhal; * 1739 Neu-Nechanitz [Nechanice], † 1813 Wien): Böhm. Komponist, der in einem Zuge mit den bedeutendsten Wiener Tondichtern seiner Zeit genannt wurde. *84f.*

Venatorini s. Mysliveček, Joseph

Viardot-Garcia, Pauline (* 1821 Paris, † 1910 Paris): Legendäre französische Sängerin, Pianistin und Komponistin. *240*

Vignet, Dr. von *309*
Vignet, Frl. von *309*
Vitásek, Jan Nepomuk (* 1770 Hořin, † 1839 Prag): Tsch. Organist und Klavierspieler, Musiklehrer, Komponist und Mozartenthusiast. *76f., 138, 141, 307, 309, 320*
Vivaldi, Antonio (* 1678 Venedig, † 1741 Wien): Ital. Komponist und Violinist. *93*
Voigt, Mikuláš (* 1733 Horní Litvínov, † 1787 Nikolsburg [Mikulov]): Böhm. Geistlicher und Gelehrter. *45*
Voltaire (* 1694 Paris, † 1778 ebd.): eigentl. François-Marie Arouet; frz. Philosoph, Historiker und v. a. Tragödiendichter; Vorkämpfer und führender Vertreter der europäischen Aufklärung, seit 1754 Mitarbeiter an der „Encyclopédie", einem fundamentalen Sammelwerk der Aufklärung. *12*
Vositka, Franz Xaver *63*
Vranický, Antonín (dt. Anton Wranitzky; * 1761 Neureich in Mähren, † 1820 Wien): Tsch. Komponist (z. B. die Oper *Oberon*) und Violinlehrer in Wien. *86*
Wagenseil, Georg Christoph (* 1715 Wien, † 1777 ebd.): Komponist, Musiklehrer der Kaiserin ⇨ Maria Theresia, kaiserl. Hofkompositeur. *122, 129, 138, 274*
Wagner, Richard (* 1813 Leipzig, † 1883 Venedig): Dt. dramatischer Komponist, Dirigent, Librettist und Musikschriftsteller. *108, 314*
Wahr, Carl (* 1745 Preßburg, † wahrscheinlich 1792 Riga). *23, 96, 102f., 163f., 223*
Waldstein, Josef Karl Emanuel (* 1755, † 1814): Böhm. Aristokrat; ⇨ Casanovas Gastgeber auf Schloß Dux. *147*
Waldstein, Vinzenz (* 1741): Böhmischer Aristokrat *51, 83*
Walter, Ignaz (* 1759 Radowitz, † 1830 Regensburg): Seinerzeit berühmter Tenor und Komponist, u. a. auch einer Krönungskantate für die Krönung Kaiser ⇨ Leopolds II. in Prag (1791). *103*
Wanka, Wenzel: Jurist, zwischen 1848 und 1861 Prager Oberbürgermeister. *213*
Watzlik, Hans (* 1879 Unterhaid [Dolní Dvořiště] im Böhmerwald, † 1948 Gut Tremmelhausen bei Regensburg): Sudetendeutscher Schriftsteller (*Im Ring des Ossers; Der Pfarrer von Dornloh; Die Krönungsoper*). *302f.*

Weber, Carl Maria von (* 1786 zu Eutin in Oldenburg, † 1826 London): Dt. Komponist der Romantik. *48, 105ff., 194, 231*
Weber, Friedrich Dionys (* 1766 Welchau bei Karlsbad [Karlovy Vary], † 1842 Prag): Böhm. Musiker, Musiktheoretiker und Komponist (u. a. der Kantate *Böhmens Errettung* sowie der Singspiele *Der Mädchenmarkt*, *Der Krieg um Liebe, Die wiedergefundene Perle*), erster Direktor des Prager Konservatoriums. *76, 164, 318*
Weigl, Joseph (* 1766 Eisenstadt, † 1846 Wien). Komponist und Dirigent, Schüler ⇨ Salieris. *272*
Weiser, Ignaz Anton (* 1701 Salzburg, † 1785 ebd.): Bürgermeister von Salzburg, Großvater von ⇨ Josepha Duschek, Librettist Mozarts (z. B *Die Schuldigkeit des Ersten Gebots*). *125*
Weiser, Maria Theresia (geb. Brentana): Großmutter von ⇨ Josepha Duschek. *125*
Widtmann, Kaspar: Prager Buchhändler, Drucker und Verleger. *68*
Wieland, Christoph Martin (* 1733 Oberholzheim bei Biberach, † 1813 Weimar): Bedeutender dt. Schriftsteller zwischen Rokoko und Aufklärung. *11*
Wirch, Johann Joseph (* 1732 Košetice bei Vlašim, † um 1787 Teplitz): Architekt, entwarf u. a. das Erzbischöfliche Palais in Prag. *178, 193*
Witassek, Johann Nepomuk (auch Wittasek, Witasek) s. Vitásek, Jan Nepomuk
Wolf Regens chori in Chrudim. *70*
Wolf, Johann Baptist Ignaz (* 1716, † 1791) *86*
Wolff, Joseph (* 1724, † 1778): Arzt in Olmütz. *116*
Wolff, Nepomucena: Tochter von ⇨ Joseph Wolff. *116*
Zinzendorf, Karl Johann Christian Graf (* 1739 Hof/Bayern, † 1813 Wien). *132, 135, 282, 291*
Žák, Benedikt s. Schack, Benedikt

Prager Mozartstätten

1. Thun'scher Palast „Zur Eisernen Tür" oder auch Leslie-Palais, ehemals Pfarrgasse, heute: Thunovská [Thungasse] 14/180
2. Thun'sches Theater: Sněmovní [Landtagsgasse] 4 u. 6/176
3. Haus „Zum Schwarzen Ochsen": Malostranské náměstí [(Oberer) Kleinseitner Ring] 14/204 bzw. 15/203
4. St. Niklas-Kirche auf der Kleinseite: Malostranské náměstí [Kleinseitner Ring]
5. Kleinseitner Gymnasium: Karmelitská [Karmelitergasse] 1 u. 3/528
6. Palais Liechtenstein: Malostranské náměstí [Kleinseitner Ring] 13/258
7. Palais Bretfeld „Zum Sommer und Winter", ehemals Spornergasse, heute Nerudova [Nerudagasse] 33/240
8. Palais Tomaschek oder auch Klaarsches Haus: Tomášská [Thomasgasse] 15/15
9. Haus „Zum Steinitz" (Sächsisches Haus): Mostecká [Brückengasse] 3/55 (etc.)
10. Bertramka: Mozartova [Mozartgasse] 2
11. Kleinseitner Friedhof: Plzeňská [Pilsner Straße]
12. Prämonstratenserabtei Strahov: Hradčany [Burgstadt]
13. Spital „Zu den Barmherzigen Brüdern": U Milosrdných [Barmherzigengasse] 1/847 (etc.)
14. Rudolfinum: Palachovo náměstí [Palach Platz] 1/79 (etc.)
15. Klementinum: Křižovnická [Kreuzherrengasse] 2/190 (etc.)
16. Palais Pachta oder Annenpalais: Anenské náměstí [Annenplatz] 4/252
17. Haus „Zum Blauen Schiff": Melantrichova [Melantrichgasse] 13/464
18. Apotheke „Zum Weißen Einhorn": Staroměstské náměstí [Altstädter Ring] 19/551
19. Haus „Zur Schwarzen Sonne": Celetná [Zeltnergasse] 8/556
20. Mozartkeller (heute Neubau) Templová [Templergäßchen] 7/648
21. Haus „Zum Blauen Engel", vormals „Neues Wirtshaus": Celetná [Zeltnergasse] 29/588 (etc.)
22. Ständetheater [Stavovské divadlo]: Ecke Ovocný trh [Obstmarkt] 1 – Železná [Eisengasse] 11/540
23. Kaffeehaus „Zur Blauen Traube" (heute Neubau): Ovocný trh [Obstmarkt] 2/580
24. Kotzentheater (heute Neubau): Rytířská ulice [Rittergasse] 29/536
25. Gasthof „Zum Platteis": Uhelný trh [Kohlenmarkt] 11/416
26. Haus „Zu den Drei Goldenen Löwen": Uhelný trh [Kohlenmarkt] 1/420 (etc.)
27. Konviktsaal: Konviktská [Konviktgasse] 24/291 (etc.)
28. Neustädter Damenstift (heute Fakultätskrankenhaus): U nemocnice [Beim Krankenhaus] 2/499 (etc.)

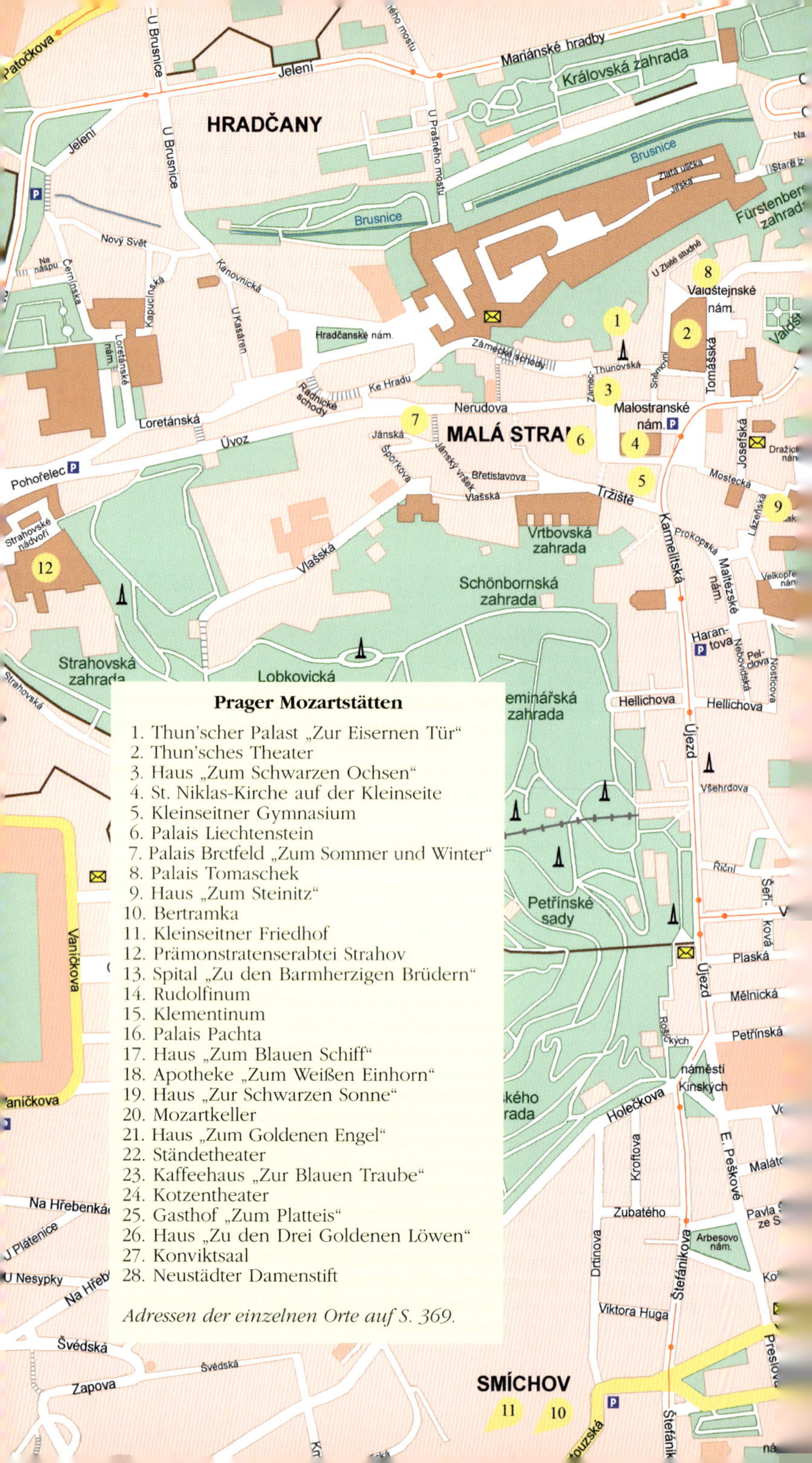

Prager Mozartstätten

1. Thun'scher Palast „Zur Eisernen Tür"
2. Thun'sches Theater
3. Haus „Zum Schwarzen Ochsen"
4. St. Niklas-Kirche auf der Kleinseite
5. Kleinseitner Gymnasium
6. Palais Liechtenstein
7. Palais Bretfeld „Zum Sommer und Winter"
8. Palais Tomaschek
9. Haus „Zum Steinitz"
10. Bertramka
11. Kleinseitner Friedhof
12. Prämonstratenserabtei Strahov
13. Spital „Zu den Barmherzigen Brüdern"
14. Rudolfinum
15. Klementinum
16. Palais Pachta
17. Haus „Zum Blauen Schiff"
18. Apotheke „Zum Weißen Einhorn"
19. Haus „Zur Schwarzen Sonne"
20. Mozartkeller
21. Haus „Zum Goldenen Engel"
22. Ständetheater
23. Kaffeehaus „Zur Blauen Traube"
24. Kotzentheater
25. Gasthof „Zum Platteis"
26. Haus „Zu den Drei Goldenen Löwen"
27. Konviktsaal
28. Neustädter Damenstift

Adressen der einzelnen Orte auf S. 369.

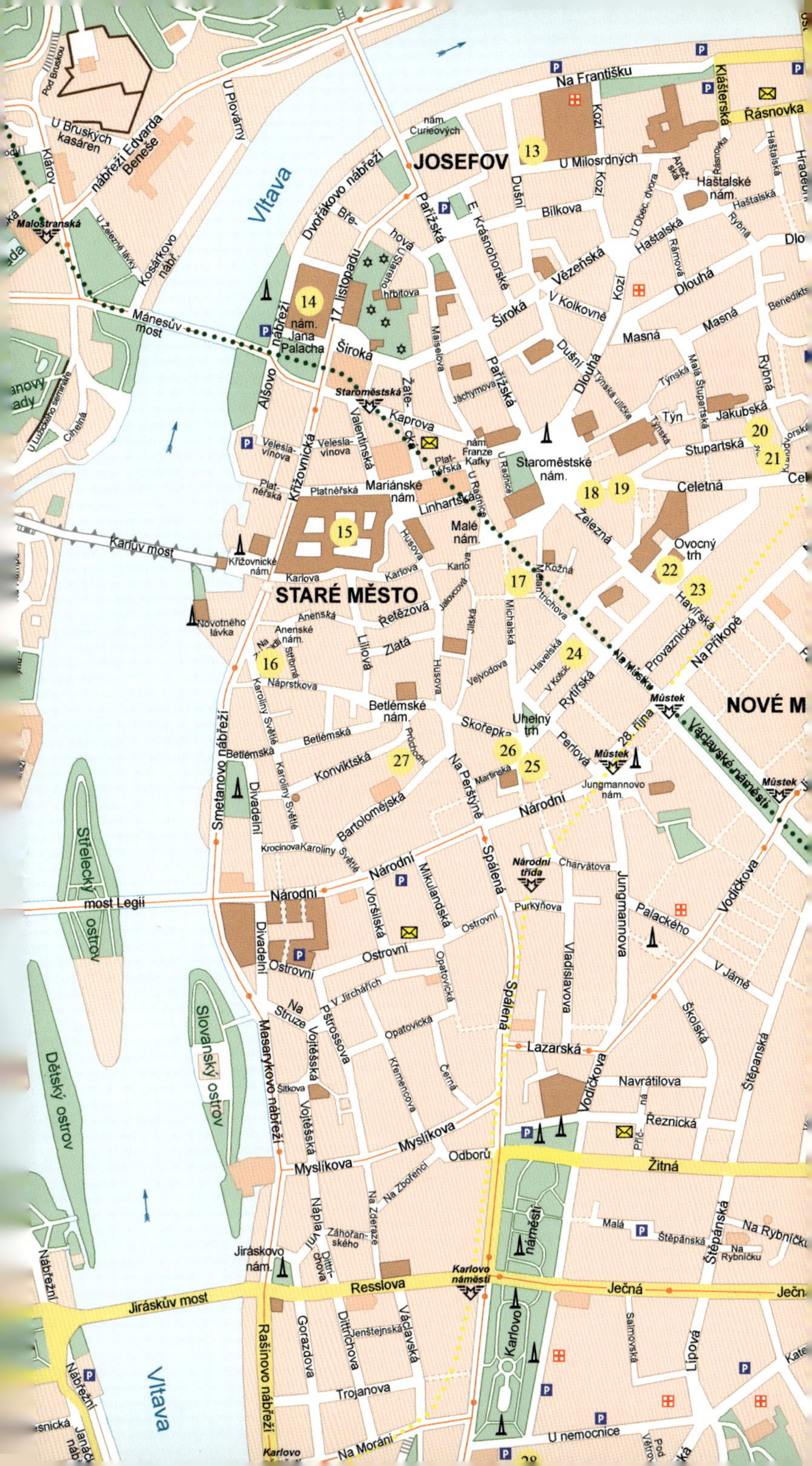

JOSEFOV
STARÉ MĚSTO
NOVÉ M
Vltava
Na Františku
Klášterská
Řásnovka
Kozí
U Milosrdných
nám. Curieových
Dvořákovo nábřeží
Pařížská
Elišky Krásnohorské
Dušní
Bílkova
Haštalské nám.
Haštalská
U Obec. dvora
Anežská
Rámová
Rybná
Dlouhá
Vězeňská
V Kolkovně
Široká
Masná
Benediktská
Týnská
Malá Štupartská
Jakubská
Týn
Týnská ulička
Stupartská
Celetná
Ovocný trh
Havířská
Na Příkopě
Provaznická
Na Můstku
Můstek
Václavské náměstí
28. října
Jungmannovo nám.
Perlova
Rytířská
Uhelný trh
Skořepka
Martinská
Na Perštýně
Národní
Staroměstské nám.
Železná
U Radnice
nám. Franze Kafky
Kaprova
Žatecká
Jáchymova
Maiselova
Staroměstská
17. listopadu
nám. Jana Palacha
Alšovo nábřeží
Mánesův most
Kosárkovo nábř.
U Železné lávky
Klárov
Malostranská
U Bruských kasáren
nábřeží Edvarda Beneše
U Plovárny
Pod Bruskou
Valentinská
Veleslavínova
Platnéřská
Mariánské nám.
Linhartská
Malé nám.
Husova
Karlova
Kožná
Melantrichova
Michalská
Havelská
V Kotcích
Jilská
Jalovcová
Řetězová
Liliová
Zlatá
Anenská
Anenské nám.
Na Zábradlí
Stříbrná
Náprstkova
Křižovnická
Křižovnické nám.
Karlův most
Novotného lávka
Betlémské nám.
Betlémská
Karoliny Světlé
Konviktská
Průchodní
Bartolomějská
Vejvodova
Smetanovo nábřeží
Divadelní
Krocínova
most Legií
Střelecký ostrov
Slovanský ostrov
Dětský ostrov
Národní třída
Charvátova
Mikulandská
Voršilská
Ostrovní
Purkyňova
Jungmannova
Palackého
Vodičkova
V Jámě
Školská
Štěpánská
Vladislavova
Spálená
Lazarská
Navrátilova
Řeznická
Opatovická
V Jirchářích
Pštrossova
Na Struze
Vojtěšská
Šítkova
Křemencova
Černá
Masarykovo nábřeží
Myslíkova
Odborů
Žitná
Karlovo náměstí
Malá Štěpánská
Na Rybníčku
Ječná
Resslova
Jiráskovo nám.
Jiráskův most
Na Zbořenci
Na Zderaze
Záhořanského
Náplavní
Dittrichova
Gorazdova
Jenštejnská
Václavská
Trojanova
Rašínovo nábřeží
Na Moráni
U nemocnice
Salmovská
Lípová
Ve Smečkách
Nábřežní
Janáčkovo nábř.
Karlovo
13
14
15
16
17
18
19
20
21
22
23
24
25
26
27

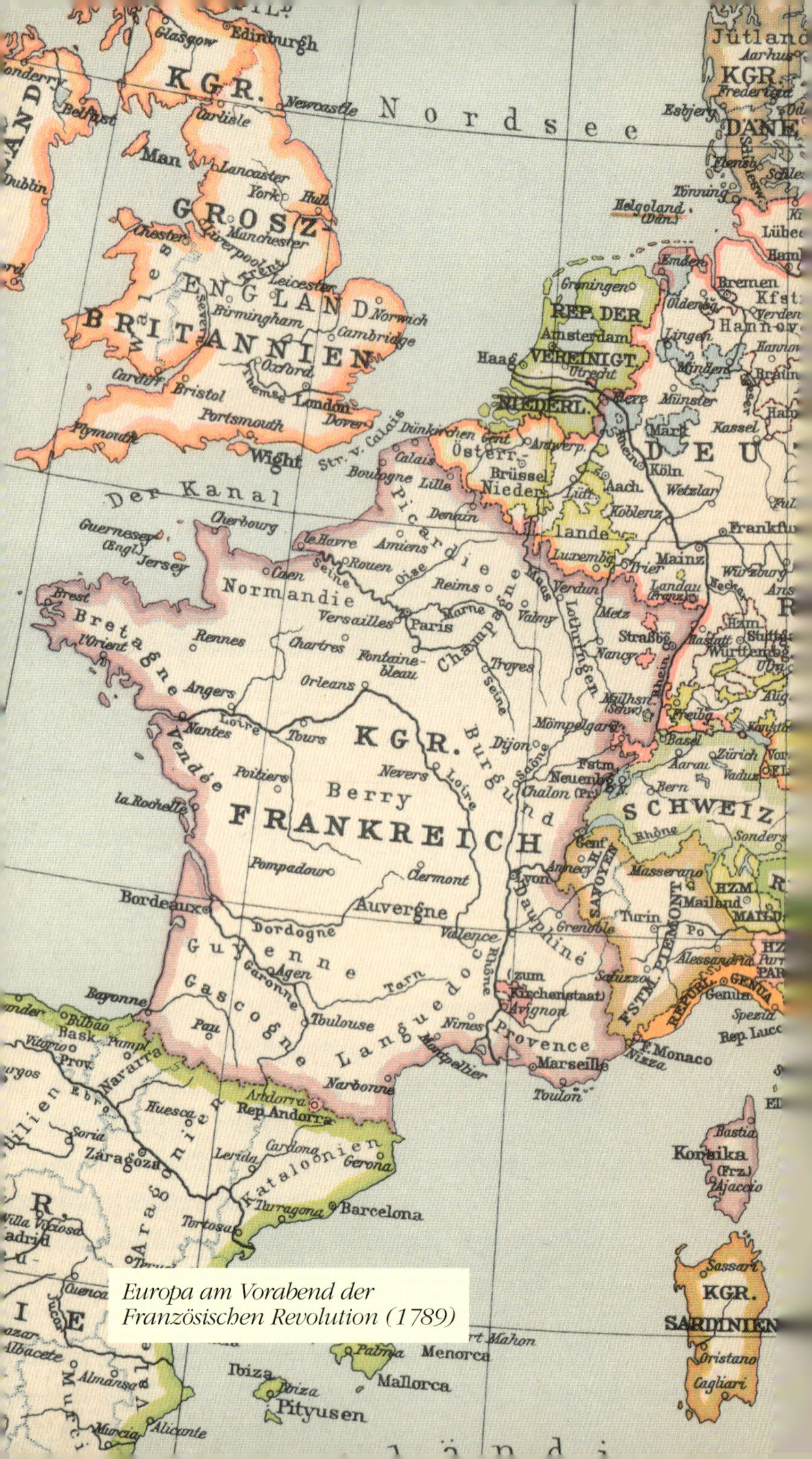

Europa am Vorabend der Französischen Revolution (1789)

SCHWEDEN
Helsingborg
Karlskrona
Malmö
Ystad
Ostsee
Bornholm (Dän.)
Libau
Schaulen
Memel
Tauroggen
Wilija
Wileika
Wilna
Njemen
Kowno
Tilsit
Königsberg
Litauen
Minsk
Schwed. Pommern
Stolp
Danzig
PREUSZEN
Preußen
Lyck
Serrey (Preuß.)
Grodno
Niemen
Nowogrodek
Kolberg
Pommern
Allenstein
Strals.
Wismar (Schwed.)
Stettin
Graudenz
Bialystok
POLEN
Netze-Distr.
Brombg.
Thorn
Pinsk
Schwedt
Plock
Weichsel
Siedlce
Brest-Litowsk
Gorgyn
Owruts
GR.
Branden bg.
Berlin
Küstrin
Gnesen
Posen
Warthe
Warschau
KGR.
Bug
Brandenbg.
Frankf.
Oder
Kalisch
Lodz
Radom
Lublin
Luzk
Wolhynien
Halle
Torgau
Kottbus
Glogau
Sachsen
Leipzig
Spree
Schlesien
Breslau
Brieg
Sandomierz
Zamosc
Ostrog
Liegn.
Reichenb.
Czenstochau
San
Brody
Dresden
Pilnitz
Glatz
Elbe
Krakau
Tarnow
Lemberg
Kfstm.
Eger
Schlesien
Bielitz
Galizien
Tarnopol
Prag
Troppau
Neumarkt
Przemysl
Pod
Kame
Böhmen
Olmütz
Stanislawow
Chotin
Mähren
Waag
Käsmark
Kolomea
Moldau
Kaschau
Munkacz
Czernowitz
Brünn
Bukowina
Regensbg.
March
Schemnitz
Theiß
Budweis
Kfstm.
Passau
Linz
Österreich
Preßburg
KGR.
Debreczin
Wien
Komorn
Erlau
Samosch
Salzburg
Österreich
Raab
Ödenbg.
Ofen
Pest
Großwardein
Klausenbg.
Theiß
Donau
Steiermark
Graz
Körös
Salzburg
Mur
Raab
UNGARN
Siebenbürgen
Kärnten
Marburg
Szegedin
Maros
Lienz
Klagenft.
Arad
Hermannstadt
Kronst.
Udine
Laibach
Fünfkirchen
Maria-Theresiopel
Temesvar
Görz
Krain
Agram
Drau
VENEDIG
Triest
Kroatien
Slawonien
Esseg
Neusatz
Banat
Kleine-Walachei
Venedig
Brod
Orsova
Alt (Aluta)
Sau
Schabatz
Belgrad
Buka
Po
Pola
Zengg
Banjaluka
Krajowa
Ravenna
Serbien
Donau
Widin
Bosnien
Morawa
Rep. S. Marino
Sarajewo
OSMANISCHES
Zara
Nisch
Isker
Adriatisches Meer
(zu Venedig)
Dalmatien
Bulg.
Sofia
Herzegowina
Drina
Spalato
Novibazar
Ancona
Mostar
Philippo
KIRCHENSTAAT
Fstm. Montenegro
Ragusa
Cetinje
Rep. Ragusa
Üsküb
Struma
Teramo
Cattaro (z. Ven.)
Albanien
Drin
Wardar
Rum
Chieti
Seres
Rom
KGR.
Manfredonia
Durazzo
Bitolia
Saloniki
Pontecorvo
Benevent
Bari
Thas
Neapel
Brindisi
Valona
(zu Parma)
NEAPEL
Tarent
Salerno
Otranto
Policastro
Janina
Larissa
Korfu
Parga
Prevesa
Lamia
Euböa
Ionische (zu Venedig)
Vonitza
Livadien
Cosenza
Athen
Liparische In.
Catanzaro
Kephalonia
Patras
Korinth

Reise Anfang 1787 (Le nozze di Figaro)
Reise 1789 (Mit Fürst Lichnowsky)
Reise 1791 (La clemenza di Tito)
Reise Herbst 1787
(Don Giovanni)
Wien ↘

LE ROYAUME DE BOHEME, LE DUCHÉ DE SILESIE, ET LES MARQUISATS DE MORAVIE ET LUSACE,
Dressés d'apres les Cartes de Muller,
PAR LE S.R ROBERT
Geographe ordin. du Roi.
Avec Privilege.
1761.
Reise 1767/68
(Brünn und Olmütz)
Wien ⇩
Cercle d'Olmutz
Cercle de Brunn
Cercle de Chrudim
Znaym
OLMUTZ
PRERAU
HRADISCH

Legende und Adressangaben zu den einzelnen Mozartstätten auf Seite 369.